Dieter Reinisch
DIE FRAUEN DER IRA

Bibliografische Information der Deutschen Bibliothek:

Die Deutsche Bibliothek verzeichnet diese Publikation in der Deutschen Nationalbibliografie; detaillierte bibliografische Daten sind im Internet über http://dnb.ddb.de abrufbar.

© 2017 Promedia Druck- und Verlagsgesellschaft m.b.H., Wien
Alle Rechte vorbehalten
Gestaltung: Paul Winter
Druck: PRINT GROUP Sp. z o.o.
Printed in Poland
ISBN: 978-3-85371-423-2

Fordern Sie die Kataloge unseres Verlages an:

Promedia Verlag
Wickenburggasse 5/12
A-1080 Wien

E-Mail: promedia@mediashop.at
Internet: www.mediashop.at
              www.verlag-promedia.de

Dieter Reinisch

DIE FRAUEN DER IRA

Cumann na mBan und der
Nordirlandkonflikt 1968–1986

edition kritische forschung

Der Autor

Dieter Reinisch, geboren 1986, ist Historiker am Europäischen Hochschulinstitut in Florenz. Er ist Redaktionsmitglied der Zeitschrift »Studi irlandesi: A journal of Irish Studies« (Universitätsverlag Florenz) und war Visiting Researcher an der Universität St Andrews, Schottland. Er lehrte unter anderem an den Universitäten Wien und Salzburg. Im Promedia Verlag erschien von ihm zuletzt »Der Urkommunismus: Auf den Spuren der egalitären Gesellschaft« (2012).

Inhalt

Vorwort 9

Einleitung 11

1. Die Erforschung von Cumann na mBan 19

2. Cumann na mBan und Irland:
   Ein knapper Abriss bis zu den 1960er-Jahren 43

3. Die republikanische Spaltung 1969/70 75

4. Krieg, Internierungen und Wachstum 107

5. Frauen in der IRA und Cumann na mBan 137

6. Die Marginalisierung 157

7. Gender und Erinnerung 173

Schlussbemerkungen 181

Anhang 191

Irisch-Republikanische Zeitleiste

Wesentliche Ereignisse, Teilungen der Bewegung und die Positionierung von Cumann na mBan (1905–2017)

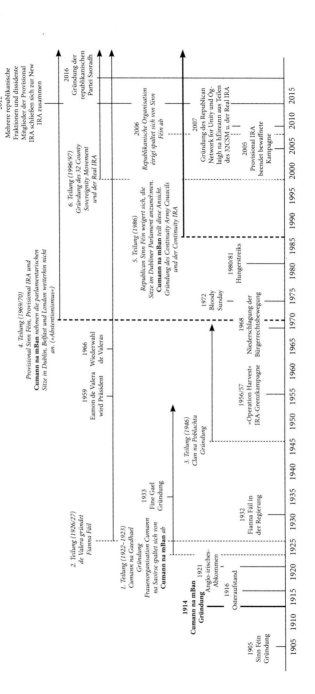

Vorwort

Ostern ist das wichtigste Datum im irisch-republikanischen Kalender. Am Osterwochenende des Jahres 1916 rief eine Gruppe irischer Republikanerinnen und Republikaner die von Großbritannien unabhängige Republik Irland aus. Der darauffolgende Aufstand wurde rasch niedergeschlagen und die Führer hingerichtet. Lediglich Constance Markiewicz wurde, da sie eine Frau war, begnadigt. 92 Jahre später, am Ostermontag des Jahres 2008, begann meine Reise, die schließlich zur Veröffentlichung dieses Buches führen sollte. An diesem Tag hatte ich meinen ersten direkten Kontakt zu Mitgliedern der irisch-republikanischen Frauenorganisation Cumann na mBan in Dublin.

In den folgenden Jahren unternahm ich unzählige Forschungsreisen nach Irland. Diese Forschungsreisen sowie die darauffolgende Aufarbeitung des Materials bis hin zur Fertigstellung dieses Manuskripts wären ohne die Hilfe unzähliger Freundinnen und Kollegen nicht möglich gewesen. Allen voran möchte ich mich bei Josephine Hayden, Lita Ní Chathmhaoil und Geraldine Taylor für die tatkräftige Unterstützung bei diesem Forschungsprojekt bedanken. Des Weiteren bei meinen Freunden und Kollegen, die mich regelmäßig auf neueste Fachliteratur hinwiesen, Teile dieses Manuskripts in deutscher oder englischer Sprache kommentierten oder mich mit wichtigen Informationen zu Cumann na mBan versorgten. Zu diesen zählen Laura Lee Downs, Annette und Des Long, Finbarr McLoughin, Ruairí Ó Brádaigh (†), Liam O'Ruairc, Robert W. White, Manès Weisskircher, Marianne Wichert-Quoirin, Reinhard Sieder und meine Schreibgruppe am Europäischen Hochschulinstitut um Nicky Owtram, Patrick McDonagh und Viktoria Witkowski. Ebenso möchte ich mich bei allen Angestellten der Linen Hall Library bedanken, die mir während meiner Recherche immer mit Rat zur Seite gestanden sind sowie jenen Freunden, die den einen oder anderen Teil dazu beigetragen haben, dass meine Irlandaufenthalte in den letzten Jahren immer wieder unvergesslich wurden, darunter Tim Brannigan, Diarmuid MacDúbghlais, Jackie McConville, Seán Ó Dubhlain, Briege O'Connor, Kaan Orhon und Dean Smith. Außerdem sei meinen Eltern und meinen Schwestern gedankt, die meine Forschungsarbeit seit dem ersten Tag verfolgten und unterstützten.

Abschließend gilt besonders großer Dank Eliška Pírková, die mir in den letzten Wochen und Monaten der Fertigstellung dieses Manuskripts immer zur Seite gestanden ist und mich unterstützt hat.

Die Durchführung der Feldforschung wäre nicht möglich gewesen ohne finanzielle Förderungen durch den Celtic Research Trust, Isle of Man, und dem Erasmus-Programm des ÖAAD. Großer Dank gilt der Societas Celtologica Europaea, die eine frühe Fassung dieser Arbeit mit dem Johann-Kasper-Zeuß-Preis 2014 auszeichnete. Während der Erarbeitung dieses Projekts hatte ich die Möglichkeit, Teile der Forschung an der Central European University in Budapest, der University of Bangor, am University College Cork, der Universität Trier, der Universität Salzburg, der Universität Wien, und im Rahmen der Konferenz »Cumann na mBan 100 Conference«, organisiert von der Women's History Association of Ireland, in Dublin vorzustellen. Alle Diskutantinnen und Teilnehmer dieser Vorträge haben ihren Teil dazu geleistet, dass das vorliegende Buch das wurde, was es ist.

Ich genieße das Privileg, dieses Buchmanuskript in der wunderschönen Martyr's Kirk Research Library der Universität von St Andrews fertigzustellen. Von meinem ersten Kontakt zu Cumann na mBan bis hierher war es ein langer Weg. Das vorliegende Buch ist das Ergebnis dieses Weges und es soll all jenen Frauen gewidmet sein, die in den letzten 100 Jahren ihr Leben in den Dienst einer freien Republik Irland gestellt haben.

Dieter Reinisch,
St Andrews, im Februar 2017

Einleitung

»Wir sind alle heute hier vereint in unserer Unterstützung für eine Vereinigung unseres Landes und der Beendigung der britischen Präsenz und Einflussnahme in Irland.«[1] Mit diesen Worten beginnt Peig King, eine ältere, weißhaarige Dame in Cumann-na-mBan-Uniform eine Grußadresse an das Ard Fheis von Republican Sinn Féin, den alljährigen Delegiertenparteitag, der nach eigenen Angaben ältesten politischen Organisation Irlands. Sie hält sich mit beiden Händen am Podium fest, links neben ihr ist eine Tischreihe mit knapp zehn Personen, die den Vorsitz des Parteitags innehaben. Der Konferenzraum in einem Dubliner Innenstadthotel ist gut gefüllt. Rund 100 Delegierte und Besucher sind vor der Mittagspause eingetroffen. Langsam, bedacht, mit leicht zittriger Stimme, aber dennoch kraftvoll, fährt sie fort:

> Es ist unsere Aufgabe, alle notwendigen Handlungen zu setzen, um diese Situation zu beenden. Wir sind bereit, willig und fähig. Unsere Sache ist in den letzten Jahren schwächer geworden, aber der Kampf für irische Freiheit geht weiter und wird zu einem erfolgreichen Abschluss gebracht werden. (…) Cumann na mBan war stets an der Spitze des Kampfes für Freiheit. Wir erkennen das unveräußerliche Recht des irischen Volkes auf nationale Freiheit und Unabhängigkeit von fremder Herrschaft an. Den Worten von [Theobald] Wolf Tone folgend, wünschen wir: »Die Vereinigung aller Menschen von Irland, um alle Gedanken an vergangene Meinungsverschiedenheiten hinter uns zu lassen und die gemeinsame Bezeichnung von Iren an die Stelle der Begriffe Protestanten, Katholiken und Andersgläubige, zu setzen – das sind unsere Ziele.« Diese Ziele werden auch unsere Ziele bleiben und unser Tag wird kommen. (…) Die Lehren der irischen Geschichte zeigen uns: Trotz allem Verrat am irischen Volk wird es immer Widerstand gegen die britische Herrschaft geben und so wird die britische Regierung unausweichlich gezwungen sein, Irland zu verlassen. Der Geist von 1916 wird schlussendlich siegen und einen anhaltenden Frieden ermöglichen.[2]

---

1   Alle englischsprachigen Zitate aus Interviews, Reden, Zeitungsartikeln und Literatur wurden vom Autor für diese Publikation übersetzt.
2   Cumann na mBan Grußadresse an das 105. Ard-Fheis von Sinn Féin, Dublin,

Neben der Grußadresse der Frauenorganisation von Cumann na mBan werden an diesem Novembermorgen des Jahres 2009 auch Stellungnahmen der Jugendorganisation Na Fianna Éireann, der Gefangenenhilfsorganisation Cabhair und der irisch-republikanischen Gefangenen in Portlaoise, Grafschaft Laois und Maghaberry sowie Grafschaft Antrim, verlesen.

»Es ist unsere Aufgabe, alle notwendigen Handlungen zu setzen, unser Land zu vereinen und die britische Herrschaft zu beenden«, heißt es also in der Grußadresse von Cumann na mBan. Nur wenige Monate zuvor im Jahr 2009 wurden in Nordirland ein britischer Polizist und zwei Soldaten von republikanischen Gruppen erschossen. Die Continuity IRA und die Real IRA bekannten sich zu diesen Anschlägen. In der Montagausgabe der *Irish News* berichtet Allison Morris, die Delegierten des Ard Fheis hätten Grüße an die Continuity IRA gesendet.[3] Die Continuity IRA ist jene Gruppe von militanten Republikanern, die sich wie Cumann na mBan 1986 von der (Provisional) Irish Republican Army getrennt hatte.

Im Jahr 1986 hatte sich die irisch-republikanische Bewegung gespalten. Ein größerer Teil, angeführt von Gerry Adams, Martin McGuinness und den meisten Delegierten aus dem Norden, verwarf den »Abstentionismus« und beschloss, die Sitze im irischen Parlament in Dublin einzunehmen. Das republikanische Prinzip des Abstentionismus bedeutet, dass irische Republikaner keines der Parlamente in London, Dublin und Belfast als legitime Vertretungen der irischen Bevölkerung anerkennen und daher, so sie gewählt werden, die Sitze auch nicht einnehmen. Eine Minderheit um Delegierte aus dem Süden, die großteils bereits seit Jahrzehnten in der republikanischen Bewegung aktiv waren, warf der Mehrheit vor, mit diesem Schritt die Teilung Irlands anzuerkennen und somit den Kampf für eine vereinte Republik aufzugeben. Nachdem die Minderheit die Abstimmung verloren hatte, verließ sie den Sinn-Féin-Parteitag und konstituierte sich als Republican Sinn Féin neu. Sie wurden dabei von Cumann na mBan unterstützt. In den folgenden Monaten spaltete sich auch die IRA und die Continuity IRA entstand.[4]

---

14. November 2009.
3   Irish News, 16. November 2009, 8.
4   Jocelyn Evans/Jonathan Tonge, »From Abstentionism to Enthusiasm: Sinn Féin, Nationalist Electors and Support for Devolved Power-Sharing in Northern Ireland,« *Irish Political Studies* 28, no. 1 (2013); Brendan Lynn, »Tactic or Principle? The Evolution of Republican Thinking on Abstentionism in Ireland, 1970–1998,« *Irish Political Studies* 17, no. 2 (2002); Ruairí Ó Brádaigh, *Dílseacht: The Story of Comdt. Gen. Tom Maguire*

Die Generalsekretärin von Republican Sinn Féin ist Josephine Hayden. Bis zur Verhaftung von Marian Price im Jahr 2011 war Hayden die letzte weibliche republikanische Gefangene in Irland. Ende der 1990er-Jahre verbrachte sie fünf Jahre wegen Mitgliedschaft in einer Terrororganisation im Frauengefängnis Limerick.[5] Sie ist heute eines der wenigen bekannten Mitglieder von Cumann na mBan. Ein anderes ist Peig King. King schloss sich nach eigenen Angaben bereits 1947 der Jugendorganisation von Cumann na mBan, Cumann na gCailíní, an und ist seit 2014 Ehrenpräsidentin von Republican Sinn Féin.

Cumann na mBan feierte ihr 100-jähriges Bestehen im April 2014. Als Ann Matthews im Sommer 2012 ein Buch über die Geschichte der Organisation zwischen 1923 und 1941 veröffentlichte, kündigt ihr Verlag an, sie beschreibe darin, wie die Organisation Cumann na mBan in den 1930er-Jahren zu einer »Fußnote der irischen Geschichte« wurde.[6] In der Anfangsphase war Cumann na mBan zentraler Bestandteil des politischen Lebens in Irland. Doch mit den Spaltungen der republikanischen Bewegung und der Niederlage der republikanischen Kräfte im Bürgerkrieg 1922/23 büßte sie zusehends an Einfluss ein.[7] Erst ab den 1960er-Jahren konnte sie sich, wie die republikanische Bewegung selbst, reorganisieren. Doch bereits Jahrzehnte zuvor war die Frauenorganisation unter das Radar der Öffentlichkeit gefallen. So konnte sie während des Krieges, der 1969 im Norden Irlands begann, fast unbemerkt agieren. Wissenschaftler interessierten sich nicht mehr für die Organisation und selbst die britische Regionalverwaltung subsumierte sie unter dem Vermerk »Women IRA« in ihren Akten.

Die Geschichte, die Stellung in der republikanischen Bewegung und ihre Aktivitäten in den vergangenen Jahrzehnten sind bis heute nahezu unbekannt. 2011 wurde in Lower Andersonstown, Belfast, gleich gegenüber des Milltown-Friedhofs eine Tafel mit den gefallenen Cumann-na-mBan-Mitgliedern enthüllt. Diese sogenannte »Belfast Roll of Honour« beinhaltet sieben Namen: Vol.[8] Maura Meehan, im Alter von 25 Jahren gemeinsam

---

    and the Second (All-Ireland) Dáil (Dublin: Irish Freedom Press, 1997).
5   Marianne Quoirin, *Töchter des Terrors: Die Frauen der IRA* (Berlin: Rotbuch, 2011).
6   Ann Matthews, *Dissidents: Irish Republican Women, 1923–1941* (Cork: Mercier, 2012).
7   Cal McCarthy, *Cumann na mBan and the Irish Revolution* (Cork: Collins, 2007).
8   Die Bezeichnung »Vol[unteer]« beschreibt Mitglieder republikanischer Paramilitärs. Personen, die die Bezeichnung Volunteer tragen, sind oder waren aktive Mitglieder der Irischen Republikanischen Armee oder von Cumann na mBan. Mitglieder der Jugend-

mit Vol. Dohorty Maguire am 23. Oktober 1971 von der britischen Armee in einem fahrenden Auto erschossen. Vol. Anne Parker, durch eine verfrühte Explosion einer Bombe am 11. August 1972 gestorben. Maguire war zum Zeitpunkt ihres Todes 19, Parker gerade einmal 18 Jahre jung. Auf gleiche Weise wie Parker starb am 1. September 1973 Vol. Anne Marie Petticrew, ebenfalls erst 19 Jahre jung. Ebenso aufgrund verfrühter Explosionen starben Vol. Laura Crawford am 1. Dezember 1975 und die erst 18-jährige Vol. Rosemary Bleakley am 13. Jänner 1976. Vol. Bridie Dolan, die Tante der Old-Bailey-Bomberin Marian Price, starb am 9. Februar 1975, als sie Granaten für die IRA transportierte. Auf der Tafel nicht verzeichnet ist Máire Drumm, die Vizepräsidentin von Sinn Féin, die von Loyalisten am 28. Oktober 1976 auf ihrem Krankenbett im Royal Victoria Hospital erschossen wurde. Es fehlt auch Mairead Farrell, eines der drei IRA-Mitglieder, die am 6. März 1988 unbewaffnet vom britischen Geheimdienst in Gibraltar erschossen wurden. Sie war jahrelang Mitglied der republikanischen Frauenorganisation gewesen, bevor sie sich schließlich der IRA anschloss.

Auch wenn die Frauen von Cumann na mBan in Vergessenheit gerieten, ist die Organisation bis heute aktiv. Mehrere ihrer Mitglieder starben im Kampf für ein vereinigtes Irland oder landeten im Gefängnis. War Cumann na mBan in den Jahrzehnten seit 1930 eine kleine Organisation, so spielt sie dennoch bis heute eine Rolle in der republikanischen Bewegung. Als solche war sie mehr als nur »eine Fußnote in der Geschichte Irlands«, sondern eine Akteurin in der irischen Politik, die den Weg des Landes entscheidend prägte.

Zum 100-jährigen Jubiläum der Organisation wurde ich gebeten, eine knappe und populäre Geschichte derselben zu verfassen. Der kleine Band erschien schließlich im April 2014 unter dem Titel »Cumann na mBan: 100 years defending the Republic«, auf Deutsch »Cumann na mBan: 100 Jahre Verteidigung der Republik«.[9] Der Titel ist eine Anspielung auf die prinzipienfeste Haltung der Frauenorganisation in Unterstützung der gesamt-irischen Republik, die zu Ostern 1916 ausgerufen wurde, und ihrer Ablehnung nicht-abstentionistischer Politik. Die Mitglieder von Cumann na mBan sehen sich selbst als die Verteidigerinnen orthodoxer irisch-republikanischer Werte.

---

organisation Na Fianna Éireann bzw. Cumann na gCailíní werden als »Fian« bezeichnet.
9   Lita Ní Chathmhaoil/Dieter Reinisch, *Cumann na mBan: 100 Years Defending the Republic* (Dublin: Cló Saoirse, 2014).

Dieses Buch unterscheidet sich von der Publikation aus dem Jahr 2014 grundlegend. Der vorliegende Band bietet keine populäre Darstellung der Geschichte der Organisation, sondern eine wissenschaftliche Studie über zwei Jahrzehnte des Nordirlandkonflikts. Die vorliegende Arbeit stellt die militärische und politische Rolle von Cumann na mBan innerhalb der männlich-dominierten republikanischen Bewegung während des Nordirlandkonflikts dar. Dafür wird zunächst das Forschungsinteresse dargelegt sowie die Methode und der aktuelle Wissensstand skizziert. Im zweiten Teil, der die Kapitel 2 und 3 umfasst, wird die Geschichte von Cumann na mBan von der Gründung 1914 bis in die 1960er-Jahre sowie die politische Situation in Nordirland in den 1960er-Jahren, die schließlich zum Ausbruch des Nordirlandkonflikts führte, beschrieben. Der dritte Teil (Kapitel 4 bis 7) analysiert – eingebettet in ein historisches Narrativ – die Rolle und Arbeit Cumann na mBans während der ersten beiden Jahrzehnte des Nordirlandkonflikts. Der abschließende vierte Teil bietet nicht nur Schlussbemerkungen, sondern auch einen Abriss über die Tätigkeit von Cumann na mBan ab den frühen 1990er-Jahren. Mit der vorliegenden Studie wird sowohl eine Lücke der Historiografie des Nordirlandkonflikts geschlossen als auch das Verständnis über die Rolle von Frauen in modernen sozialen Bewegungen und paramilitärischen Organisationen erweitert.

Bei der Beschäftigung mit der republikanischen Bewegung und der modernen Geschichte Irlands ist es wichtig, einige Begriffe vorab zu klären.

Irland ist heute in zwei Teile gespalten. Der südliche Teil, der 26 von insgesamt 32 Grafschaften umfasst, wird als »Republik Irland« bezeichnet, wobei er von Republikanern immer wieder »Irischer Freistaat« oder »26 Grafschaften« bezeichnet wird. Diese Bezeichnung bezieht sich auf den Staatsnamen nach der Unabhängigkeit der 26 Grafschaften Irlands 1922 bis zum Inkrafttreten der irischen Verfassung von 1937. Fortan hieß der südirische Staat einfach »Éire«. 1949, mit der Ausrufung der Republik, hieß der Staat »Republic of Ireland«. In den Jahren 1922 bis 1937 war der Name des Staates auf Irisch »Saorstát Éireann«. Republikaner dagegen kennen nur einen vereinten irischen Staat, so wie er zu Ostern 1916 proklamiert wurde und der aus allen 32 Grafschaften besteht, als »Republik Irland« an. Jener Teil im Nordosten, der zu Großbritannien gehört, wird als »Nordirland« bezeichnet, der offizielle Name seit 1921. Von Republikanern wird er oftmals als »6 Grafschaften« oder als die »britisch-besetzten Grafschaften« bezeichnet. Unionisten dagegen bezeichnen ihn als »Ulster«, was jedoch ungenau ist. Ulster gehört zu den vier Provinzen Irlands und setzt sich aus den Grafschaften Donegal, Derry, Tyrone, Fermanagh, Antrim, Armagh, Down, Cavan und Monaghan zusammen. Die drei Grafschaften Donegal, Cavan und Monaghan gehören jedoch nicht zum britischen Staat, sondern zur Republik Irland.

Die beiden großen Bevölkerungsgruppen im Norden sind die Protestanten und die Katholiken. Daneben existieren mehrere Minderheiten wie die »Traveller«, eine Minderheit, die sich im 17. Jahrhundert von der irischen Mehrheitsbevölkerung trennte und vermutlich mit den Roma und Sinti verwandt sein könnte sowie Asiaten und Polen, die im Zuge des Wirtschaftsaufschwungs der letzten beiden Jahrzehnte eingewandert sind. Beim Nordirlandkonflikt handelt es sich nicht um einen religiösen, sondern einen antikolonialen und sozialen Konflikt. Daher werden in diesem Buch auch anstatt »katholisch« die Bezeichnung »irisch-nationalistisch« und anstatt »protestantisch« die Bezeichnung »unionistisch« oder »loyalistisch« verwendet. Die Termini nationalistisch und unionistisch beziehen sich auf die politischen Orientierungen, die den Mitgliedern dieser Gruppen zugeschrieben werden. So wird die protestantische Bevölkerung als unionistisch bezeichnet, da die Mehrheit dieser Gruppe für das Festhalten an der Union mit dem Königreich Britannien eintritt. Die Mehrheit der Katholiken in Nordirland sehen sich allerdings als Iren, ein großer Teil derer tritt für einen irischen Nationalstaat ein, daher werden sie als Nationalisten bezeichnet. Ist der Wunsch nach einer irischen Nation nicht nur ein kultureller, sondern auch ein politischer, werden diese Personen als Republikaner bezeichnet. Der Republikanismus ist eine über den Nationalismus hinausgehende Ideologie. Dietrich Schulze-Marmeling beschreibt fünf Elemente, von denen vier über den Nationalismus hinausgehen: Separatismus, Säkularismus, Anti-Sektierertum, Nationalismus und radikale Sozialpolitik.[10] Ähnliches gilt auch für den Loyalismus als radikale, politische Strömung des Unionismus. Der Name bezieht sich auf die Loyalität der Anhän-

---

10   Dietrich Schulze-Marmeling, *Die Irische Krise: Dritte Welt in Europa* (Wien: Promedia, 1988), 186f.

ger zum englischen Königtum und dem protestantischen Ulster, das als eine der vier historischen Nationen Großbritanniens angesehen wird. Entscheidend ist jedoch der soziale Hintergrund der Loyalisten, denn diese radikalen Unionisten stammen überwiegend aus protestantischen Arbeiterbezirken.

Ein für den Norden Irlands und den Konflikt an sich typischer und oft missverstandener Begriff ist jener des Sektierertums. Als »sektiererisch« ist eine Politik oder ein Verhalten zu klassifizieren, das entlang von Konfessionslinien formuliert wird. Schulze-Marmeling schreibt: »Sektierertum war und ist das wesentliche Instrument britischer Herrschaft in Irland. Dem nordirischen Staat wurde bei seiner Konstituierung ein System sektiererischer Diskriminierung eingebaut, mit dem seine Existenz steht und fällt.«[11] Der Begriff beschreibt somit ein System der Privilegierung der protestantischen Mehrheit bei gleichzeitiger Diskriminierung der katholischen Minderheit.

Im Nordirlandkonflikt standen sich, neben mehreren politischen Akteuren, drei bewaffnete Blöcke gegenüber. Der erste Block ist der britische Sicherheitsapparat. Zu diesem Block zählen die britische Armee, die nordirische Polizei Royal Ulster Constabulary (RUC), später umbenannt in Police Service of Northern Ireland (PSNI), Milizen wie das Ulster Defence Regiment, britische Geheimdienste wie MI5, MI6, Scotland Yard und militärische Sonderkommandos wie das Special Air Service oder die Military Reaction Force bzw. Military Reconnaissance Force. Der zweite Block setzt sich aus loyalistischen Paramilitärs zusammen. Die beiden größten Gruppen sind die Ulster Volunteer Force (UVF) und die Ulster Defence Association (UDA). Daneben existieren kleinere loyalistische Splittergruppen, die oftmals lediglich als Deckmantel für UVF und UDA dienten, wie etwa Red Hand Commando oder Loyalist Volunteer Force. Der dritte Block sind die republikanischen Organisationen.

Die moderne republikanische Bewegung entstand 1969 aus einer Spaltung in einen Provisional-Flügel und einen Official-Flügel.[12] Letzterer sah sich in der Tradition des republikanischen Sozialismus und benannte sich später in

---

11 Idem, *Republikanismus und Sozialismus in Nordirland: Theorie und Praxis in der Nordirischen Krise* (Frankfurt am Main: ISP, 1986), 162f; idem, *Die Irische Krise*, 187.
12 Kacper Rekawek, *Irish Republican Terrorism and Politics: A Comparative Study of the Official and the Provisional IRA* (London/New York: Routledge 2011); idem, »›Their History Is a Bit Like Our History:‹ Comparative Assessment of the Official and the Provisional IRAs,« *Terrorism and Political Violence* 25, no. 5 (2013).

Workers' Party (Arbeiterpartei) um. Im Laufe der Jahre spalteten sich von dieser Strömung die Irische Republikanische Sozialistische Partei (IRSP) im Jahr 1974 und Anfang der 1990er-Jahre die Demokratische Linke ab.[13] Während die Official-Strömung anfänglich die Mehrheit unter den Unterstützern besaß, entwickelte sich die Provisional-Strömung rasch zur einflussreichsten Kraft innerhalb der nationalistischen Bevölkerung Nordirlands. Dieser Prozess wurde durch den Waffenstillstand der Official IRA 1973 weiter katalysiert. Das Provisional Republican Movement ist jener Teil, der heute landläufig als republikanische Bewegung in Kontinentaleuropa bekannt ist. Es umfasst mehrere Organisationen, darunter die militärische Organisation Provisional Irish Republican Army, IRA, die politische Partei Sinn Féin, die Jugendorganisation Na Fianna Éireann, bis 1986 die Frauenorganisation Cumann na mBan und mehrere Gefangenenhilfsorganisationen wie An Cumann Cabrach oder das Grüne Kreuz.[14] Seit Beginn des Konflikttransformationsprozesses in den 1980er-Jahren spalteten sich mehrere Gruppen von der Bewegung ab. Dies waren 1986 die politische Organisation Republican Sinn Féin und Cumann na mBan, ebenso spalteten sich in diesem Jahr Na Fianna Éireann und die IRA, wodurch die Continuity IRA entstand. Im Jahr 1996/97 spalteten sich das 32 County Sovereignty Committee, später 32 County Sovereignty Movement und die Real IRA ab. Knapp zehn Jahre später entstanden daraus als politische Organisation das Republican Network for Unity und als militärischer Arm Óglaigh na hÉireann. In den Jahren 2006/07 formierte sich schließlich die Gruppe éirígí, die die Sinn-Féin-Unterstützung der nordirischen Polizei PSNI ablehnte. Die neueste Gruppe, die in den letzten Jahren entstand, formierte sich aus einem Gemisch unabhängiger Republikaner, Teilen der Real IRA und kleinerer paramilitärischer Gruppen im Norden und nannte sich New IRA. Aus ihr ging im Herbst 2016 die Partei Saoradh hervor. Cumann na mBan ist heute loyal zum Continuity Army Council, der Armeeführung der Continuity IRA und mehrere ihrer Mitglieder belegen führende Positionen in der politischen Organisation Republican Sinn Féin.[15]

---

13 Brian Hanley/Scott Millar, *The Lost Revolution: The Story of the Official IRA and the Workers' Party* (Dublin: Penguin, 2010); Henry McDonald/Jack Holland, *INLA: Deadly Divisions* (Dublin: Poolbeg, 2010); Sean Swan, *Official Irish Republicanism, 1962 to 1972* (Lulu, 2007).
14 J. Bowyer Bell, *The Secret Army. The IRA* (Dublin: Poolbeg, 1997); idem, *The IRA, 1968-2000: Analysis of a Secret Army* (London/New York: Routledge, 2000).
15 Martyn Frampton, *Legion of the Rearguard: Dissident Irish Republicanism* (Dublin/Port-

1. Die Erforschung von Cumann na mBan

Die vorliegende Studie untersucht die militärische und politische Rolle von Frauenorganisationen in nationalen Befreiungsbewegungen im Allgemeinen und ihre sich aufgrund von Kriegsereignissen verändernde Rolle in diesen Bewegungen im Besonderen. Als Fallstudie dient die republikanische Bewegung in Irland. Der untersuchte Zeitraum ist jener zwischen den beiden Spaltungen der republikanischen Bewegung 1969 und 1986. In dieser Periode stand Cumann na mBan loyal zur militärischen Führung der Provisional IRA, dem sogenannten »Provisional Army Council«.[16]

Die republikanische Bewegung in Irland war in den 1960er-Jahren in einen internen Fraktionskampf verstrickt, der schließlich Ende des Jahrzehntes zu ihrer Spaltung führen sollte. Im Herbst 1969 spitzte sich dieser Fraktionskampf innerhalb der Bewegung derart zu, dass sich die Bewegung in zwei Organisationen aufspaltete. Es entstanden Provisional Sinn Féin als politische Organisation und als Gegensatz dazu Official Sinn Féin, die sich später in Workers' Party umbenannten. Ein ähnlicher Vorgang war auch im militärischen Bereich sichtbar. Die ehemalige IRA wurde von nun an Official IRA bezeichnet. Die andere Gruppe konstituierte sich unter der Autorität des Provisional Army Councils, was ihr den Namen Provisional IRA einbrachte.[17] Zur Vereinfachung der Lesbarkeit dieses Textes wird nur die Bezeichnung »IRA« verwendet, wenn die Provisional IRA gemeint ist.

Von 1970 bis 1986 war Cumann na mBan Teil des »Provisional Republican Movement«, der Sammelbewegung von (Provisional) Sinn Féin, der (Pro-

---

land: Irish Academic Press, 2011); John F. Morrison, *Origins and Rise of Dissident Irish Republicanism: The Role and Impact of Organizational Splits* (New York et al.: Bloomsbury, 2013); Robert W. White, »Issues in the Study of Political Violence: Understanding the Motives of Participants in Small Group Political Violence,« *Terrorism and Political Violence* 12, no. 1 (2000); idem, »Structural Identity Theory and the Post-Recruitment Activism of Irish Republicans: Persistence, Disengagement, Splits, and Dissidents in Social Movement Organizations,« *Social Problems* 57, no. 3 (2010); Sophie A. Whiting, *Spoiling the Peace? The Threat of Dissident Republicans to Peace in Northern Ireland* (Manchester: Manchester University Press, 2015).

16 Dieter Reinisch, *So how many Cumainn na mBan are actually out there?*, 23. September 2016, https://me.eui.eu/dieter-reinisch/blog/cnamb.

17 Bell, *The Secret Army*, 355-372; Hanley/Millar, *The Lost Revolution*, 108-148; Dieter Reinisch, »Partizipation Von Frauen in Sozialen Bewegungen: Cumann na mBan & die Spaltung der IRA, 1968–1970,« in Annemarie Profanter (Hg.), *Kulturen Im Dialog IV - Culture in Dialogo IV - Cultures in Dialogue IV, Interkultureller Dialog* (Wien et al.: Peter Lang, 2016); Robert W. White, *Ruairí Ó Brádaigh. The Life and Politics of an Irish Revolutionary* (Bloomington: Indiana University Press, 2006), 140-163.

visional) IRA und der Jugendorganisation Na Fianna Éireann. Die Frauenorganisation hatte bereits 1968 der Armeeführung der IRA ihre Loyalität entzogen. Mit der Etablierung des Provisional Army Council veröffentlichte die Frauenorganisation eine Stellungnahme, in der sie ihre Unterstützung für die neue Armeeführung bekundete. Es sollte schließlich bis 1986 dauern, bis sich die republikanische Bewegung neuerlich spaltete und aus (Provisional) Sinn Féin und der (Provisional) IRA die Gruppen Republican Sinn Féin und das Continuity Army Council bzw. Continuity IRA entstanden.[18] Cumann na mBan veröffentlichte im Jahr 1986 in der ersten Ausgabe des neugegründeten *Republican Bulletin* eine knappe Stellungnahme, mit der sie dem Provisional Army Council wieder ihre Loyalität entzog.[19] In den 17 Jahren zwischen 1969/70 und 1986 war Cumann na mBan die Frauengruppierung einer der einflussreichsten Guerilla- und nationalen Befreiungsbewegungen des 20. Jahrhunderts.

Seit der Spaltung von 1986 zerfiel die republikanische Bewegung zusehends. In den folgenden drei Jahrzehnten entstanden neben Republican Sinn Féin mehrere Organisationen wie das 32 County Sovereignity Movement, das Republican Newtork for Unity, éirígí, und Saoradh. In vielen dieser Organisationen spielen Frauen heute eine zentrale Rolle. So sind die beiden Generalsekretärinnen von Republican Sinn Féin, Lita Ní Chathmhaoil und Josephine Hayden genauso ehemalige Mitglieder von Cumann na mBan wie die derzeitige Ehrenpräsidentin Peg King. Hayden war in den 1990er-Jahren aufgrund ihrer republikanischen Aktivitäten in Frauengefängnis Limerick inhaftiert. In der Leitung der neuen Partei Saoradh findet sich neben der ehemaligen Gefangenen Sharon Ní Ghairbhín und Mandy Duffy, die Schwester des prominenten Republikaners Colin Duffy, auch das ehemalige Cumann-na-mBan-Mitglied Fionnuala Perry. Marian Price war über viele Jahre das bekannteste Gesicht des 32 County Sovereignity Movement, die republikanische Gefangene Ursula Shannon war Mitglied von éirígí, während die ehemalige Insassin des Frauengefängnisses Hydebank, Christine Connor,

---

18   Frampton, *Legion of the Rearguard*; Morrison, *Origins and Rise*; Robert W. White/Michael Fraser, »Personal and Collective Identities and Long Term Movement Activism,« in Sheldon Stryker et al. (Hg.), *Self, Identity, and Social Movements*, (Minneapolis: University of Minnesota Press, 2000); White, *Ruairí Ó Brádaigh*, 280-290.
19   Cumann na mBan Statement, *Republican Bulletin: Iris na Poblachta*, issue 1, November 1986.

Mitglied des Republican Network for Unity war. Dennoch gibt es kaum Forschung über Cumann na mBan seit den 1960er-Jahren. Ein Verständnis der Frauen als Akteurinnen in der modernen republikanischen Bewegung ist jedoch ein wichtiger Ansatz für die Forschung zu Frauen als Akteurinnen in militanten sozialen Bewegungen und nationalen Befreiungsbewegungen wie Kurdistan, dem Baskenland, Kolumbien, Palästina oder Sri Lanka insgesamt.

Die Historiografie der republikanischen Bewegung nach 1968 verschweigt entweder die Rolle der Frauen im nordirischen Konflikt oder, sofern sie von feministischen Theorien beeinflusst ist, betont, dass Frauen lediglich im Hilfsdienst für eine männliche paramilitärische Organisation eingesetzt waren. Frauen würden die öffentliche Sphäre dominieren, Männer die politische, wird in der Geschichtsschreibung vermittelt. Diese beiden Sphären werden von der Geschichtsschreibung klar getrennt. Nicht nur in der Literatur, sondern auch im öffentlichen Bewusstsein, vor allem außerhalb der nationalistischen Bevölkerungsgruppe Nordirlands, wird die Existenz von Cumann na mBan oft nicht wahrgenommen. Nach Meinung von Mary Cullen existiert ein Phänomen für Leser nicht, solange es nicht von Historikern aufgeschrieben wird.[20] Dennoch spielten Frauen eine, wenn auch nicht immer gleichberechtigte, so doch zentrale politische und militärische Rolle in der republikanischen Bewegung seit 1968. Sie beeinflussten genauso wie Männer den Verlauf des Konflikts.

Politische Gewalt und Oral History

Dieses Buch ist eine Studie basierend auf teilstrukturierten Interviews mit republikanischen Aktivistinnen. Für die hier dargestellte Forschungsarbeit über Cumann na mBan wurden 25 Interviews mit (ehemaligen) Mitgliedern einer als terroristisch bezeichneten Organisation durchgeführt. Der folgende Abschnitt konzentriert sich auf die Beschreibung der Vorbereitung und Durchführung der Interviews sowie dem Schutz der Quellen, nämlich der Interviewmitschnitte und der Interviewpartnerinnen.[21] Diese Studie soll einen

---

20 Mary Cullen, »Republicanism, Feminism and the Writing of History,« *The Republic* 1 (2000), 64-66.
21 Eine ausführliche Diskussion der für diese Forschungsarbeit verwendeten Methode fin-

Beitrag liefern, wie zeithistorische Forschung im »violent field« durchgeführt werden kann.[22] Als »violent field« bezeichnet Robert W. White Feldforschung in bewaffneten Konflikten.[23]

Cumann na mBan ist eine Organisation, die während des Nordirlandkonflikts weder Stellungnahmen veröffentlichte noch interne Dokumente abfasste. Die Ausnahmen bildeten zwei öffentliche Stellungnahmen im Zuge der Spaltungen der republikanischen Bewegung 1969 und 1986. Da es keine Publikationen der Organisation gibt und auch vonseiten des britischen Staates Aktivitäten unter »Women IRA« subsumiert wurden, ist die Befragung ehemaliger Mitglieder die einzige Möglichkeit zur Informationsgewinnung. Die verwendete Methode bezeichne ich als »teilstrukturierte Interviewführung mit narrativen Sequenzen«.

Die durch das Forschungsprojekt zu beantwortende Forschungsfrage war, ob sich die Rolle der Frauen innerhalb der republikanischen Bewegung während des Nordirlandkonflikts veränderte und wenn ja, wie und unter welchen Umständen sie sich veränderte. Basierend auf den Ergebnissen der Archivrecherchen in der Northern Ireland Political Collection der Linen Hall Library in Belfast, dem University College Dublin und mehreren privaten Archiven in Dublin, Belfast und Limerick, wurden leitfadengestützte Experteninterviews mit narrativen Sequenzen mit 25 ehemaligen Aktivistinnen von Cumann na mBan durchgeführt.[24] Als Expertinnen waren ausschließlich Frauen ausgewiesen, die zu irgendeinem Zeitpunkt nach 1969 Mitglieder von Cumann na mBan, ihrer Jugendorganisation Cumann na gCailíní oder der Provisional IRA waren. Nach dem Abschluss der Transkription der Interviews fand, sofern dies notwendig und für die Interviewpartnerinnen möglich war, in einer zweiten Fragerunde ein Nachfragen und Präzisieren der Antworten aus der ersten Fragerunde statt. Im Anschluss daran wurden die Interviews

det sich in: Dieter Reinisch, »Frauen in der Irisch-Republikanischen Bewegung nach 1969: Methodische Überlegungen zu Oral History, sensible Daten und dem Nordirlandkonflikt,« *BIOS* 28 (2015), no. 1/2 (2017).

22 Donatella Della Porta, *Clandestine Political Violence* (Cambridge: Cambridge University Press, 2013); Stefan Malthaner, »Fieldwork in the Context of Violent Conflict and Authoritarian Regimes,« in Donatella Della Porta (Hg.), *Methodological Practices in Social Movement Research* (Oxford: Oxford University Press, 2014).

23 Robert W. White, *Provisional Irish Republicans: An Oral and Interpretive History* (Westport, Ct: Greenwood, 1993), 179-188.

24 Lorenzo Bosi/Herbert Reiter, »Historical Methodologies in Social Movement Research: Archival Research and Oral History,« in Donatella Della Porta (Hg.) *Methodological Practices in Social Movement Research* (Oxford: Oxford University Press, 2014).

kategorisiert und inhaltlich verglichen. Dabei wurden die Biografien der einzelnen Interviewpartnerinnen während des gesamten Analyseprozesses miteinbezogen.

Bei der Erstellung des Leitfadens und der Durchführung der Interviews mussten bestimmte Punkte bedacht werden: (a) Cumann na mBan ist eine geheime Organisation, die britische Regierung listet sie bis heute als »Domestic Terrorist Group«, einheimische Terrororganisation. Daher sind in der Regel keine internen Dokumente erhalten; so diese bestehen, sind sie jedoch nur in privaten Sammlungen und Archiven erhalten, nicht jedoch in öffentlich zugänglichen Archiven aufbewahrt. Ebenso wurden keine öffentlichen Schriften, wie Broschüren, Flugblätter, Flugschriften oder anderes Agitations- und Propagandamaterial hergestellt. Saoirse, ein Mitglied von Cumann na mBan aus Belfast berichtet:

> Cumann na mBan hat nie irgendetwas veröffentlicht. Die Männer wollten immer alles den Medien berichten. Wir veröffentlichten nur Stellungnahmen, wenn wir es als wirklich notwendig ansahen, das war 1969 und 1986. Die Frauen haben nie etwas gesagt oder publiziert. Das taten wir aus Sicherheitsgründen nicht. Wir wollten unsere Mitglieder nicht in irgendeine Gefahr bringen. Das ist auch der Grund, wieso nur wenige unserer Mitglieder verhaftet wurden. Denn Frauen wussten nicht zu sprechen.[25]

Ein weiterer Punkt, der beachtet werden muss ist (b), dass externe Quellen nicht zwischen Aktivistinnen der Provisional IRA und jenen von Cumann na mBan unterscheiden. So subsumieren etwa die *Cutting Files* des *Northern Ireland Office* jegliches Material, das mit paramilitärischen Aktivitäten von republikanischen Frauen in Zusammenhang steht, unter dem Begriff »Women IRA«. Eine Ausdifferenzierung dessen ist oft schwer bis gar nicht möglich. Weiters sind (c) Aktivistinnen aufgrund diverser Gründe unwillig, mit Außenstehenden ihre paramilitärische Vergangenheit zu besprechen. Der Forscher muss (d) darüber hinaus die Sicherheit seiner Quellen und

---

25 Interview mit Saoirse, (ehemaliges) Mitglied von Cumann na mBan aus Belfast; 8. April 2010, Belfast.

Informantinnen, d. h. der Interviewpartnerinnen und der Interviewmitschnitte sowie Transkripte, garantieren. Daneben leistete die Organisation auch selbst einen Beitrag, ihre Spuren zu verwischen und dadurch die Forschungsarbeit zu erschweren. Waren bis Anfang der 1970er-Jahre noch regelmäßige schriftliche Berichte der Unterstrukturen der Organisation an die Leitung und das Büro vorgeschrieben gewesen, änderte sich dies, als die Führung der Organisation vom Südwesten, den Grafschaften Cork, Kerry und Limerick, in den Norden nach Belfast verlegt wurde. In den 1960er-Jahren war Cumann na mBan von Frauen aus dem Süden Irlands geführt worden, mit dem Beginn des Krieges im Norden wurde jedoch die Leitungsstruktur in den Norden verlagert. Die neue Führung verlangte die Übergabe interner Dokumente. Diese wurden sodann auch ausgehändigt. Ein ehemaliges Mitglied der Leitung von Cumann na mBan berichtete, dass, sobald die Dokumente übergeben worden waren, diese nahe der Stadt Newry, in Nordirland, aber nahe an der Grenze zur Republik, verbrannt wurden, um so alle Spuren der Organisation zu vernichten.[26] Aufgrund dieser Forschungs- und Quellenlage ist es nicht möglich, basierend auf Archivmaterial die Organisation zu erforschen. Gleichzeitig werden Interviews erschwert bis verunmöglicht, da Cumann na mBan als terroristische Vereinigung eingestuft ist und Interviewpartnerinnen sich juristischer Verfolgung aussetzen können, wenn sie enttarnt werden.

Politische, insbesondere illegal operierende Organisationen, entwickeln im Laufe ihrer Existenz eine eigene Interpretation der Geschichte sowie der Tagespolitik. Es muss darauf geachtet werden, ob die Gesprächspartnerin ihre eigenen Erfahrungen und Sichtweisen wiedergibt, oder ob sie einer von der Gruppe oktroyierten Interpretation der Ereignisse folgt. Hierfür möchte ich eine Geschichtsinterpretation eines langjährigen Mitgliedes von Cumann na mBan als Beispiel anführen. Die Interviewpartnerin stammt aus der Gegend von Dublin und wurde als junges Mädchen Ende der 1940er-Jahre Mitglied der Mädchenorganisation Cumann na gCáilíní. In ihrer Schilderung der Rolle von Cumann na mBan innerhalb der irisch-republikanischen Bewegung erwähnt Ashley:

---

26 Interview mit Síle, (ehemaliges) Mitglied von Cumann na mBan aus Limerick; 30. März 2010, Limerick.

Cumann na mBan hat nie für eine Seite Partei ergriffen. Das ist nicht die Art, wie es gemacht wird. Falls [die Männer] einen bestimmten Weg beschreiben, dann kommst du zu ihnen und gehst diesen Weg mit ihnen gemeinsam und ihr helft euch gegenseitig. Und das ist der einzige Weg, um voranzukommen. Wenn du zufrieden bist mit dem, was du siehst, dann gehst du aufeinander zu und arbeitest gemeinsam. Wir haben nicht für die Männer Partei ergriffen, die Frauen (Cumann na mBan, Anm. DR) waren immer dort [auf diesem Weg].[27]

In diesem Interviewauszug wird von einem weiblichen Mitglied der irisch-republikanischen Bewegung, die im Laufe des 20. Jahrhunderts durch zumindest sieben größere Spaltungen ging, Cumann na mBan als jene Organisation dargestellt, die als einzige Konstante ihren Grundprinzipien seit der Gründung treu geblieben sei – im Gegensatz zu allen anderen Organisationen, die sich immer wieder von diesen Prinzipien entfernten und sich daraufhin spalteten.[28] Ebenso muss bei jedem Interview untersucht werden, ob die geschilderten Ereignisse in eine heute politisch korrekte Interpretation der Geschehnisse verpackt werden, die sich erst nach der Vollendung der erzählten Gegebenheiten herausentwickelt hat.

Es wurden 25 ehemalige Mitglieder von Cumann na mBan befragt. Acht Frauen kamen aus der Republik Irland, 17 aus Nordirland. 13 Frauen wurden Mitglieder der republikanischen Bewegung vor der Spaltung von 1969/70, neun wurden Mitglieder nach dieser Spaltung. Bei den übrigen drei Aktivistinnen ist der Zeitpunkt des Eintritts in die republikanische Bewegung nicht bekannt. Von den Frauen, die vor 1969/70 politisch aktiv wurden, waren ein Viertel aus den sechs Grafschaften, drei Viertel aus den 26 Grafschaften. Nach 1969/70 stieg der Prozentsatz der Frauen aus dem

---

27 Interview mit Ailis, Mitglied von Cumann na mBan aus Dublin; 9. Dezember 2009, Dublin.
28 Die republikanische Bewegung in Irland spaltete sich im 20. Jahrhundert mehrere Male. Die zentralen Spaltungen waren während des Ersten Weltkriegs, 1921 vor Beginn des Bürgerkriegs, 1927/28 mit der Etablierung von Fianna Fáil, 1947 mit der Etablierung von Clan na Poblachta, 1969/70 mit der Spaltung in Provisionals and Officials, 1986 mit der Abspaltung von Republican Sinn Féin und der Contunity IRA und abermals 1996/97 mit der Formierung des 32 County Sovereignty Movements und der Real IRA. Für eine Analyse der zentralen Spaltungen der Bewegung siehe: Morrison, *Origins and Rise*. Für einen knappen Überblick über die Rolle von Cumann na mBan in diesen Spaltungen siehe: Dieter Reinisch, *So how many Cumainn na mBan are actually out there?*; https://me.eui.eu/dieter-reinisch/blog/cnamb/, 23. September 2016.

Norden auf knapp die Hälfte, gleichzeitig sank jener der Frauen, die aus den südlichen 26 Grafschaften in der republikanischen Bewegung aktiv wurden. Dadurch wird erkennbar, dass es nach dem bewaffneten Ausbruch des Nordirlandkonflikts Ende der 1960er-Jahre zu einem starken Zustrom von Frauen aus den direkt betroffenen Gebieten in die Organisation kam. Von den befragten Frauen kam knapp die Hälfte aus einer Familie mit einem republikanischen Hintergrund. Dies bedeutet, dass beispielsweise die Mutter selbst in Cumann na mBan war, der Vater Mitglied der IRA war oder die Großeltern Veteranen des Unabhängigkeits- oder Bürgerkriegs waren. Keinen republikanischen Familienhintergrund weisen weniger als ein Drittel der Frauen auf. Bei weiteren 28 Prozent der untersuchten Aktivistinnen ist der Familienhintergrund unklar. Auffällig ist, dass alle Frauen, die sich Cumann na mBan vor 1969 anschlossen, aus einer republikanischen Familie stammten. Im starken Kontrast dazu ist zu sehen, dass weniger als die Hälfte der Frauen, die sich nach 1970 der Organisation anschlossen, einen republikanischen Familienhintergrund aufzuweisen hatten. Um das Lesen der Auswertung zu vereinfachen, wurden den Frauen, von denen wörtliche Zitate abgedruckt wurden, irische Vornamen gegeben. Kurzbiografien aller Gesprächspartnerinnen finden sich im Anhang.

Zum Forschungsstand

Die Historiografie zu Cumann na mBan nach dem Ende des irischen Bürgerkriegs 1923 ist kaum ausgeprägt. Zwar liegen zu der Phase von der Gründung der Organisation bis Mitte der 1920er-Jahre mehrere aktuelle Studien vor, finden sich jedoch über die folgenden 90 Jahre nur wenige Arbeiten. Im anschließenden Kapitel soll der aktuelle Forschungsstand zu irisch-republikanischen Aktivistinnen allgemein und Cumann na mBan im Besonderen dargestellt werden. Im vorliegenden Buch wird nur ein kurzer Ausschnitt der Geschichte der republikanischen Frauenorganisation behandelt. Republikanische Aktivistinnen während des Nordirlandkonflikts, die nicht Mitglieder von Cumann na mBan waren, werden nicht behandelt. Genauso wenig wird die lange und intensive Geschichte politischer

Aktivistinnen im 20. Jahrhundert behandelt. Dieses Kapitel soll daher einerseits dazu dienen, die vorliegende Arbeit in der Forschungslandschaft einordnen zu können, andererseits möchte es den Lesern eine Grundlage für weitere, selbstständige Lektüre bieten.

Das vorliegende Buch ist die erste Studie im Umfang einer Monografie, die sich explizit mit der Geschichte von Cumann na mBan nach dem Zweiten Weltkrieg und der Rolle der Organisation während des Nordirlandkonflikts beschäftigt. Daneben liegen mehrere Forschungen zu Frauen während des Nordirlandkonflikts[29], politischen Aktivistinnen in Gefangenschaft[30] und Frauen in der IRA bzw. der republikanischen Bewegung[31] vor. Einen weiteren Bereich der Literatur zum Thema bilden die vergleichenden Untersuchungen zwischen (paramilitärischen) Aktivistinnen in Irland und Sri Lanka bzw. Indien.[32]

---

29 Siehe u. a.: Begoña Aretxaga, *Shattering Silence: Women, Nationalism and Political Subjectivity in Northern Ireland* (Princeton: Princeton University Press, 1997); Tara Keenan-Thomson, *Irish Women and Street Politics 1956–1973* (Dublin/Portland: Irish Academic Press, 2010); Sharon Pickering, *Women, Policing, and Resistance in Northern Ireland* (Belfast: Beyond the Pale, 2002); Margaret Ward, »Times of Transition: Republican Women, Feminism and Political Representation,« in Louise Ryan/Margaret Ward (Hg.), *Irish Women and Nationalism. Soldiers, New Women and Wicked Hags* (Dublin/Portland: Irish Academic Press, 2004).

30 Siehe u. a.: Katie L. Conlon, »›Neither Men nor Completely Women:‹ The 1980 Armagh Dirty Protest and Republican Resistance in Northern Irish Prisons« (Ohio University, 2016); Mary S. Corcoran, *Out of Order: The Political Imprisonment of Women in Northern Ireland, 1972–98* (Devon: Willan, 2006); Mary McAuliffe/Laura Hale, »›Blood on the Walls:‹ Gender, History and Writing the Armagh Women,« in Gillian McIntosh/Diane Urquhart (Hg.), *Irish Women at War: The Twentieth Century* (Dublin/Portland: Irish Academic Press, 2010); Azrini Wahidin, *Ex-Combatants, Gender and Peace in Northern Ireland: Women, Political Protest and the Prison Experience* (London: Palgrave Macmillan, 2016).

31 Siehe u. a.: Niall Gilmartin, »›Negotiating New Roles:‹ Irish Republican Women and the Politics of Conflict Transformation,« *International Feminist Journal of Politics* 17, no. 1 (2015); idem, »Lost in Transition? Republican Women's Struggle after Armed Struggle« (NUI Maynooth, 2015); idem, »Feminism, Nationalism and the Re-Ordering of Post-War Political Strategies: The Case of the Sinn Féin Women's Department,« *Irish Political Studies* (2016); Theresa O'Keefe, *Feminist Identity Development and Activism in Revolutionary Movements* (New York: Palgrave Macmillan, 2013); Maria Power, »›A Republican Who Wants to Further Women's Rights:‹ Women, Provisional Republicanism, Feminism and Conflict in Northern Ireland, 1972–98,« in Gillian McIntosh/Diane Urquhart (Hg.), *Irish Women at War* (Dublin/Portland: Irish Academic Press, 2010); Quoirin, *Töchter des Terrors*; Rhiannon Talbot, »Female Combatants, Paramilitary Prisoners, and the Development of Feminism in the Republican Movement,« in Louise Ryan/Margaret Ward (Hg.), *Irish Women and Nationalism. Soldiers, New Women, and Wicked Hags* (Dublin/Portland: Irish Academic Press, 2004).

32 Miranda H Alison, »›That's Equality for You, Dear:‹ Gender, Small Arms and the Northern Ireland Conflict,« in Vanessa Farr et al. (Hg.), *Sexed Pistols: The Gendered Impacts of Small Arms and Light Weapons* (New York et al.: United Nations University Press, 2009); idem, *Women and Political Violence: Female Combatants in Ethno-National Con-*

Über die Gründungsphase von Cumann na mBan existierten lange Zeit zwei Werke. Zum einen die Arbeit *Cumann na mBan and the Women of Ireland* von Lil Conlon und zum anderen jene von Margaret Ward aus dem Jahr 1983.[33] Befasst sich Conlon mit der Geschichte der Organisation bis 1923, bezieht Ward in *Unmanageable Revolutionaries* auch noch die Zeit bis in die 1940er-Jahre mit ein. In den vergangenen Jahren besserte sich die Forschungslage zur Frühphase von Cumann na mBan dank mehreren Monografien[34], Dissertationen[35] und Quellensammlungen[36].

Die intensive Erforschung der Frühphase von nationalistischen und republikanischen Aktivistinnen führte aber zugleich dazu, dass die Existenz der Organisation in folgenden Jahrzehnten unbeachtet blieb. Als anschauliches Beispiel dient das Wörterbuch der irischen Geschichte. Nach einem kurzen Abriss über die Gründung und Aktivitäten während dem Osteraufstand, endet der Eintrag mit folgenden Sätzen:

> Cumann na mBan arbeitete während des Unabhängigkeitskriegs weiterhin für die republikanische Bewegung. Eine Mehrheit der Mitglieder lehnte das Anglo-irische Abkommen (1921) ab und viele wurden während des Bürgerkriegs verhaftet. In den 1920er-Jahren war Cumann na mBan, geführt von Maud Gonne, in Unterstützung zur IRA und in Verbindung mit einigen radikalen Bewegungen der Zeit.[37]

---

flict (London/New York: Routledge, 2009); Sikata Banerjee, *Muscular Nationalism: Gender, Violence, and Empire in India and Ireland, 1914–2004* (New York/London: New York University Press, 2012).

33 Lil Conlon, *Cumann na mBban and the Women of Ireland: 1913–25* (Kilkenny: Kilkenny People, 1969); Margaret Ward, *Unmanageable Revolutionaries: Women and Irish Nationalism* (London: Pluto Press, 1983).
34 Ann Matthews, *Renegades: Irish Republican Women, 1900–1922* (Cork: Mercier, 2010); idem, *Dissidents*; McCarthy, *Cumann na mBan*; Senia Paseta, *Irish Nationalist Women, 1900–1918* (Cambridge: Cambridge University Press, 2014).
35 Jennifer Earles, »Gender Trouble in Northern Ireland: An Examination of Gender and Bodies within the 1970s and 1980s Provisional Irish Republican Army in Northern Ireland« (MA, University of South Florida, 2009); Christi Michelle McCallum, »›And They'll March with their Brothers to Freedom:‹ Cumann na mBan, Nationalism, and Women's Rights in Ireland, 1900-1923« (PhD, Florida State University, 2005).
36 Evelyn Brady et al. (Hg.), *In the Footsteps of Anne: Stories of Republican Women Ex-Prisoners* (Belfast: Shanway, 2011); Margaret Ward (Hg.), *In Their Own Voice: Women and Irish Nationalism* (Dublin: Attic, 1995).
37 Denis Joseph Hickey/James E Doherty, *A New Dictionary of Irish History from 1800* (Dublin: Gill & Macmillan, 2003), 98.

Der Eintrag umfasst nur das erste Jahrzehnt des Bestehens von Cumann na mBan und endet mit den 1920er-Jahren. Obwohl es nicht erwähnt wird, deuten die Autoren damit an, dass die Organisation in den folgenden Jahren nicht mehr existent war.

Im Jahr 1914 feierte Cumann na mBan ihr 100-jähriges Bestehen. Dennoch wurde während der offiziellen Feierlichkeiten der Einfluss der Frauenorganisation innerhalb der republikanischen Bewegung nach dem Ende des Bürgerkrieges 1923 ebenso vernachlässigt, wie in oben zitiertem Referenzwerk. Wenig überraschend, dafür aber konsequent, endet Mary McAuliffe's Hauptrede bei diesen Feierlichkeiten mit dem Verbot von Cumann na mBan 1923.[38] Mit dem Versuch, das Andenken an Cumann na mBan aus der Geschichte Irlands und der republikanischen Bewegung zu streichen, verschwand auch das wissenschaftliche Interesse an der Organisation. Dementsprechend behandelten auf der Fachtagung »Cumann na mBan 100 Conference« in Dublin, am 4. und 5. April 2014, nur zwei von über drei Dutzend Vorträgen die Phase nach 1923. Zusätzlich behauptet Sinn Féin, Cumann na mBan habe während der 1970er-Jahre aufgehört zu existieren. Diese Behauptung wurde zuerst 1993 in einem Artikel der *Irish News* aufgestellt und damals vehement von Cumann na mBan bestritten[39]; wiederholt wurde diese Behauptung in der Zeitung *An Phoblacht/Republican News* vom April 2014.

In den letzten Jahren verbesserte sich der Forschungsstand zu Frauen in der republikanischen Bewegung und Frauen in Nordirland merklich. Im Jänner 2012 strahlte der irische Fernsehsender eine sechsteilige Dokumentationsserie von Martina Durac mit dem Titel *Mná na IRA*, auf Deutsch *Frauen der IRA*, aus.[40] Jeder Teil dauerte 25 Minuten und handelte von einer republikanischen Frau. Darunter waren das Provisional-IRA-Mitglied Rose Dugdale, die Provisional-Sinn-Féin-Abgeordnete für den Wahlkreis Foyle/Derry, Martina Anderson, die Generalsekretärin von Republican Sinn Féin, Josephine Hayden, die Schriftstellerin Rosaleen Walsh, die Abgeordnete und ehemalige Gefangene Rosaleen McCorley sowie Pamela

---

38 Mary McAuliffe, »Cumann na mBan Memorial Address,« *Glasnevin Cemetary*, Dublin, April 2014.
39 Brendan Anderson, Republican women's group »continues fight against Britain«, *Irish News*, Belfast, 21. April 1993.
40 Martina Durac (Director), Mná an IRA, Loopline Films, 2011, http://loopline.com/mna-an-ira, 14. Dezember 2012, 19:00.

Kane.[41] Die dargestellten Frauen kommen aus unterschiedlichen irisch-republikanischen Kreisen. Es werden alle Aktivistinnen als die »Frauen in der IRA« beschrieben, wobei manchen von ihnen Mitglieder von Cumann na mBan und nicht der IRA waren. Lediglich bei Josephine Hayden wird ihre Cumann-na-mBan-Aktivität klar ausgewiesen und thematisiert. Bei anderen Teilnehmerinnen fehlt dies.

Die Literatur zu republikanischen Aktivistinnen kann in fünf Kategorien unterteilt werden. Diese sind: a) Allgemeine Darstellungen über den Konflikt in Irland im 20. Jahrhundert und die Geschichte der republikanischen Bewegung; b) Darstellungen von der Gründungsphase von Cumann na mBan bis zum Ende der revolutionären Phase. In anderen Worten: der Zeitraum von der Gründung 1914, über den Osteraufstand 1916, den Unabhängigkeitskrieg 1919–1921, bis zum Ende des Bürgerkrieges 1923; c) Publikationen zu politischen Aktivistinnen in der zweiten Hälfte des 20. Jahrhunderts, d) Arbeiten zu Frauen in Irland im 20. Jahrhundert, insbesondere als Akteurinnen im Nordirlandkonflikt und schließlich e) Erinnerungen, Memoiren und veröffentlichte Interviews von (ehemaligen) republikanischen Aktivistinnen. In den Kategorien (a) bis (d) finden sich sowohl populäre Darstellungen als auch wissenschaftliche Untersuchungen.

Das Standardwerk zur Geschichte der irisch-republikanischen Bewegung ist Bowyer Bells *The Secret Army*. Diese Geschichte der IRA seit ihrer Gründung erschien erstmals Ende der 1960er-Jahre. Der US-amerikanische Sozialwissenschaftler Bell schrieb die Geschichte der IRA mit dem Einverständnis der damaligen Führung der Bewegung. Dadurch hatte er weitreichenden Zugang zu Dokumenten und Aktivisten. Bis 1997 erschienen mehrere überarbeitete Versionen.[42] Bell veröffentlichte in den Jahrzehnten des Nordirlandkonflikts mehrere weitere Studien im Buchformat über den Konflikt und die involvierten republikanischen Akteure.[43] Obwohl er der

---
41 Vgl. u. a. die Artikel im Belfaster *Newsletter* vom 15. Jänner 2012 »Campbell hits out at TV show over ›IRA propaganda‹«, das Kommentar von Concubhar Ó Liathain im *Irish Independent* vom 9. Jänner 2012 oder Jerome Reilly im *Irish Independent* vom 8. Jänner 2012.
42 Bell, *The Secret Army*.
43 Idem, *The Gun in Politics: An Analysis of Irish Political Conflict, 1916–1986* (New Brunswick, NJ: Transaction Publishers, 1987); idem, *IRA Tactics and Targets* (Dublin: Poolbeg, 1990); idem, *The Irish Troubles: A Generation of Violence, 1967–1992* (New York: St. Martin's Press, 1993); idem, *The IRA, 1968–2000*; idem, *The Irish Troubles since 1916* (Columbia: Columbia University Press, 2002).

führende Kenner der republikanischen Bewegung seiner Zeit war, blendet Bell die Existenz von Cumann na mBan weitgehend aus. Alle Erwähnungen zur Organisation in seinem Oeuvre handeln aus der Gründungsphase der Frauenorganisation. Die letzten beiden Erwähnungen zu Cumann na mBan in *A Secret Army* fallen in die Zeit der Grenzkampagne der IRA in den 1950er- und frühen 1960er-Jahren.[44] Gleiches ist auch bei anderen Arbeiten Bells zu erkennen. So wird in *IRA: Tactics & Targets* aus dem Jahr 1990 Cumann na mBan gänzlich verschwiegen, was umso überraschender ist, widmet er sich in der Arbeit sogar der winzigen linksnationalistischen, trotzkistischen Untergrundorganisation *Saor Éire*.[45] Saor Éire war eine Sammelbewegung linker und linksrepublikanischer Aktivisten, die im Zuge der Fraktionskämpfe innerhalb der IRA Ende der 1960er-Jahre und unter dem Einfluss der weltweiten Studentenbewegung 1968 entstand. Die Gruppe bestand aus wenigen dutzend Mitgliedern, war bis Mitte der 1970er-Jahre aktiv und stand in engem Kontakt zum »Vereinigen Sekretariat der Vierten Internationale« in London.[46] Im Spätwerk Bells über die IRA im Nordirlandkonflikt findet sich nur eine Erwähnung zu Cumann na mBan.[47]

Die Forschungslage bei anderen Werken zur IRA ist kaum aufschlussreicher.[48] So sind die Hinweise auf Cumann na mBan im einflussreichen Werk von Ed Moloney, *A Secret History of the IRA*, ebenso spärlich gesät. Das liegt auch daran, dass Moloney nicht zwischen Aktivistinnen von Cumann na mBan

---

44 Idem, *The Secret Army*.
45 Idem, *Tactics and Targets*, 20-25.
46 Dieter Blumenfeld, Peter Graham: Trotzkist und Irischer Republikaner; *RSB*, 2. Februar 2012; http://www.rsb4.de/content/view/4499/0.
47 Bell, *The IRA, 1968–2000*.
48 Neben Bell gehören zu den Standardwerken zur Geschichte der IRA und der republikanischen Bewegung folgende Arbeiten: Rogelio Alonso, *The IRA and Armed Struggle* (London/New York: Routledge, 2007); Patrick Joseph Bishop/Eamonn Mallie, *The Provisional IRA* (London: Corgi Books, 1994); Tim Pat Coogan, *The IRA: A History* (Niwot, Colorado: Roberts Rinehart, 1993); Richard English, *Armed Struggle: The History of the IRA* (Oxford: Oxford University Press, 2003); Hanley/Millar, *The Lost Revolution*; Ed Moloney, *A Secret History of the IRA* (London, New York: Penguin Books, ²2007); Henry Patterson, *The Politics of Illusion: A Political History of the IRA* (Chicago/London: Serif, 1997); Rekawek, *Irish Republican Terrorism and Politics*; Andrew Sanders, *Inside the IRA: Dissident Republicans and the War for Legitimacy* (Edinburgh: Edinburgh University Press, 2011); Peter Taylor, *The Provos: The IRA and Sinn Fein* (London/New York: Bloomsbury, ²2014); Morrison, *Origins and Rise*; Michael Lawrence Rowan Smith, *Fighting for Ireland? The Military Strategy of the Irish Republican Movement* (London/New York: Routledge, 2002); Peter Neumann, *Britain's Long War: British Government Strategy in Northern Ireland, 1969–98* (Basingstoke: Palgrave Macmillan, 2003); White, *Provisional Irish Republicans*.

und der IRA unterscheidet.⁴⁹ Zu einer der besten Überblicksarbeiten über die IRA, die in den vergangenen Jahren verfasst wurde, ist Brian Hanleys *Documentary History* der IRA zu zählen. Er legt die Geschichte des militärischen Arms der republikanischen Bewegung knapp dar. Einträge zu Cumann na mBan finden sich vor allem über die 1920er-Jahre, gefolgt von einem Brief aus dem Jahr 1940 von der Führung von Cumann na mBan, gesendet an die Führung der IRA sowie ein Plakat aus dem Jahr 1979.⁵⁰

Lediglich über die ersten drei Jahrzehnte des 20. Jahrhunderts liegen umfangreiche Darstellungen über die Rolle von Frauen in dieser Bewegung vor. Matthews erklärt den Grund, wieso Frauenorganisationen in der Forschung lange Zeit wenig beachtet wurden, mit dem Umstand, dass sich die Forschung viel mehr um die Biografien der beiden bekannten Aktivistinnen Countess Markievicz und Maud Gonne MacBride drehte, anstatt um die Organisationen und ihre Aktivistinnen als Ganzes.⁵¹ Wie anfangs erwähnt, besserte sich in den vergangenen Jahren die Erkenntnislage zur Frühphase von Cumann na mBan dank mehrerer Publikationen merklich. Die am ausführlichsten recherchierte Darstellung ist Cal McCarthys *Cumann na mBan and the Irish Revolution* aus dem Jahr 2007. McCarthy zeigt sowohl ein historisch-handwerkliches Geschick, als auch ein tiefes Verständnis der frühen Phase von Cumann na mBan bis 1923.⁵² An die Arbeit von McCarthy knüpfen zwei Bände von Ann Matthews an, die irisch-nationalistische Aktivistinnen in der ersten Hälfte des 20. Jahrhundert untersuchen.⁵³ Matthews kommt aber wissenschaftlich nicht an die Qualität McCarthys heran. Die Autorin präsentiert den Lesern wenig Neues, schweift immer wieder von ihrer Forschungsfrage ab und lässt teilweise ein Verständnis republikanischer Terminologie und Geschichtsauffassung vermissen. Sie versucht nicht, republikanische Aktivistinnen zu verstehen und deren Handeln zu erklären, sondern verfolgt lieber das wohl politische Ziel, diese ins Lächerliche zu ziehen. Ihr Abschweifen von der Forschungsthematik zeigt sich an mehreren Stellen. So handelt Kapitel 9 überwiegend von der britischen Mohnblume, als

---

49   Moloney, *A Secret History*.
50   Brian Hanley, *The IRA: A Documentary History 1916–2005* (Dublin: Gill & Macmillan, 2010).
51   Matthews, *Renegades*, 9.
52   McCarthy, *Cumann na mBan*.
53   Matthews, *Renegades*; idem, *Dissidents*.

Symbol der gefallenen britischen Soldaten, anstatt von der republikanischen Osterlilie, die von Cumann na mBan verkauft wird. Daneben sind die 2005 in Florida erschienene Dissertation von Chirsti McCallum sowie die Sammlung von Erinnerungen und Schriften von republikanischen Aktivistinnen von Margaret Ward aus dem Jahr 1995 zu nennen.[54] Handelt McCallums Arbeit – wie so viele andere – von der Phase bis 1923, inkludiert Wards Arbeit die Phase bis zum Ende der 1930er-Jahre. *In Their Own Voice* ist eine sinnvolle, ergänzende Quellensammlung zu *Unmanageable Revolutionaries*.[55]

Die Literaturkategorien (c) und (d) sind in vielen Bereichen nur unscharf zu trennen. Myrtle Hills Arbeit über Frauen in Irland des 20. Jahrhunderts bietet einen Einstieg in die Situation, Lebens- und Arbeitswelt von Frauen in Irland.[56] Diese Sozialgeschichte von Frauen in Irland widmet der Spätphase von Cumann na mBan jedoch nur drei Seiten.[57] Eine Arbeit, die an sich kritischer mit dem Quellenmaterial umgeht und gleichzeitig politischen, vor allem republikanischen Aktivistinnen mehr Raum bietet, ist *A Social History of Women* von Rosemary Cullen Owens aus dem Jahr 2005.[58] Leider endet die Forschung mit dem Jahr 1970, also genau mit Beginn des Krieges im Norden. So geht die Untersuchung über Cumann na mBan und republikanischen Frauen, denen zwar ein eigenes Kapitel gewidmet ist, nicht über die frühen 1920er-Jahre hinaus. Mit der Erwähnung dieses Buchs beginnt der Bogen jener Publikationen, die an der Schnittstelle zwischen Kategorie (c) und (d) stehen. Als wichtiges Referenzwerk sei *Only the Rivers Run Free* aus dem Jahr 1984 zu nennen.[59] Ein eigenes Kapitel wird hier Frauen in republikanischen paramilitärischen Organisationen gewidmet.[60] Eileen Fairweather, Roisin McDonough und Melanie McFadyean veröffentlichen ihre lesenswerte Studie nur ein Jahr nach Wards bahnbrechender Monografie. Sie stehen somit gemeinsam mit Ward am Anfang der Forschung zu politischen Aktivistinnen in Irland. Im Unterschied zu Ward befasst sich ihr Band mit der

---

54   McCallum, »And They'll March«; Ward, *In Their Own Voice*.
55   Ward, *Unmanageable Revolutionaries*.
56   Myrtle Hill, *Women in Ireland: A Century of Change* (Belfast: Blackstaff, 2010).
57   Ibid., 172-174.
58   Rosemary Cullen Owens, *A Social History of Women in Ireland, 1870–1970* (Dublin: Gill & Macmillan, 2005).
59   Eileen Fairweather et al, *Only the Rivers Run Free. Northern Ireland – the Women's War* (London: Pluto Press, 1984).
60   Ibid., 230-265.

zweiten Hälfte des 20. Jahrhunderts und ist damit eine notwendige Ergänzung an jener Stelle, an der Ward endet. Beide Bücher zusammen bildeten das Fundament für die Forschung zu politischen Aktivistinnen im modernen Irland. Weiters ist die sehr gute Studie von Tara Keenan-Thomson über den politischen Aktivismus von Frauen zwischen 1956 und 1973 zu erwähnen.[61] Während viele Studien entweder weiblichen Militarismus behandeln oder politischen Aktivismus geprägt von Feminismus und Bürgerrechtsbewegung untersuchen, scheut die Autorin nicht davor zurück, diese beiden Ebenen in ihrer Analyse zu verbinden. In ihrer gut recherchierten Studie versucht Keenan-Thomson, die Gründe für politischen und militanten Aktivismus von irischen Frauen zu ergründen. Hier stehen sich nicht zwei Ebenen gegenüber, eine von anscheinend konservativen, republikanischen, militanten Frauen und eine von progressiven, modernen, westlichen Frauen, geprägt von den Weltanschauungen der US-amerikanischen Bürgerrechtsbewegung und der 1968er-Studentenbewegung – Keenan-Thomson bricht stattdessen diese Trennung auf. Wenn auch wenig neues Material über republikanische Aktivistinnen in die Publikation einfließt, ist ihre Neuinterpretation dennoch eine zentrale wissenschaftliche Arbeit des letzten Jahrzehnts.

Keenan-Thomsons Arbeit reiht sich in eine Gruppe von Publikationen über Frauen und politischen Aktivismus ein, die in den letzten Jahren von der *Irish Academy Press* verlegt wurden. Dazu zählt der Sammelband *Irish Women and Nationalism* von Louise Ryan und Margaret Ward. Im Besonderen sind darin die Aufsätze von Rhiannon Talbot[62] und Ward selbst zu nennen.[63] Als weiterer Sammelband erschien im Jahr 2010 *Irish Women at War*.[64] Beginnend mit dem Ersten Weltkrieg beleuchten mehrere Aufsätze die Rolle von Frauen in Kriegen in Irland und von Kriegen, in denen Iren im 20. Jahrhundert involviert waren und welche Auswirkungen diese auf Frauen hatten. Mit dem Krieg in Nordirland nach 1969 befassen sich sechs der insgesamt 13 Beiträge, wobei jene von Power und Mary McAuliffe und Laura Hale von besonderer Relevanz für das vorliegende Forschungsthema sind. Ersterer befasst sich direkt mit Frauen in der republikanischen Be-

---

61 Keenan-Thomson, *Irish Women and Street Politics*.
62 Talbot, »Female Combatants«.
63 Ibid.; Ward, »Times of Transition«.
64 Gillian McIntosh/Diane Urquhart (Hg.), *Irish Women at War: The Twentieth Century* (Dublin/Portland: Irish Academic Press, 2010).

wegung.⁶⁵ Letzterer befasst sich mit Aktivistinnen im Frauengefängnis von Armagh, in welchem die republikanischen Gefangenen von IRA und Cumann na mBan bis in die 1990er-Jahre inhaftiert waren.⁶⁶ Der Sammelband beinhaltet auch einen Artikel von Mary S. Corcoran über die Frauen als politische Gefangene in Nordirland zwischen 1972 und 1999.⁶⁷ Diese Arbeit vollendete sie zwei Jahre später mit einer Monografie unter dem Titel *Out of Order*.⁶⁸ Seither erschienen weitere Studien zu republikanischen Frauen in nordirischen und britischen Gefängnissen. Die aktuellste und umfangreichste Studie ist Wahidins *Ex-Combatants, Gender and Peace in Northern Ireland: Women, Political Protest and the Prison Experience*.⁶⁹ Daneben erschien eine kurze museologische Studie zum Frauengefängnis Armagh⁷⁰ und mehrere universitäre Abschlussarbeiten.⁷¹ In der Untersuchung von Hungerstreiks als Waffe politischer Gefangener seit der Zeit der Suffragetten analysiert Ian Miller die Zwangsernährung der Price-Schwestern während der 1970er-Jahre, zwei irischer Republikanerinnen, die gegen ihre Inhaftierung in England mittels Hungerstreik protestierten. Die Schwestern Dolours und Marian Price waren Mitglieder der Provisional IRA, ihre Mutter war in Cumann na mBan.⁷² Die Forschung zu politischer Gefangenschaft in Irland konzentrierte sich lange Zeit ausschließlich auf Männer in den Internierungslagern und Gefängnissen. Gefangenenproteste, Hungerstreiks und Märtyrertod waren die Lieblingsthemen populärer Wissenschaft.⁷³ Die Perspektive der Frauen,

---

65 Power, »A Republican Who Wants to Further Women's Rights«.
66 McAuliffe/Hale, »Blood on the Walls«.
67 Mary S Corcoran, »›We Had to Be Stronger:‹ The Political Imprisonment of Women in Northern Ireland, 1972-1999,« in Louise Ryan/Margaret Ward (Hg.), *Irish Women and Nationalism. Soldiers, New Women and Wicked Hags* (Dublin/Portland: Irish Academic Press, 2004).
68 Corcoran, *Out of Order*.
69 Wahidin, *Ex-Combatants, Gender and Peace*.
70 Jolene Mairs Dyer, »›Unseen Women: Stories from Armagh Gaol:‹ Exhibiting Contrasting Memories of a Contested Space,« in Jenny Kidd et al. (eds), *Challenging History in the Museum: International Perspectives* (Farnham/Burlington: Ashgate, 2014).
71 Conlon, »Neither Men nor Completely Women«; Kathleen Murphy, *Critical Consciousness, Community Resistance & Resilience: Narratives of Irish Republican Women Political Prisoners* (PhD, Chicago School of Professional Psychology, 2015).
72 Ian Miller, *A History of Force Feeding: Hunger Strikes, Prisons and Medical Ethics, 1909-1974* (Basingstoke: Palgrave Macmillan, 2016).
73 Zu den wichtigsten Werken über politische Gefangenschaft in Irland sind folgende Bücher zu zählen: David Beresford, *Ten Men Dead: The Story of the 1981 Irish Hunger Strike* (London: Grafton, 1987); Kieran McEvoy, *Paramilitary Imprisonment in Northern Ireland: Resistance, Management, and Release* (Oxford: Oxford University Press, 2001); Laurence McKeown, *Out of Time: Irish Republican Prisoners, Long Kesh, 1972-2000* (Belfast: Beyond the Pale, 2001); Tim Pat Coogan, *On the Blanket: The inside Story of the*

die ebenfalls in Hundertscharen verhaftet wurden und ebenso am Hungerstreik 1980 teilnahmen, blieb unbeachtet. Diese Lacuna wurde in den letzten Jahren geschlossen und eine Frauenperspektive in die Geschichte politischer Gefangenschaft in Irland eingeführt.

Für viele Leser wohl überraschend erschien im Jahr 2011 ein Buch über *Die Frauen der IRA* in deutscher Sprache.[74] Die Autorin, Marianne Quoirin-Wichert, arbeitete als Journalistin für den *Kölner Stadtanzeiger* und bereist Irland regelmäßig seit Anfang der 1970er-Jahre. Sie zählt zu den besten Kennerinnen Nordirlands im deutschsprachigen Raum. Der gut lesbare Band untergliedert sich in einzelne Kapitel, die jeweils von zumeist einer republikanischen Aktivistin handeln. Dabei spannt sie den Bogen von Cumann-na-mBan-Gründungsmitglied Constanze Markievicz über Provisional-IRA-Mitglied Rose Dugdale zur heutigen Tory-Abgeordneten Maria McGuire bis zu den genannten Price-Schwestern und der Generalsekretärin von Republican Sinn Féin, Josephine Hayden. Es ist nicht nur eine aktuelle, sondern auch informative und flüssig lesbare Darstellung über Frauen in der republikanischen Bewegung.

Einen interessanten Themenblock bilden die vergleichenden Studien zu Irland und anderen Konfliktherden. Eine der besten wissenschaftlichen Untersuchungen der letzten Jahre wurde von Miranda Alison 2009 vorgelegt. In *Women and Political Violence* vergleicht sie Frauen in paramilitärischen Organisationen anhand der Konflikte in Nordirland und Sri Lanka.[75] Alison interviewte jeweils rund 20 Personen in Irland und Sri Lanka. Ihre Auswertung bietet viel neues Material zu paramilitärischen Aktivistinnen, unter anderem

---

IRA Prisoners' »Dirty« Protest (New York: Palgrave MacMillan, 2002); Seán McConville, *Irish Political Prisoners, 1848–1922: Theatres of War* (London/New York: Routledge, 2003); idem, *Irish Political Prisoners, 1920–1962: Pilgrimage of Desolation* (Oxon/New York: Routledge, 2014); William Murphy, *Political Imprisonment & the Irish, 1912–1921* (Oxford: Oxford University Press, 2014); Denis O'Hearn, *Nothing but an Unfinished Song: Bobby Sands, the Irish Hunger Striker who ignited a Generation* (New York: Nation Books, 2006); Chris Yuill, »The Body as Weapon: Bobby Sands and the Republican Hunger Strikes,« *Sociological Research Online* 12, no. 2 (2007); Martin McCleery, *Operation Demetrius and its Aftermath: A New History of the Use of Internment without Trial in Northern Ireland 1971–75* (Manchester: Manchester University Press, 2015); John McGuffin, *Internment* (Tralee: Anvil Books, 1973); John Maguire, *IRA Internments and the Irish Government: Subversives and the State, 1939–1962* (Dublin/Portland: Irish Academic Press, 2008); Dan Harvey, *Soldiers of the Short Grass: A History of the Curragh Camp* (Dublin: Irish Academic Press, 2016).
74 Quoirin, *Töchter des Terrors*.
75 Alison, *Women and Political Violence*.

auch zum angespannten Verhältnis von Frauen in der IRA zu Cumann na mBan.[76] Ihre sonstigen Informationen zu Cumann na mBan basieren jedoch lediglich auf der 1983 erschienenen Arbeit von Ward zu Cumann na mBan.[77] Ein innovativer und gelungener Aspekt ihrer Arbeit ist, die Studie nicht mit dem Friedensprozess in den 1990er-Jahren enden zu lassen, sondern auch Frauen in militanten Organisationen, die das Karfreitagsabkommen von 1998 ablehnten, wie etwa der Real IRA und der Continuity IRA, zu diskutieren. Dies ist ein Feld, das erst in den vergangenen Jahren langsam erforscht wurde. Einzelne Aspekte zu Frauen als Akteure politischer Gewalt hat Alison bereits 2007 in einem Beitrag für die Fachzeitschrift *Security Dialogue* veröffentlicht.[78] Darin tritt sie der Vorstellung entgegen, dass sich Frauen in militärischen Konflikten friedlicher als ihre männlichen Gegenüber verhalten würden. Studien zu Frauen in den republikanischen Organisationen, die dem Friedensprozess kritisch gegenüberstehen, fehlen aber bis heute. Eine weitere vergleichende Studie zu Gender und Gewalt in Irland und Indien im 20. Jahrhundert erschien im Sommer 2012.[79] Ausgehend von dem Konzept des »muscular nationalism«, dem »maskulinem Nationalismus«, und auf Basis der Postcolonial Studies, argumentiert Banjeree, dass Frauen, um eine Stellung in maskulinen militärischen Organisationen erhalten zu können, ihre Weiblichkeit de-sexualisieren müssten. Dies sei ein Phänomen, das nicht nur bei konservativen Strömungen vorkommt, sondern ein derartiger maskuliner Nationalismus sei auch bei den marxistischen Naxaliten in Indien und den russischen Bolschewiki zu erkennen. Im Unterschied zu anderen herangezogenen Studien basiert Banerjees Forschung nicht auf Interviews mit politischen Aktivistinnen, sondern auf Archivrecherche in Indien, England und Irland. Das Kapitel über den Nordirlandkonflikt untersucht den *no-wash-protest*, den Schmutzstreik der republikanischen Gefangenen im Frauengefängnis Armagh Ende der 1970er-Jahre.[80]

Ein anderer Themenkomplex sind sozial-anthropologische Studien zu Frauen während des Nordirlandkonflikts. Das Leben von Frauen während des

---

76   Ibid., 187-90.
77   Ward, *Unmanageable Revolutionaries*.
78   Miranda H Alison, »Wartime Sexual Violence: Women's Human Rights and Questions of Masculinity,« *Review of International Studies* 33, no. 01 (2007).
79   Banerjee, *Muscular Nationalism*.
80   Ibid., 107-32.

Krieges in Nordirland untersuchen Nancy Brown Diggs und Tanya Higgins in einem kleinen, flüssig lesbaren Band, der in Form eines Forschungstagebuchs verfasst ist.[81] Sharon Pickering hat zwischen 1995 und 1997 in Nordirland über 100 Frauen interviewt und darüber ihr Buch über zivilen Ungehorsam und andere Formen weiblichen Widerstands gegen die britische Staatsmacht geschrieben.[82] Bereits 1997 erschien Begoña Aretxagas wegweisende Arbeit *Shattering Silence*.[83] Ihr Buch war die erste wissenschaftliche Untersuchung über die Frage, wie Frauen Einfluss auf den Krieg in Nordirland genommen haben. Die Arbeit ist eine essenzielle Studie über Frauen im Nordirlandkonflikt, in der Frauen in militanten Organisationen großer Raum gegeben wird. Dennoch bleiben die Verweise auf Cumann na mBan marginal, was aber in diesem Fall nicht an der Autorin selbst liegt. Aretxaga berichtet von den Schwierigkeiten, auf die viele Forscher zu Beginn stoßen. Sie schreibt in ihrem Vorwort:

> Ein energisches Mitglied von Sinn Féin wollte mir Interviews mit ein paar älteren nationalistischen Frauen, ehemaligen Mitglieder von Cumann na mBan (der weibliche Flügel der IRA), arrangieren. Die Frauen verschoben den Interviewtermin immer wieder, bis mir schließlich gesagt wurde, dass sie sich sorgen würden, wie ihre Worte verwendet werden würden und daher wollten sie nicht mit den Interviews fortfahren.[84]

Während meiner Feldforschung stieß ich auf ähnliche Schwierigkeiten wie Aretxaga in ihrer Arbeit. Dennoch gelang es ihr, ein bahnbrechendes Werk zu politischem Handeln von Frauen in Nordirland zu schreiben.[85]

Zur letzten Kategorie (e) zählen schließlich persönliche Aufzeichnungen von republikanischen Aktivistinnen, Erinnerungen an republikanische Aktivistinnen oder Memoiren. Die herangezogene Literatur beansprucht in keiner Weise eine Vollständigkeit. Auch werden nur Titel erwähnt, die von Aktivistinnen der Provisional IRA, Cumann na mBan oder Sinn Féin

---

81 Tanya Higgins/Nancy Brown Diggs, *A Look at Life in Northern Ireland: How do Women live in a culture driven by Conflict?* (Lewistone, NY: Edwin Mellen Press, 2000).
82 Pickering, *Women, Policing, and Resistance*.
83 Aretxaga, *Shattering Silence*.
84 Ibid., xi.
85 Kay Warren, »Writing Gendered Memories of Repression in Northern Ireland Begoña Aretxaga at the Doors of the Prison,« *Anthropological Theory* 7, no. 1 (2007).

verfasst wurden. Nicht hinzugezogen wurden etwa Arbeiten der bekannten Aktivistin Bernadette Devlin, die zu keinem Zeitpunkt Mitglied der republikanischen Bewegung, sondern Aktivistin der linken Peoples' Democracy und für kurze Zeit der Irisch-Republikanischen Sozialistischen Bewegung war.[86] Bereits während des Konflikts erschienen die Erinnerungen von Raymond Murray über seine Zeit als Gefängniskaplan im Frauengefängnis Armagh.[87]

Eine informative Sammlung von Interviews mit Aktivistinnen aus loyalistischen, republikanischen Gruppen und der Bürgerrechtsbewegung erschien 1973 und wurde 1976 auf Deutsch veröffentlicht. Die Texte folgen losen Zusammenstellungen von Interviews aus Derry und Belfast.[88] Maria McGuires Erinnerungen an ihr Jahr in der Provisional IRA sind vor dem Hintergrund zu lesen, dass McGuires Motive für ihren plötzlichen politischen Aktivismus bis heute unbekannt sind und sie selbst seit 2008 als konservative Stadträtin eines Londoner Vorortes wirkt.[89] Die italienische Journalistin Silvia Calamati sammelte im Jahr 2002 Erinnerungen von Frauen aus der Zeit des Krieges in Nordirland.[90] Sie beschränkte sich dabei aber auf Frauen als Opfer von Besatzung und Repression. Erinnerungen von Frauen als militante Aktivistinnen wurden nicht gesammelt.

Vermutlich Ende der 1990er-Jahre erschienen in Belfast die Erinnerungen des Cumann-na-mBan-Mitglieds Lily Fitzsimons.[91] Das schwer erhältliche, undatierte Buch gab lange Zeit den besten Einblick einer Frau in ihre Zeit als Mitglied in einer irisch-republikanischen, militanten Organisation. In dem Buch versucht sie, ihren Aktivismus in die Tradition des irischen Freiheitskampfes als einen Kampf, der von Frauen getragen wurde, zu stellen. Im Jahr 2011 erschienen zwei weitere Bände von ehemaligen Mitgliedern von Cumann na mBan. Síle Darragh veröffentlichte zunächst ihre Erinnerungen an die Zeit als Gefangene im Frauengefängnis Armagh[92]

---

86 Siehe unter anderem: Diane Dees, »Bernadette Devlin's Maiden Speech: A Rhetoric of Sacrifice,« *Southern Journal of Communication* 38, no. 4 (1973).
87 Raymond Murray, *Hard Time: Armagh Gaol, 1971–1986* (Cork: Mercier Press, 1998).
88 Klaudia Jaenicke, *Irische Frauen: Interviews* (Berlin: Roter Stern, 1976).
89 Maria McGuire, *To Take Arms: A Year in the Provisional IRA* (Basingstoke/London: MacMillan, 1973).
90 Silvia Calamati, »*The Trouble We've Seen…*«: *Women's Stories from the North of Ireland* (Belfast: Beyond the Pale, 2002).
91 Lily Fitzsimons, *Liberty Is Strength: Thirty Years of Struggle* (Belfast: np, 1999).
92 Síle Darragh, »*John Lennon's Dead*«: *Stories of Protest, Hunger Strikes and Resistance*

und im Herbst 2011 erschien eine Sammlung von Erinnerungen von knapp 60 Frauen, die ebenfalls in Armagh inhaftiert waren.[93] Die Erinnerungen wurden in chronologische Kapitel geordnet und eingeleitet. Dies ist die bisher ausführlichste Sammlung von Erinnerungen republikanischer Aktivistinnen. Begonnen wurde die Zusammenstellung von der mittlerweile verstorbenen Eileen Hickey, die für mehrere Jahre die Oberbefehlshaberin der republikanischen Frauen im Gefängnis Armagh war und später das Republican History Museum in der Conway Mill an der Belfaster Falls Road eröffnete. Ein weiterer Band mit den Erinnerungen republikanischer Gefangener wurde von einer Gruppe ehemaliger Häftlinge aus der Grenzregion Monaghan/Cavan/Fermanagh herausgegeben. Dieser Band versammelt Interviews mit ehemaligen republikanischen Gefangenen und ihren Angehörigen aus dieser Region Irlands. Ein Kapitel ist auch dem Frauengefängnis Armagh gewidmet, ein weiteres dem Gefängnis Maghaberry, in das die Frauen Ende der 1980er-Jahre nach der Schließung von Armagh verlegt wurden.[94]

Wie erwähnt, mangelt es der Historiografie des Nordirlandkonflikts an der Analyse von Frauen in militanten Organisationen, vor allem Cumann na mBan. In den umfangreichen Standardwerken zur republikanischen Geschichte spielen Frauen lediglich eine Nebenrolle. Lange Zeit existierten nur wenige grundlegende Werke zu republikanischen Aktivistinnen. In den letzten Jahren begannen sich der Forschungsstand und das Bild über republikanische Frauen langsam zu bessern. Vor allem der Aspekt von Frauen als politische Gefangene und Frauen als Aktivistinnen im Nordirlandkonflikt wurde beleuchtet. Mitentscheidend war sicherlich die Öffnung des Eileen Hickey Museum in Belfast im Jahr 2007. Hickey war wie erwähnt selbst Oberbefehlshaberin von Cumann na mBan im Frauengefängnis Armagh. So erhielten Frauen in diesem Museum einen prominenten Platz. Die Tätigkeiten und Schicksale republikanischer Frauen traten auf diese Weise erstmals an eine breitere Öffentlichkeit. Dieses dadurch entstandene Interesse manifestiert sich in immer neuen Projekten,

---

(Belfast: Beyond the Pale, 2012).
93 Brady et al., *In the Footsteps of Anne*.
94 Fáilte Cluain Eois (Hg.), *Their Prisons, Our Stories* (Monaghan: Fáilte Cluain Eois Books, 2015).

wie an der erwähnten Dokumentationsserie über Frauen in der IRA, die 2012 vom irischen Fernsehsender *TG4* ausgestrahlt wurde, ersichtlich wird. Daneben wurden in den letzten Jahren auch vermehrt Studien zu Frauen in Sinn Féin publiziert.[95]

Durch neue Forschungen zu Frauen im Nordirlandkonflikt, Frauen in Irland in der zweiten Hälfte des 20. Jahrhunderts und Öffentlichkeitsarbeit von ehemaligen politischen Gefangenen im Frauengefängnis Armagh konnten in den vergangenen beiden Jahrzehnten wichtige Fragen in der Forschungslandschaft der republikanischen Bewegung aufgeworfen werden. So untersuchen mehrere neue Arbeiten immer wieder Teilaspekte der (Frauen-)Geschichte des Nordirlandkonflikts. An einer systematischen Forschung über Cumann na mBan mangelt es jedoch weiterhin. In den neuen Arbeiten wurden zwar die bekannten Ergebnisse eingebaut, es konnten aber kaum offene Fragen zu Cumann na mBan beantwortet werden. Vielmehr ist zu beobachten, dass sich die immer gleichen Ereignisse, Daten, Fakten und Narrative in der Literatur wiederholen. Die vorliegende Publikation soll diesem Phänomen entgegentreten, außerdem soll die ausführliche Vorstellung der Literatur zum Thema gleichzeitig die Leser zum Selbststudium einladen.

---

95   Gilmartin, »Negotiating New Roles«; idem., »Lost in Transition«; idem, »Feminism, Nationalism and the Re-Ordering«; Margaret Keiley-Listermann, *Sinn Féin Women: Footnoted Foot Soldiers and Women of No Importance* (Santa Barbara et al.: Praeger, 2010); O'Keefe, *Feminist Identity*.

2. Cumann na mBan und Irland: Ein knapper Abriss bis zu den 1960er-Jahren

Die Geschichte der irischen Insel ist von Beginn an von ihrem Verhältnis zur größeren Nachbarinsel im Osten geprägt. Das Jahr 1169 ist hier von grundlegender Bedeutung. In diesem Jahr griffen normannische Ritter erstmals in politische Auseinandersetzungen in Irland ein. Dieses Ergebnis wird heute von nationalistischen Iren als Beginn normannischer, englischer Herrschaft in Irland betrachtet. Das folgende Kapitel setzt sich aus drei Teilen zusammen. Der erste Abschnitt bietet einen kurzen Einblick in die Geschichte Irlands, den englischen Imperialismus und die Widerstandsbewegung.[96] Daran anschließend wird die Geschichte von Cumann na mBan bis in die 1960er-Jahre umrissen.[97] Abschließend wird ein kurzer Überblick über den Beginn des Nordirlandkonflikts geboten.[98]

Im 12. Jahrhundert war Irland noch keine voll entwickelte Feudalgesellschaft. Auf der irischen Insel bestand länger als am europäischen Kontinent eine egalitäre Gesellschaft basierend auf Sippenstrukturen.[99] Diese Gesellschaftsordnung wird von irischen Nationalisten wie James Connolly als »keltischer Kommunismus« bezeichnet.[100] Der Zerfall dieser Ordnung

---

96 Für deutschsprachige Überblickswerke zur Geschichte Irlands siehe: James C. Beckett/Karl H. Metz, *Geschichte Irlands* (Stuttgart: Kröner, 1997); Jürgen Elvert, *Geschichte Irlands* (München: DTV, 1993); Christine Kinealy, *Geschichte Irlands* (Essen: Magnus, 2004); Michael Maurer, *Kleine Geschichte Irlands* (Ditzingen: Reclam, 1998); Erhard Rumpf, *Nationalismus und Sozialismus in Irland: Historisch-Soziologischer Versuch über die Irische Revolution seit 1918* (Meisenheim am Glan: Anton Hain, 1959).

97 Für deutschsprachige Werke zur irisch-republikanischen Bewegung siehe: Kevin Bean/Mark Hayes, *Republican Voices: Stimmen aus der irisch-republikanischen Bewegung* (München: Unrast, 2002); Peter Neumann, *IRA: Langer Weg zum Frieden* (Hamburg: EVA, 2002); Helga Woggon, *Integrativer Sozialismus und nationale Befreiung: Politik und Wirkungsgeschichte James Connolys in Irland* (Goettingen: Vandenhoeck & Ruprecht, 1990).

98 Für deutschsprachige Werke zum Nordirlandkonflikt siehe: Marcel Baumann, *Zwischenwelten: Weder Krieg noch Frieden: Über den konstruktiven Umgang mit Gewaltphänomenen im Prozess der Konflikttransformation* (Wiesbaden: VS Verlag für Sozialwissenschaften, 2008); Johannes Kandel, *Der Nordirland-Konflikt: Von seinen historischen Wurzeln bis zur Gegenwart* (Berlin: Dietz, 2005); Frank Otto, *Der Nordirlandkonflikt: Ursprung, Verlauf, Perspektiven* (München: C. H. Beck, 2005); Schulze-Marmeling, *Republikanismus und Sozialismus*; idem, *Die Irische Krise*.

99 Dieter Reinisch, *Der Urkommunismus. Auf den Spuren der egalitären Gesellschaft* (Wien: Promedia, 2012).

100 James Connolly, *Labour in Irish History* (Lulu, 1983); Shane Nagle, »Socialist Intellectuals and National(ist) Historiography: The Cases of James Connolly and Franz Mehring,« *Labour History Review* 81, no. 2 (2016); Peter Berresford Ellis, *A History of the Irish Working Class* (London: Pluto Press, 1996).

wurde durch Wikingereinfälle ab dem späten 8. Jahrhundert beschleunigt. Dennoch waren fast 400 Jahre später die feudalen Produktivkräfte erst im Entstehen begriffen. Das Eingreifen normannischer Ritter in innerirische Belange war zunächst kein geplanter, kolonialer Akt. Irland hatte keine gefestigten landesweiten Strukturen und war in unzählige kleine bis kleinste Entitäten von Königen und Feudalherren zersplittert. Während kriegerischer Auseinandersetzungen zwischen diesen wurden anglonormannische Ritter aus Wales zur militärischen Hilfe geholt. Doch anstatt das Land wieder zu verlassen, blieben sie und siedelten sich im Gebiet rund um das heutige Dublin an. Von diesem Bereich aus sollte die anglonormannische Landnahme in den folgenden Jahrhunderten erfolgen.

In den ersten vier Jahrhunderten schwankte der anglonormannische Einfluss auf die Insel stark, teilweise beschränkte sich das Einflussgebiet nur auf das heutige Dublin. Ab 1530 kam es jedoch unter der Tudor-Herrschaft zur brutalen Eroberung der Insel. Um die Herrschaft langfristig zu etablieren wurde ab den 1580er-Jahren Programme eingeleitet, um fruchtbare Gebiete mit loyalen Siedlern aus England und Schottland zu bevölkern. Diese neuen Siedler sollten das Grundgerüst der zukünftigen englischen Kolonialisierung bilden. Zu dieser Zeit war die gälische Herrschaft bereits gebrochen. Die letzten irisch-gälischen Machthaber verließen 1603 die Insel und gingen in ihre Exile nach Spanien und Italien. Irland war nun zur Gänze unter englischer Herrschaft, die Anglisierung wurde brutal vorangetrieben. Ab 1609 begann die Besiedlung des Gebietes Ulster im Nordosten mit schottischen Presbyterianern. Diese brachten ihre eigene Religion, Dialekt und Kultur nach Irland und es war diese Bevölkerungsgruppe, die den Keim der protestantischen Herrschaft Nordirlands im 20. Jahrhundert bildete.[101]

Nach erfolgreicher Besiedlung begann die Industrialisierung der protestantischen Herrschaftsgebiete, während der landwirtschaftliche Westen ausgebeutet wurde. In den Städten Belfast und Dublin sowie im entwickelten Ulster entstand eine aufgeklärte Bourgeoise. Der Einfluss der schottischen Aufklärung, intensiver Austausch mit dem liberalen Pennsylvania und die Ideen der Amerikanischen und Französischen Revolutionen radikalisierten

---

101 Dieter Reinisch, »Plantation of Ulster,« in Mark Doyle (Hg.), *The British Empire. A Historical Encyclopedia* (Santa Barbara: ABC-Clio, erscheint 2018).

dieses liberale, presbyterianische Bürgertum. Diese Bürger waren zudem Republikaner, womit im Jahr 1791 die erste republikanische Vereinigung in Irland entstand, die »Society of the United Irishmen«. Diese erste republikanische Vereinigung war getragen von Presbyterianern, daher sind die Gründungsväter der heute überwiegend katholischen republikanischen Bewegung die Presbyterianer Theobald Wolfe Tone und Henry Joy McCracken. Mithilfe des revolutionären Frankreich versuchten diese United Irishmen einen Aufstand, der jedoch scheiterte. Reste der United Irishmen versuchten im Jahr 1803 unter Robert Emmet eine erneute Auflehnung, doch auch diese endete mit einer Niederlage.

Die Aufstände der United Irishmen markieren den Beginn der modernen irischen republikanischen Bewegung. Wie der verstorbene Präsident von Sinn Féin, Ruairí Ó Brádaigh, zu mir sagte, hat seit dieser Zeit jede Generation von Iren Widerstand gegen die englische Herrschaft geleistet. In den 1830er-Jahren kam es von der katholischen Landbevölkerung zu passivem Widerstand gegen die Einhebung des Zehents durch die anglikanische Church of Ireland. Der friedliche Widerstand schlug sporadisch in gewaltsame Konfrontationen um. Ebenso 1830 gründete Daniel O'Connell die »Repeal Association« deren Ziel es war, die Verbindung Irlands mit dem Königreich Großbritannien zu lösen. In den 1840er-Jahren lösten eine Kartoffelfäule und Missernten die bisher größte Hungersnot in der Geschichte der Insel aus. Bereits in den Jahrhunderten zuvor war es immer wieder zu kleineren und lokalen Hungersnöten gekommen. Mitte des 19. Jahrhunderts war die irische Landwirtschaft jedoch völlig auf den Export nach England ausgelegt. Obwohl weiterhin Tonnen an Kartoffeln die Häfen von Galway und Cork auf Schiffen verließen, hungerte die Bevölkerung. Millionen Iren starben in den Jahren zwischen 1845 und 1848 oder verließen die Insel in der Hoffnung auf ein neues Leben in Amerika. Ein radikaler Teil von O'Connells Repeal Association versuchte, das Elend der Bevölkerung zu nutzen, und gründete die »Young Irelanders«. Diese Jungiren, beeinflusst von liberalen, bürgerlich-nationalistischen Ideen am Kontinent wie den Jungdeutschen, organisierten im Revolutionsjahr 1848 auch in Irland einen Aufstand. Nur zehn Jahre später wurde auf beiden Seiten des Atlantiks die Irisch-Republikanische Bruderschaft gegründet. Diese als Fenier bezeichnete Gruppe wurde zum

Bindeglied zwischen der frühen republikanischen Bewegung in der ersten Hälfte des 19. Jahrhunderts und der modernen republikanischen Bewegung im 20. Jahrhundert.

Die Fenier organisierten 1867 einen Aufstand, der scheiterte. Diese Revolte markierte jedoch nicht ihr Ende. Die Gruppe reorganisierte sich als Geheimbund in den USA, Kanada und Australien und blieb so als einflussreichste republikanische Organisation bis zum Osteraufstand 1916 bestehen, an dem sie einen entscheidenden Einfluss nahm. Der Fenier-Aufstand von 1867 war ein relativ kleiner, konspirativer Akt, vergleichbar mit den Rebellionen von 1798, 1803 und 1848. Ab den 1870ern entstanden aber neue Massenbewegungen. Die »Irish National Land League« setze sich für eine Landreform ein. Sie genoss breite Unterstützung in der armen, bäuerlichen Bevölkerung und ihre Aufrufe zum zivilen Ungehorsam führten schließlich zum »Land War« in den 1880ern und 1890ern. Gleichzeitig mit dem Konflikt über die Landreform entwickelte sich ein verstärktes Nationalbewusstsein. Vereinigungen zur Wiederbelebung der irischen Sprache, Kultur und Sportarten wurden gegründet, die »Gaelic Athletic Association« und die »Gaelic League« entwickelten sich rasch zu Massenbewegungen. Politisch nützten die irischen Abgeordneten die Pattstellung zwischen Liberalen und Konservativen im britischen Parlament in Westminster, um für Selbstverwaltung Irlands nach dem Vorbild des österreichisch-ungarischen Ausgleichs zu werben. Das 19. Jahrhundert war mit den lokalen Aufständen der United Irishmen zwischen 1798 und 1803 eingeleitet worden und endete mit dem erwachenden Nationalbewusstsein einer irischen Massenbewegung.

Mangelnde Landreform, Industrialisierung und politisches Erwachen der irischen Arbeiterklasse und des nationalistischen Bürgertums verschärften die Klassenkämpfe am Beginn des 20. Jahrhunderts. 1905 wurde Sinn Féin gegründet. Die Partei war aber bis 1917 noch keine republikanische Vereinigung. Der Gründer, Arthur Griffith, verfolgte stattdessen die Etablierung einer britisch-irischen Doppelmonarchie nach dem Vorbild von Österreich-Ungarn. Sinn Féin war damals eine bürgerlich-nationalistische Partei. Doch auch die Arbeiterklasse begann sich zu organisieren. Bereits ein Jahrzehnt zuvor hatte der Sozialist James Connolly mit der irischen Sozialistisch-Republikanischen Partei die erste sozialistische Partei auf der

Insel gegründet. Nach Jahren der Emigration in die USA begann Connolly, um 1910 eine starke und militante Gewerkschaft aufzubauen. Ihm zur Seite stand James Larkin. Zu den größten Arbeitskämpfen kam es im Jahr 1913 in Dublin und Connolly gründete zur Verteidigung der urbanen Arbeiter die Gewerkschaftsmiliz »Irische Bürgerarmee«, die Irish Citizens' Army (ICA).

Als 1910/11 in England eine Verfassungskrise ausbrach, wurde die Selbstverwaltung von Irland immer wahrscheinlicher. Protestantische, pro-britische Unionisten, angeführt von Edward Carson, legten einen Eid ab, in dem sie schworen, sich der Selbstverwaltung gewaltsam zu widersetzen. Als paramilitärischen Verband gründen sie die Ulster Volunteer Force (UVF). Die UVF organisierte die Einfuhr tausender Waffen vom nördlich von Belfast gelegenen Hafen Larne.

Mit der Gründung der UVF wurde die Waffe ein Teil der irischen Politik, wie es Bell ausdrückte.[102] Die irische Geschichte war nie eine friedliche, doch waren die Aufstände bis ins 20. Jahrhundert immer direkt gegen die englische Kolonialmacht und deren Vertreter in Irland gerichtet. Dies änderte sich mit der Gründung der UVF. Erstmals bildete sich eine paramilitärische Organisation, die gelobte, ihr Programm notfalls auch bewaffnet gegen andere Iren durchzusetzen. Als Reaktion auf die Bildung der UVF gründeten sich im Herbst 1913 die irischen Volunteers, eine nationalistische Miliz für die Verteidigung möglicher Selbstverwaltung und irischer Katholiken. Mehrere Mitglieder des Fenier-Geheimbundes waren führend in der Etablierung der »Irish Volunteers«.

Der Beginn des Ersten Weltkriegs verhinderte die Einführung der Selbstverwaltung. Die irischen Volunteers spalteten sich in der Frage der Unterstützung des Krieges. Die Mehrheit argumentierte, dass Iren in die britische Armee eintreten sollten, denn diese Kriegsanstrengungen würden eine englische Zustimmung für irische Selbstverwaltung nach dem Krieg erhöhen. Dieser Teil nahm den Namen »nationale Volunteers« an, von diesem trennte sich der kleine, revolutionäre Flügel, der den Namen »irische Volunteers« behielt. Letzterer lehnte jede Unterstützung der Kolonialmacht während des Krieges ab. Die nationalen Volunteers hatten rund 150.000 Mitglieder, während sich 10.000 bis 15.000 den irischen Volunteers anschlossen. Diese

---
102 Bell, *The Gun in Politics*.

versuchten, den Unmut über Krieg, Armut und wachsende soziale Spannungen zu nützen und organisierten einen Aufstand. Gemeinsam mit anderen nationalistischen und republikanischen Kräften wie der Frauenorganisation Cumann na mBan oder James Connollys Gewerkschaftsmiliz riefen sie am Osterwochenende 1916 die irische Republik aus. Auf den Stufen des Hauptpostamts im Zentrum Dublins wurde die irische Unabhängigkeitserklärung verlesen. Die republikanischen Kräfte waren aber zu klein und landesweit unorganisiert und so wurde der Aufstand in wenigen Tagen niedergeschlagen. Die Dubliner Innenstadt wurde zerstört und die Aufständischen genossen wenig Unterstützung in der Bevölkerung. Dass der Osteraufstand von 1916 heute als Beginn der irischen Unabhängigkeit von Politikern aller Couleur gefeiert wird, liegt an der britischen Reaktion auf den Aufstand.

Der irische Osteraufstand leitete die Periode der »irischen Revolution« ein. Es war dies die erste revolutionäre Erhebung gegen die britische Kolonialmacht im 20. Jahrhundert. Ebenso war es die erste revolutionäre Bewegung im Zuge des Ersten Weltkriegs in Europa. Erfolgreiche wie gescheiterte Revolutionen in Russland, Ungarn, Deutschland und vielen anderen Ländern sollten in den folgenden Jahren Europa neu ordnen. In den folgenden sieben Jahren nach 1916 wurde auch Irland grundlegend geändert. Nach der Niederschlagung des Aufstandes zu Ostern 1916 wurden tausende irische Männer in englische und walisische Internierungslager gebracht. Viele hatten nur periphere Kontakte zur nationalistischen Bewegung, doch radikalisierten sie sich in Gefangenschaft. Die Internierungslager, allen voran Frongoch in Nordwales, wurden zur »Universitäten der Revolution«[103]. Nicht nur die Masseninternierungen, sondern auch die Hinrichtung von 16 Anführern des Aufstandes fiel auf die britische Kolonialmacht zurück und änderte die öffentliche Meinung drastisch.

Die öffentliche Meinung in Irland war unter den Katholiken während des Weltkrieges vom Wunsch nach Selbstverwaltung zum Wunsch nach Unabhängigkeit umgeschlagen. Sinn Féin nahm am Parteitag, Ard-Fheis, im Jahr 1917 ein neues, republikanisches Programm an. Im folgenden Jahr gewann die Partei bei den britischen Unterhauswahlen nahezu 80 Prozent der irischen Sitze. Sinn Féin erkannte das britische Unterhaus in Westminster

---

103   Sean O Mahony, *Frongoch: University of Revolution* (Dublin, FDR Teoranta, 1987).

nicht als rechtmäßige Vertretung des irischen Volkes an und versammelte sich daher zur irischen Nationalversammlung in Dublin. Dieser erste Dáil Éireann tagte am 21. Jänner 1919. Am selben Tag begann die irisch-republikanische Armee (IRA) einen Guerillakrieg gegen die britische Polizei, die Royal Irish Constabulary, und die britische Armee. Die IRA war aus den irischen Volunteers hervorgegangen und sah sich als die rechtmäßige Armee der irischen Nationalversammlung. Mit dem Zusammentreten der Nationalversammlung und der Guerillakampagne der IRA begann der irische Unabhängigkeitskrieg. Er endete mit der Unterzeichnung eines Friedensvertrags, der die Spaltung Irlands beinhaltete, im Dezember 1921. Durch diesen Vertrag wurde Irland zwar unabhängig, blieb aber als britisches Dominion Mitglied des Commonwealth. Die Befürworter der Unabhängigkeit waren über den Vertrag gespalten. Im Sommer 1922 führten diese Widersprüche zu bewaffneten Auseinandersetzungen. Der folgende Bürgerkrieg dauerte bis 1923 und brachte mit britischer Hilfe schließlich die Vertragsbefürworter als Sieger hervor.

In den 1930er-Jahren wird Eamon de Valera mit seiner neuen Partei Fianna Fáil Regierungschef. De Valera war Veteran des Osteraufstandes und Anführer der Vertragsgegner im Bürgerkrieg. Er gründete 1926 mit anderen IRA-Mitgliedern die nationalistisch-konservative Fianna-Fáil-Partei und nahm ein Jahr später die Sitze im Dubliner Parlament ein. Unter de Valera erhielt Irland eine neue, katholisch-konservative Verfassung. De Valera prägte in den folgenden Jahrzehnten die irische Innenpolitik zunächst als Regierungschef, später als Präsident. Während des Zweiten Weltkriegs war Irland formell neutral. Im Februar 1948 verlor Fianna Fáil schließlich die absolute Mehrheit und es kam zu einer Koalitionsregierung mit der rechtsliberalen Fine Gael und mehreren kleineren Parteien. Diese Regierung machte Irland schließlich am Ostermontag 1949 zur Republik und führte das Land aus dem Commonwealth. Die 1950er-Jahre waren eine Zeit der wirtschaftlichen Stagnation. Irland war das Armenhaus Europas, die Emigrationszahlen waren anhaltend hoch. Erst Mitte der 1960er-Jahre begann ein langsamer wirtschaftlicher Aufschwung und 1973 trat die Republik dem Europäischen Wirtschaftsraum bei. Dennoch waren die 1970er- und 1980er-Jahre von hoher Arbeitslosigkeit, Wirtschaftsflaute und Überschuldung des Staatshaushalts geprägt. Mit einer Niedrigsteuerpolitik wurden internationale Telekommunikationsfirmen und Finanzdienstleister nach Irland gelockt. Der »irische Tiger« konkurrierte mit Karibik- und Ärmelkanalinseln im internationalen Wettbewerb der Steueroasen. Diese Politik brachte zwar für die folgenden Jahre einen Wirtschaftsaufschwung und relativen Wohlstand, Privatisierungen und ein fehlendes Sozialsystem verschärften aber die soziale Ungleichheit.

Als Mitte des ersten Jahrzehnts des neuen Jahrtausends die Immobilienblase in Irland platzt und wenig später die ganze Welt von einer Wirtschaftskrise erschüttert wird, ist Irland doppelt betroffen. Der Staatshaushalt bricht zusammen und die Regierung stellt das Land als Erstes, noch vor Spanien, Griechenland und Portugal, unter den EU-Rettungsschirm. Die harten Vorgaben von Weltbank und EU treiben die Arbeitslosigkeit teilweise auf über 15 Prozent, die Auswanderung erreicht das Niveau der 1950er-Jahre, täglich verlassen 10.000 Menschen das Land. Bis heute hat sich das Land von dieser Krise nicht erholt, das Gesundheitssystem gehört zu den schlechtesten in Westeuropa, während die Jugendarbeitslosigkeit das Niveau verarmter südeuropäischer Regionen erreicht, das öffentliche Verkehrssystem ist Bankrott und wenig ausgebaut. Die Zukunft Irlands nach dem Brexit vorherzusagen, ist die nicht die Aufgabe eines Historikers. Fest steht, dass die Insel mit Großbritannien ihren größten Handelspartner verliert.

Als Historiker ist es meine Aufgabe, Lehren aus der Vergangenheit zu ziehen, aber ich bin zugleich in der komfortablen Situation, nicht den weiteren Verlauf der Geschichte erzählen zu müssen. Der Fall Apple und die Weigerung der irischen Regierung, die von der EU auferlegten Steuerrückzahlungen von 13 Milliarden Euro vom Unternehmen einzuheben, zeigen aber, dass selbst wenn Dublin neben Frankfurt am Main und Paris ein Stück des zerfallenden Londoner-City-Kuchens abbekommt, der Wohlstand sich wohl wieder nicht auf die gesamte Bevölkerung verteilen wird, sondern die sozialen Widersprüche sich nur noch weiter vertiefen werden.[104]

---

[104] Empfehlenswerte Bücher über Aufstieg und Fall des irischen Wirtschaftswunders und die Austeritätspolitik in Irland veröffentlichte Kieran Allen – siehe unter anderem: Kieran Allen, *The Celtic Tiger: The Myth of Social Partnership in Ireland* (Manchester: Manchester University Press, 2000); idem, *The Corporate Takeover of Ireland* (Dublin: Irish Academic Press, 2007); idem, *Ireland's Economic Crash: A Radical Agenda for Change* (Dublin: Liffey Press, 2009); Kieran Allen/Brian O'Boyle, *Austerity Ireland: The Failure of Irish Capitalism* (London: Pluto Press, 2013).

Die republikanische Bewegung und Cumann na mBan

Die moderne republikanische Bewegung in Irland ist eine Sammelbewegung verschiedener Organisationen. Darunter fallen unter anderem die bewaffnete Organisation Óglaigh na hÉireann, auch bekannt als Irisch-Republikanische Armee (IRA), die politische Partei Sinn Féin, die Jugendorganisation Na Fianna Éireann, die Frauenorganisation Cumann na mBan oder die diversen Gefangenenhilfsorganisationen. Cumann na mBan, was ins Deutsche schlicht als »Organisation der Frauen« übersetzt werden kann, wurde am 2. April 1914 von rund 100 Frauen in Dublin gegründet. Während des Osteraufstandes von 1916 spielten ihre Aktivistinnen eine wichtige Rolle in der Versorgung, Verpflegung, Ersten Hilfe und der Überbringung von Nachrichten. Es war ihnen jedoch nicht gestattet, aktiv an Kampfhandlungen teilzunehmen. Nach dem Aufstand von 1916 erfuhr Cumann na mBan wie alle republikanischen Organisationen einen enormen Mitgliederzuwachs. Nach dem Ende des irischen Unabhängigkeitskrieges bestand sie nach Berechnung von McCarthy aus knapp 12.000 Frauen.[105] Nachdem Cumann na mBan keinen direkten Einfluss auf die Friedensverhandlungen hatte, spaltete sich die Gruppe an der Frage, ob der Friedensvertrag von 1922 und die Teilung Irlands akzeptiert werden sollten. Das Waffenstillstandsabkommen, welches den auf die Spaltung des Landes folgenden irischen Bürgerkrieg 1923 beendete, fand ebenfalls ohne Einbeziehung von Cumann na mBan statt, obwohl die Organisation zuvor gebeten hatte, in allen militärischen Entscheidungen miteinbezogen zu werden. Damit begann auch der organisatorische Niedergang, der mit einem weiteren Verlust an politischen Einfluss in Politik und Gesellschaft verbunden war.

Aus einer Organisation von über 10.000 militanten Frauen, die gewillt war, den bewaffneten Kampf für die Unabhängigkeit Irlands zu unterstützen, war binnen weniger als zwei Jahrzehnten eine Frauenorganisation geworden, welche sich auf den Verkauf von Osterlilien und Zeitungen beschränkte. Ihre militärische und versorgungstechnische Rolle hatte sie nahezu gänzlich verloren. Selbst in der marginalisierten republikanischen Bewegung der 1940er- und 1950er-Jahre spielte sie nur eine Nebenrolle. Während der IRA-Kampagne

---

105   McCarthy, *Cumann na mBan*, 164f.

gegen britische Verwaltungseinrichtungen im Norden, der sogenannten »Operation Harvest« von 1956 bis 1962, leistete Cumann na mBan nach heutigem Wissensstand nur einen marginalen Beitrag.[106] Mitte der 1960er-Jahre reorganisierte sich die republikanische Bewegung und damit auch Cumann na mBan. Als es immer wieder zu gewaltsamen Zusammenstößen zwischen der nordirischen Bürgerrechtsbewegung und radikalen Unionisten kam, stießen neue Rekrutinnen zur Organisation. Ab dem offenen Ausbruch des nordirischen Bürgerkriegs kam es schließlich zu einem sprunghaften Ansteigen der Mitgliedschaft. Im Zuge der entflammenden Auseinandersetzungen zwischen Nationalisten und Unionisten im Norden, spaltete sich 1969/70 die republikanische Bewegung in einen traditionellen, irisch-nationalistischen Teil und einen links-reformistischen, an der Sowjetunion orientierten Teil. Cumann na mBan unterstützte Ersteren, der sich unter der Leitung des sogenannten Provisional Army Council, daher der Name Provisional IRA und Provisional Sinn Féin, formierte. Von diesem Zeitpunkt an bis 1986 war die Frauenorganisation Teil des Provisional Republican Movement, bis sich dieses um die Frage der Annahme von Parlamentssitzen im irischen Parlament, Dáil, abermals spaltete und Cumann na mBan dem Provisional Army Council die Unterstützung entzog.[107] Im folgenden Abschnitt wird zunächst die Geschichte von Frauen als politische Aktivistinnen in Irland ab der Gründung der United Irishmen beschrieben. Dies dient dazu, die Gründung von Cumann na mBan und ihre weitere Geschichte bis 1960 in den Kontext der irischen Frauenbewegung zu setzen.

Frauen haben eine lange Tradition im politischen Leben Irlands. Dies ist aufgrund der konservativen, katholischen Tradition des Landes umso überraschender. Als im späten 18. Jahrhundert die *Society of United Irishman* gegründet wurde, war die Schwester eines der Führer der republikanischen Organisation, Mary Anne McCracken, ein bekanntes Mitglied. Als junges Mädchen verfolgte sie mit Begeisterung den Sieg der Republikaner im amerikanischen Unabhängigkeitskrieg. 1798 war die Protestantin schließlich selbst

---

106 Keenan-Thomson, *Irish Women and Street Politics*, 19-60.
107 Dieter Reinisch, »Cumann na mBan and the Acceptance of Women in the Provisional IRA: An Oral History Study of Irish Republican Women in the Early 1970s,« *Socheolas* 5, no. 1 (2013); idem, »Cumann na mBan & Women in Irish Republican Paramilitary Organisations, 1969–1986,« *Estudios Irlandeses* 11 (2016); idem, »Partizipation von Frauen«.

beteiligt am republikanischen Aufstand in Irland. Auch an dem Aufstand von 1803 nahm sie an der Seite von Robert Emmett teil.[108] Das 19. Jahrhundert brachte sozialen Wandel. Durch die Hungersnöte zur Mitte des Jahrhunderts starben oder wanderten mehr als ein Viertel der Bevölkerung aus. In den folgenden Jahrzehnten kam es zum »Celtic Revival«, einer Bewegung zur Förderung der irischen Kultur, Sprache, Sportarten und Geschichte. 1884 wurde die gälische Sportvereinigung gegründet, neun Jahre später die irische Liga, Conradh na Gaeilge. Conradh ist eine Organisation zur Förderung der irischen Sprache und im Gegensatz zu vielen anderen nationalistischen Organisationen der Zeit durften in ihr Frauen Mitglieder werden. Die Gruppe verfolgte als Ziel, die irische Sprache als Alltagssprache der Bevölkerung wieder zu etablieren. Politische Organisationen hingegen erlaubten Frauen keine Mitgliedschaft.[109]

Frauen begannen verstärkt in die Politik zu drängen und so wurde 1900 die erste politische Frauenorganisation, Inghínidhe na hÉireann, Töchter Irlands, gegründet. Als Patronin wurde die Heilige Brigid ernannt und Maud Gonne MacBride zur ersten Präsidentin gewählt. Die Ausrichtung der Organisation war auf politischer, sozialer und feministischer Ebene. Die konstitutionelle »Irische Parlamentspartei« und der Kampf für die Selbstverwaltung der Insel wurden abgelehnt. Die Organisation trat für soziale Reformen wie freies Essen an Schulen und Frauenwahlrecht ein. Ebenso sollte das nationale Bewusstsein der Bevölkerung gehoben werden, besonders die Jugend sollte ermuntert werden, die irische Sprache, Geschichte, Literatur, Musik und Kunst zu erlernen. Anstatt Selbstverwaltung war das Ziel die vollständige Unabhängigkeit Irlands. Irische Produkte wurden beworben und Manifeste zum Boykott englischer Waren und Geschäfte verfasst. Neben MacBride wurden Jennie Wyse-Power, Anna Johnston, die auch unter ihrem Nom de Guerre Ethna Carberry bekannt ist, Annie Egan und Alice Furlong zu den Vizepräsidentinnen dieser radikalen Frauenorganisation gewählt. Maire T. Quinn wurde Ehrensekretärin. Als im Sommer 1900 die englische Königin Victoria Dublin besuchte und 5000 Kinder in den Phoenix Park einlud, verteilte Inghínidhe na hÉireann Süßigkeiten an alle Kinder, die nicht an

---

108 John Finnegan, *Anne Devlin: Patriot and Heroine* (Dublin: Elo Press, 1992).
109 Ward, *Unmanageable Revolutionaries*, 4-39.

der Veranstaltung teilnahmen. Auch an der Organisation der Proteste gegen die Besuche von Edward VII. in den Jahren 1903 und 1905 war die Frauenorganisation beteiligt. Das Zentrum der Organisation war in Dublin, lokale Gruppen wurden zwar in Cork und Belfast gegründet, doch schaffte es die Organisation nie, sich national zu organisieren. Dies lag auch daran, dass Inghínidhe radikaler als andere nationalistische Organisationen war und ihr anti-englischer Radikalismus, der für Sozialreformen eintrat und spektakuläre Aktionen in der Öffentlichkeit veranstaltete, eher Frauen aus urbanen, gebildeten Schichten ansprach als die ländliche und kleinstädtische Bevölkerung. Nach der Gründung von Sinn Féin 1905 wurden mehrere Aktivistinnen von Inghínidhe in dieser Partei aktiv. Dennoch blieb das Verhältnis zu Sinn Féin ambivalent und mehrere Mitglieder lehnten eine enge Zusammenarbeit mit der Partei ab, da Sinn Féin bis 1917 keine republikanische Organisation war.[110]

1908 wurde von Inghínidhe die erste Frauenzeitung Irlands, *Bean na hÉireann*, Frauen Irlands, gegründet.[111] Herausgeberin war Helena Moloney. Redaktionsmitglieder waren nicht nur die Frauen Madeline ffrench-Mullen, Maud Gonne MacBride und Countess Markievicz, sondern auch Männer wie Bulmer Hobson, Seán McGarry oder Dr. Pat MacCartan. Beiträge kamen unter anderem von Terence MacSwiney, Sir Roger Casement oder Joseph Plunkett. Moloney war aktiv in der Arbeiterbewegung und *Bean na hÉireann* hatte eine sozialistische Ausrichtung. Wie Inghínidhe propagierte die Zeitung die Tradition des bewaffneten Republikanismus. Die Zeitschrift lehnte die irische Parlamentspartei genauso wie die Suffragetten-Bewegung wegen deren Akzeptanz der britischen Herrschaft über Irland ab. Inghínidhe na hÉireann und die Irish Women's Franchise League, die 1901 von Hannah Sheehy Skeffington gegründet wurde, hatten aufgrund dieser unterschiedlichen Positionen nicht zusammengearbeitet. Während der Arbeitskämpfe 1913 in Dublin, dem »Lockout«, konnten die Differenzen zwar kurzfristig beigelegt werden und beide Gruppen unterstützten zusammen die Arbeiter, dennoch ging die Debatte bis nach dem Osteraufstand 1916 weiter. Die Franchise League kritisierte in den folgenden Jahren auch an der 1914 gegründete Frauenorganisation Cumann na mBan, dass diese die Irish Volunteers unterstützte,

---
110 Ibid., 59-66.
111 Ibid., 67-75.

ohne das Versprechen von Gleichheit zwischen Frauen und Männern in deren Programm hineinreklamiert zu haben. Doch wie Cumann na mBan argumentierte auch Inghínidhe na hÉireann, dass es »keine freie Frau in einer versklavten Nation geben kann«. Die Zeitung *Bean na hÉireann* wurde aufgrund fehlender Finanzierung und Leserschaft 1910 bereits wiedereingestellt. Viele Frauen begannen in anderen Organisationen, wie Sinn Féin und der Franchise League, zunehmend auf Kosten von Inghínidhe na hÉireann, aktiv zu werden.

1909 war eine republikanische Jugendorganisation von Constance Markievicz und Bulmer Hobson gegründet worden. Na Fianna Éireann war eine »republican scouting organisation« nach dem Vorbild der Scouts-Bewegung von Robert Baden-Powell. Obwohl die Initiative zur Gründung maßgeblich von Markievicz ausgegangen war, und neben ihr auch Helene Moloney am Gründungstreffen anwesend war, erklärte dort einer der Jugendlichen, er habe Probleme mit Mädchen in der Organisation, denn »für Frauen ist kein Platz in einer bewaffneten Organisation«. Es bedurfte großer Anstrengungen von Hobson und Markievicz, dass doch Mädchen in der Organisation geduldet wurden. Dennoch hieß es in den Statuten von Na Fianna Éireann, die auf deren Jahresversammlung 1913 angenommen wurden: »Mitgliedschaft in Na Fianna Éireann ist allen Burschen offen, die Statuten und Programm von Fianna zustimmen.« Im Jahr zuvor wurde eine Resolution, welche die offizielle Aufnahme von Mädchen in die Jugendorganisation beantragte, nach einer hitzigen Diskussion mit einer Stimme Mehrheit angenommen. Nichtsdestotrotz war der Einfluss von Markievicz innerhalb der Organisation beträchtlich und später waren auch die beiden Töchter des irischen Sozialisten James Connolly, Ina und Nora, Mitglieder von Na Fianna Éireann. Insgesamt waren die Mitgliederzahlen von Mädchen in der Organisation aber gering.[112]

Als Folge des Widerstandes innerhalb von Na Fianna wurde eine eigene Mädchenorganisation gegründet. Markievicz und die Schwestern Liz und May Kelly gründeten 1910 Clan na nGaedheal.[113] Diese »Girl Scouts of Ire-

---

112 Damien Lawlor, *Na Fianna Eireann and the Irish Revolution 1909 to 1923* (Dublin: Caoillte Books, 2009).
113 Die Organisation ist nicht zu verwechseln mit den namensgleichen Organisation von Arthur Griffith, die zwischen 1900 und 1907 als Vorläuferin von Sinn Féin, und wieder ab 1923 bis 1933 als Befürworterin des Friedensvertrags mit England die politische

land« blieben jedoch nur eine kurzlebige Episode des politischen Lebens von Markievicz. Das Ziel der Gruppe war es, Mädchen zu organisieren und auszubilden, damit sie »in der Lage sind, im besten Interesse der Republik zu dienen«. Eine Mitgliedschaft war »offen für alle Mädchen guten Charakters«. Die Organisation blieb auch nach dem Osteraufstand aktiv, wenn auch weitgehend unbedeutend. Sie erklärte sich wie andere revolutionär-republikanischen Organisationen loyal zur »1916 ausgerufenen Republik«. Doch trotz des Wandels von Sinn Féin hin zu einer republikanischen Organisation, war es den Mitgliedern von Clan na nGaedheal nicht erlaubt, in »irgendeiner politischen Organisation aktiv zu sein«, was somit auch Sinn Féin ausschloss. Mehrere Aktivistinnen der Mädchenorganisation wurden später Mitglieder in Cumann na mBan. Dennoch, oder vielleicht gerade deshalb, dauerte es bis 1930, dass Cumann na mBan eine eigene Jugendorganisation aufzubauen begann. Die Gründung von Cumann na gCailíní, der Organisation der Mädchen, in diesem Jahr war aber vor allem ein Versuch, dem Mitgliederschwund in Cumann na mBan Einhalt zu gebieten und neue Rekrutierungsfelder zu generieren. Mädchen zwischen acht und 16 Jahren konnten von nun an Mitglieder werden.[114] Die Statuten waren eng an jenen der Bubenorganisation Na Fianna Éireann angelehnt und so wurde auch der seit der Gründung der Jugendorganisation 1909 schwelenden Debatte über Mädchen in Na Fianna Éireann ein Ende gesetzt. Von nun an wurden Mädchen in der Jugendorganisation von Cumann na mBan und Buben in der Jugendorganisation von Óglaigh na hÉireann organisiert. Diese Aufteilung besteht als solche bis heute, doch scheint Cumann na gCailíní in den letzten Jahren des 20. Jahrhunderts zunehmend inaktiv geworden zu sein. Gleichzeitig sind ab den 1990er-Jahren, aufgrund des Niedergangs der Mitgliederzahlen von Na Fianna Éireann die Grenzen zwischen Buben- und Mädchenorganisation wieder geschwunden und so sind vereinzelt Mädchen in die Bubenorganisation aufgenommen worden.

Die jeweiligen Ortsgruppen von Cumann na gCailíní wurden von Beginn an von Frauen aus Cumann na mBan geleitet. In den Anfangsjahren bestand die Organisation noch parallel zu Clan na nGaedheal und so wur-

---

Landschaft Irlands mitpräge.
114 Matthews, *Dissidents*, 202.

den beide des Öfteren verwechselt. Über die Mädchenorganisation Clan na nGaedheal ist wenig bekannt und so ist auch ihr Schicksal nach 1930 unklar. Connell erklärt, dass die Organisation 1910 von Markievicz und den beiden Kelly-Schwestern unter dem Namen Clan na nGaedheal gegründet wurde.[115] Matthews schreibt dagegen sowohl in ihrem Buch *Renegades* als auch in *Dissidents*, dass die Organisation unter dem Namen Clan na Gael bereits 1909 von der Organisation Hibernian Rifles ins Leben gerufen wurde.[116] Die Bezeichnung Clan na Gael scheint jedoch unwahrscheinlich, war dies doch ein 1867 in New York gegründeter, bis heute aktiver irischer Geheimbund, der vor allem Geld und Waffen unter den irischen Auswanderern in Nordamerika sammelte. Die Hibernian Rifles waren eine irisch-nationalistische Organisation, die enge Verbindungen mit dem Ancient Order of Hibernians besaß und während des Osteraufstandes vor allem in den nordöstlichen Grafschaften Down, Armagh und Antrim aktiv war. Aufgrund der konservativen, religiös-geprägten Weltvorstellungen der Mitglieder des Ancient Order of Hibernians und der Konzentration der Hibernian Rifles auf den Nordosten Irlands und Schottlands, scheint es unwahrscheinlich, dass die Organisation Ressourcen und politisches Interesse an der Gründung einer landesweiten Mädchenorganisation hatte.

Inghínidhe war im Jahr 1911 keine zentralisierte Organisation mehr, sondern in mehrere Fraktionen zerfallen. Hin und wieder kamen die Mitglieder noch zu politischen Aktivitäten zusammen und verwendeten für diese den gemeinsamen Organisationsnamen. Im selben Jahr kam der britische König zu einem Besuch nach Irland und republikanische Frauen organisierten Proteste. Es wurde ein Komitee gegründet und eine Gegenkundgebung in Bodenstown in der Grafschaft Kildare, der Begräbnisstätte des Gründervaters des irischen Republikanismus, Theobald Wolfe Tone, veranstaltet. Bodenstown liegt heute rund eine Autostunde westlich von Dublin. Die Kundgebung wurde an diesem Ort organisiert, da vermutet wurde, dass die Repression gegen einen Protest in Dublin selbst zu stark sein würde. Dennoch beschloss Markievicz gemeinsam mit Mitgliedern von Na Fianna Éireann, Flugblätter entlang der Strecke des königlichen Triumphzugs zu verteilen.

---

115 Jospeh Connell, »Inghínidhe Na Héireann/Daughters of Ireland: Clan Na Ngaedheal/ Girl Scouts of Ireland,« *History Ireland* 19, no. 5, September/Oktober 2011.
116 Matthews, *Renegades*, 74; idem, *Dissidents*, 202.

Zum Abschluss verbrannten sie mehrere Union Jacks, die Fahne des britischen Empire. Moloney wurde während dieser Aktion verhaftet, da sie einen Stein durch ein Schaufenster warf, in dem das königliche Paar ausgestellt war. Sie war die erste Frau, die aufgrund ihrer politischen Aktivitäten seit der Zeit des Ladies Land League in den 1880er-Jahren inhaftiert wurde.[117] Zwei Jahre später waren es wieder Mitglieder von Inghínidhe und der Irish Women's Franchise League (IWFL), die 1913 während der Arbeitskämpfe in Dublin Suppenküchen organisierten. Doch der Niedergang der Frauenorganisation war nicht mehr aufzuhalten. Im selben Jahr wurden die Irish Volunteers als bewaffnete nationalistische Organisation gegründet. Mit ihrer Formierung und dem gleichzeitigen Niedergang von Inghínidhe na hÉireann tat sich die Notwendigkeit einer neuen, militanten Frauenorganisation auf. Frauen waren nämlich von der Mitgliedschaft in den Irish Volunteers ausgeschlossen und so war es Frauen lediglich möglich, dem Gründungskonvent in den hinteren Reihen und auf der Galerie als Gäste beizuwohnen.

Am 2. April 1914 wurde in Dublin von knapp über 100 Frauen schließlich eine neue republikanische Frauenorganisation gegründet. Ihr Name war Cumann na mBan, Organisation der Frauen.[118] Das Treffen wurde geleitet von Agnes O'Farrelly. Zu den Zielen der Organisation zählten, das Bewusstsein für die irische Unabhängigkeit zu stärken, Frauen für dieses Ziel zu organisieren, Irinnen für die Verteidigung Irlands auszubilden und deren Kampf zu unterstützen und mittels eines »Fonds zur Verteidigung Irlands«, Gelder für politischen und militärischen Aktivismus zu sammeln. Unter diese Tätigkeiten fiel das Exerzieren, das Melden, das Training an der Waffe und die Erste Hilfe. Wie an diesen Punkten ersichtlich wird, legte Cumann na mBan in ihren Tätigkeiten selbst den Grundstein für ihre Unterstützung einer männlichen Armee. Ward charakterisiert die Gründung von Cumann na mBan ebenso wie jene von Inghínidhe na hÉireann als einen »partiellen Sieg, durch den Frauen zwar erfolgreich in der Gründung einer unabhängigen Organisation waren, die Entscheidungsfindung aber übertragen wurde, diese untergeordnete Rolle gab ihnen keine reale Möglichkeit, die Entwicklung der Bewegung zu beeinflussen«. Ebenso wurden Frauen laut Ward ermuntert,

---

117 Ward, *Unmanageable Revolutionaries*, 75-80.
118 Ibid., 88-102.

ihre eigenen Forderungen zu artikulieren, insofern diese »nicht mit der generellen Linie nationalistischer Interessen kollidierten«.[119] In der Leitung der neuen Organisation waren mehrere Frauen tätig, deren Männer sich in den Irish Volunteers befanden. Im Mai desselben Jahres beschloss schließlich Inghínidhe selbst Cumann na mBan als Fraktion beizutreten. Über einen längeren Zeitraum blieb Inghínidhe als eigenständig organisierte Gruppe in Cumann na mBan aktiv. Cumann na mBan war ähnlich organisiert wie die männlichen Volunteers, so wurden die vier Dubliner Ortsgruppen parallel zu den vier Dubliner Bataillonen der Irish Volunteers organisiert.

Die neue Frauenorganisation wuchs rasch. Im Dezember 1914 wurde der erste Konvent von Cumann na mBan abgehalten und die Ziele der Organisation konkretisiert. Es wurde erklärt, Cumann na mBan sei eine unabhängige Organisation von irischen Frauen, die ausschließlich den Befehlen der eigenen Leitung unterstehe. Dies sollte als Positionierung gegen die Kritikerinnen aus den Reihen der IWFL klarstellen, dass die republikanische Frauenorganisation nicht ein Anhängsel der Irish Volunteers war. Dennoch genoss die neue Organisation nicht mehr dieselbe Unabhängigkeit, die Inghínidhe na hÉireann hatte, da sie sich selbst als Teil der republikanischen Bewegung sah.

1914 rief der irische Abgeordnete und Sprecher der irischen Parlamentspartei in Westminster, John Redmond, Iren dazu auf »für die Freiheit kleiner Nationen zu kämpfen« und aufseiten der britischen Armee in den Krieg zu ziehen. Vom republikanischen Flügel der Irish Volunteers wurde Redmonds Ansuchen scharf zurückgewiesen. Dennoch folgten ihm über 150.000 Iren, zumeist aus wirtschaftlichen Gründen und formieren sich als National Volunteers. Nur rund 11.000 bleiben bei den republikanischen Irish Volunteers.[120] Bald nach Redmonds Aufruf veröffentlichte Cumann na mBan eine kurze Erklärung, in der die politische Haltung Redmonds und seine Kompromisse und Illusionen gegenüber England verurteilt wurden. Im Gegensatz zu den männlichen Irish Volunteers verlassen nur wenige Aktivistinnen die Organisation. Dadurch verfügte sie im Oktober bereits über mehr als 600 Ortsgruppen und eine ständige Zentrale in Dublin. Als nationale Organisatorin wurde Florence McCarthy eingesetzt. Zum ersten großen, öffentlichen Auftritt

---
119 Ibid., 3.
120 Hanley, *The IRA*, 5.

kam es im August 1915, als eine beträchtliche Zahl an uniformierten Mitgliedern von Cumann na mBan den Trauerzug des Fenier-Veterans Jeremiah O'Donovan Rossa in Dublin begleiteten. Gleichzeitig war Cumann na mBan aktiv im Sammeln von Geldern und im Schmuggel von Waffen nach Irland.

Die Frauenorganisation war vor allem in den Anfangsphasen nicht ausschließlich an den Irish Volunteers und der republikanischen Bewegung orientiert. Während den Aussperrungen der Arbeiter durch die Fabrikbesitzer, dem Lockout in Dublin 1913, hatte James Connolly die Irish Citizen Army (ICA), eine Gewerkschaftsmiliz zur Verteidigung der streikenden Arbeiter, gegründet. Von Beginn an waren Frauen auf gleicher Basis wie Männer in der Miliz willkommen. So war Markievicz nicht nur Gründungsmitglied von Cumann na mBan, sondern auch Vizekommandeurin der ICA, auch Moloney war Mitglied der Gewerkschaftsmiliz.

Die ersten beiden Jahrzehnte des 20. Jahrhunderts waren für Frauen eine wichtige Phase in der irischen Geschichte. Mehrere Frauenorganisationen wie Inghínidhe na hÉireann, die Irish Women's Franchise League oder Cumann na mBan wurden gegründet und in vielen nationalistischen Organisationen wie Sinn Féin, Na Fianna Éireann oder der Irish Citizen Army begannen Aktivistinnen führende Rollen zu spielen. Doch viele dieser Errungenschaften in einer von Männern dominierten Gesellschaft gingen mit der Niederschlagung der irischen Republik, dem Teilungsvertrag 1921 und der republikanischen Niederlage im Bürgerkrieg 1923 wieder verloren. Mit der konservativen Verfassung von 1937 wurde die Rolle der Frau in Heim und Küche einzementiert. Doch noch war es nicht so weit und Cumann na mBan spielte eine wichtige Rolle im Osteraufstand von 1916.[121]

Der Osteraufstand markiert eine Zäsur in der irischen Geschichte. Obwohl er niedergeschlagen wurde, leitete er eine Phase revolutionärer Bewegungen ein, die schließlich zur Unabhängigkeit von 26 der 32 Grafschaften führte. In den Wochen vor Ostern konzentrierten sich die Aktivistinnen von Cumann na mBan darauf, Verbandszeug zu sammeln und Erste-Hilfe-Sets zusammenzustellen. Auch die meisten Kuriere waren Frauen. Rund 90 nahmen am Aufstand teil, 60 davon waren Mitglieder von Cumann na mBan,

---

121 Ward, *Unmanageable Revolutionaries*, 107-118.

die anderen Milizionärinnen der ICA.[122] Die Frauen waren vor allem dafür verantwortlich, die Kommunikation zwischen den Garnisonen aufrecht zu erhalten, Verpflegung und Munition zu liefern sowie Verletzte zu versorgen und Kämpfer zu verköstigen. Mitglieder von Cumann na mBan durften nicht direkt an den Kämpfen teilnehmen. So kämpften die wenigen bewaffneten Frauen wie Constanze Markievicz als Teil der Irish Citizen Army. Eine Frau starb während dieser Auseinandersetzungen. Margaretha Keogh war Mitglied von Cumann na mBan und wurde in Süddublin von Kugeln getroffen, als sie Verletzten Erste Hilfe leistete.[123] Margaret Skinnider, eine Aktivistin von Cumann na mBan aus Glasgow und zugleich Mitglied der ICA, wurde von einem Scharfschützen nahe Stephens Green verwundet, sie überlebte jedoch. Nach mehreren Tagen schwerer Kämpfe und der nahezu vollständigen Zerstörung der Dubliner Innenstadt durch britisches Artilleriefeuer überbrachte die Aktivistin von Cumann na mBan, Elizabeth O'Farrell, die Kapitulationserklärung der noch kämpfenden republikanischen Kräfte an die Briten. 77 Frauen wurden infolge des Aufstandes verhaftet, doch nur fünf von ihnen wurden über einen längeren Zeitraum festgehalten. Constanze Markievicz wurde zum Tode verurteilt, aber da sie eine Frau war und zudem mit einem polnischen Adeligen liiert, wurde ihr Urteil in eine lebenslange Haft im englischen Aylesbury-Gefängnis umgewandelt. Dort wurde sie wie eine gewöhnliche Kriminelle behandelt, d. h. aller Rechte beraubt, die ihr als politische Gefangene zugestanden wären. Bis zu ihrer Amnestie im Juni 1917 wurde sie in Einzelhaft gehalten.[124]

Die Strukturen der republikanischen Organisationen waren nach dem Aufstand völlig zerschlagen, nur Cumann na mBan bildete davon eine Ausnahme. Da nur wenige ihrer Mitglieder an den bewaffneten Kämpfen direkt teilgenommen hatten, es nur sowohl eine Tote als auch nur eine Verletzte gab und nur wenige Frauen über einen längeren Zeitraum eingesperrt waren, blieb trotz der Niederschlagung des Aufstandes die Organisationsstruktur intakt. Die Frauenorganisation spielte daher eine entscheidende Rolle im Wiederaufbau der republikanischen Bewegung. Tom Clarke war ein Veteran der irisch-republikanischen Bruderschaft und Rebell von 1916. Seine Frau

---

122 Matthews, *Renegades*, 336-342.
123 Ward, *Unmanageable Revolutionaries*, 113.
124 McCarthy, *Cumann na mBan*, 51-71; Matthews, *Renegades*, 122-159.

Kathleen war in Cumann na mBan. Vor dem Aufstand hatte er seiner Frau Gelder der republikanischen Bruderschaft überlassen. Mit diesem Geld wurde der Irish National Aid and Volunteers Dependants Fund, ein Fond zur Unterstützung der Verwundeten und Gefallenen des Osteraufstandes und deren Familienangehöriger ins Leben gerufen.[125] Cumann na mBan organisierte ebenso katholische Messen in Erinnerung an die Gefallenen des Aufstandes, um so das nationalistische Bewusstsein der irischen Bevölkerung zu heben. Gelder wurden gesammelt, öffentliche Veranstaltungen abgehalten und eine Kampagne für die internierten Gefangenen im nordwalisischen Frongoch gestartet. Min Ryan wurde in die USA gesandt, um unter der dort lebenden irischen Bevölkerung Gelder zu sammeln. Ihr folgten Margaret Skinnider, Nellie Gifford und Nora Connolly auf kürzeren Reisen.[126] Aufgrund dieser Arbeit betonte einige Jahre später der Republikaner Cathal Brugha in einer Parlamentsrede: »Es waren die Frauen (…), die die Flamme am Leben und die Fahne hochhielten.«

Als die britische Regierung 1918 die Wehrpflicht in Irland einzuführen versuchte, organisierte die Arbeiterinnengewerkschaft gemeinsam mit Cumann na mBan eine Kampagne dagegen. Die republikanische Frauenorganisation erklärte, Frauen würden nicht gewillt sein, die Plätze von Männern, die in den militärischen Dienst eingezogen werden würden, einzunehmen und versprach, alles in ihrer Macht Stehende zu tun, um die Familien von Wehrdienstverweigerern zu unterstützen. Die Debatte um die Einführung der Wehrpflicht war Wasser auf die Mühlen der Republikaner, die ein endgültiges Ende der Verbindung Irlands mit dem Königreich herbeisehnten. Der alljährliche Parteitag von Sinn Féin, das Ard-Fheis, hatte bereits ein Jahr zuvor (1917) beschlossen, Arthur Griffiths Ziel, eine Doppelmonarchie nach österreichisch-ungarischem Vorbild zu errichten, nicht mehr zu unterstützen. Stattdessen konstituierte sich Sinn Féin als eine republikanische Partei, deren Ziel eine unabhängige Republik Irland war, wie sie zu Ostern 1916 ausgerufen wurde, aber bisher de jure nicht in Kraft getreten war. Ebenso wurde von den Sinn-Féin-Delegierten beschlossen, für das Frauenwahlrecht einzutreten und mit Countess Markievicz, Kathleen Clarke, Kathleen Lynn und Grace

---
125 Idem, *Renegades*, 160-176.
126 Joanne Mooney Eichacker, *Irish Republican Women in America: Lectures During Their United States Tours, 1916–1925* (Dublin: Irish Academic Press, 2002).

Plunkett wurden vier Frauen in die neue 24-köpfige Leitung gewählt. Im September 1918 hielt Cumann na mBan ihren jährlichen Konvent ab. Die Präsidentin Markievicz war zu dieser Zeit abermals in Haft. In den zwölf vorangegangenen Monaten hatte die Organisation verstärkt rekrutiert und konnte von 100 Ortsgruppen im Jahr 1917 auf 600 anwachsen. Am Konvent wurde beschlossen, in Zukunft »verstärkt militärische Aktivitäten mit den Irish Volunteers durchzuführen«. Die Ortsgruppen wurden in militärischen Angelegenheiten mit lokalen Gruppen der Irish Volunteers zusammengeschlossen. Cumann na mBan war von Beginn an eine eher auf militärische denn auf politische Arbeit ausgerichtete Organisation. Die Beschlüsse des Jahres 1918 zeigten, dass sich die Organisation Folgendem bewusst war: Eine Unabhängigkeit Irlands würde nur dann Realität werden, sofern eine neue Kampagne des bewaffneten Widerstandes eingeleitet wird.[127]

Im Februar 1918 erhielten alle Frauen über 30 das Wahlrecht. Eine Entscheidung, die von Cumann na mBan begrüßt wurde. Für den 14. Dezember waren Wahlen zum britischen Unterhaus angesetzt und die Frauenorganisation drängte Sinn Féin, Kandidatinnen aufzustellen. Dennoch wurden nur zwei Frauen ausgewählt, Winfried Carney in Belfast und Countess Markievicz in Dublin. Carney und Markievicz wurden von Cumann na mBan unterstützt, doch Carney war Sozialistin und hatte politische Differenzen mit der nationalistischen Ausrichtung von Sinn Féin und veröffentlichte daher ihr eigenes Wahlprogramm, in dem sie für eine Arbeiterrepublik plädierte. Ebenso war ihr Wahlkreis unionistisch dominiert. Dennoch errang Carney 395 Stimmen, ein gutes Ergebnis angesichts der schwierigen Umstände. Markievicz war während der Wahlkampagne weiterhin im Holloway-Gefängnis in England inhaftiert. IWFL und Cumann na mBan organisierten daher ihre Kampagne gemeinsam. Die Wahl endete mit einem Erdrutschsieg für Sinn Féin. Die Partei errang 73 der 105 Sitze und Markievicz wurde zur ersten weiblichen Abgeordneten im englischen Unterhaus gewählt. Der abstentionistischen Politik Sinn Féins Folge leistend nahmen die neuen Abgeordneten ihren Sitz in Westminster nicht ein. Stattdessen konstituierten sich die Sinn-Féin-Abgeordneten am 21. Jänner 1919 unter dem Vorsitz von Cathal Brugha zum ersten gesamt-irischen Parlament, dem sogenannten ersten Dáil. Auf

---

127 Ward, *Unmanageable Revolutionaries*, 127-134.

der zweiten Sitzung wurde Markievicz zur Arbeitsministerin ernannt. Sie war neben Alexandra Kollontai in der Sowjetunion die erste Frau auf einem Ministerposten im 20. Jahrhundert.

Gleichzeitig mit der Konstituierung des irischen Parlaments verübten Mitglieder der Irish Volunteers einen Hinterhalt nahe Soloheadbeg in der Grafschaft Tipperary. Zwei Mitglieder der Royal Irish Constabulary (RIC) starben. Die Irish Volunteers nannten sich nun Irish Republican Army, die Armee der nicht anerkannten Republik Irland. Der Unabhängigkeitskrieg hatte begonnen. Cumann na mBan half vor allem militärische Gerätschaften zu transportieren, ein effizientes Kommunikationssystem aufzubauen und Feldlazarette zu errichten. Die Arbeit der Frauen im Unabhängigkeitskrieg orientierte sich an zwei Feldern: Einerseits der Unterstützung des Kampfes der männlichen IRA, neben Erster Hilfe, Kurierdiensten und Waffentransporten gehörten dazu auch das Kochen für Guerillagruppen, wie Tom Barry in seinen Erinnerungen an den Unabhängigkeitskrieg berichtete[128] und andererseits das Sammeln von Geldern zur Finanzierung des revolutionären Parlaments in Dublin. Im Jänner und Juni 1920 wurden Lokalwahlen abgehalten, 43 Frauen wurden dabei alleine im Jänner gewählt. Im selben Jahr beschloss die englische Regierung mit dem Government of Ireland Act die Teilung der Insel. Bei den Wahlen im Mai 1921 wurde Markievicz wiedergewählt. Mit ihr zogen fünf weitere Frauen in das Parlament ein. Dies waren Mary MacSwiney für die Stadt Cork, die Ehefrau des Sinn-Féin-Bürgermeisters, der in britischer Gefangenschaft in den Hungerstreik trat und daran starb; Margaret Pearse für Dublin, die Mutter des Anführers des Osteraufstandes Patrick Pearse; Kate O'Callaghan für Ostlimerick; Kathleen Clarke für Dublin Stadt, die Frau von Thomas Clarke; und Dr. Ada English als Abgeordnete der National University of Ireland. Als am 16. August 1921 eine irische Delegation zu Verhandlungen mit der britischen Regierung nach London gesandt wurde, schlug Cumann na mBan Mary MacSwiney als ihre Repräsentantin für die Gespräche vor. Der Verschlag wurde übergangen so nahm keine Frau an den Verhandlungen teil.

Seit 11. Juli 1921 war ein Waffenstillstand zwischen den Konfliktparteien vereinbart gewesen. Die Zeit nützte Cumann na mBan, um die vom Krieg

---

128 Tom Barry, *Guerilla Days in Ireland* (Dublin: Anvil Books, 1981).

geschundene Organisation wiederaufzubauen. Auf dem Konvent von 1921 forderten Máire Comerford und Fiona Plunkett eine stärkere militärische Rolle der Organisation, was aber zurückgewiesen wurde. Als kleines Zugeständnis wurde ein militärischer Eid eingeführt, der Mitgliedern »die spezifische Qualifikation für militärische Arbeit« ermöglichen sollte.[129] Die genaue Bedeutung dieses Schwurs war allerdings unklar, die Ausrichtung auf Zuarbeiten für die männliche IRA blieb aufrecht. Die Frauenorganisation hatte zu dieser Zeit Gruppen in 39 Regionen, darunter in allen Grafschaften Irlands außer Monaghan und Fermanagh, dafür Gruppen in Schottland und England, hier vor allem in Glasgow, aber auch in Manchester, London und Liverpool.[130]

Am 6. Dezember 1921 beschloss die irische Delegation den englischen Teilungsvorschlag, bekannt als Anglo-Irish-Treaty, anzunehmen, nachdem der britische Regierungschef Lloyd George zuvor mit »sofortigem und schrecklichem Krieg« gedroht hatte. Die Delegation hatte damit aber gegen ihr Mandat verstoßen, da sie nicht Rücksprache mit dem irischen Parlament gehalten, sondern autonom entschieden hatte. Bei den Debatten über den Vertrag im Dáil stimmten alle sechs weiblichen Abgeordneten gegen das Abkommen und die Teilung der Insel. Die Frauen gehörten zu den radikalsten Wortführern der Vertragsgegner während der Parlamentsdebatte. Cumann na mBan war auch die erste republikanische Organisation, die öffentlich gegen den Vertrag Stellung bezog. In einem Sonderkonvent am 5. Februar 1922 wurde die Loyalität zur gesamt-irischen Republik von 1916 bekräftigt. Gleichzeitig wurden alle Frauen Irlands aufgerufen, bei der kommenden Wahl »nur Kandidaten zu unterstützen, die loyal zur existierenden Republik sind«[131]. Dennoch wurde das Abkommen mit dem Königreich im Parlament schließlich mit 419 zu 63 Stimmen angenommen. Nicht nur Irland war gespalten, auch die republikanische Bewegung. Cumann na mBan als Organisation hielt an der 1916 ausgerufenen Republik fest und forderte jene Frauen auf, die Organisation zu verlassen, die dem Anglo-irischen-Abkommen zustimmen würden. Die Austretenden gründeten Cumann na Saoirse, eine relativ kurzlebige Frauenorganisation, die die Teilung und deren politische

---

129 Ward, *Unmanageable Revolutionaries*, 156-163.
130 Matthews, *Renegades*, 352f.
131 McCarthy, *Cumann na mBan*, 176-185.

Befürworter unterstützten. Zu den bekanntesten Frauen, die sich Cumann na Saoirse anschlossen, zählten Jenny Wyse-Power, die Tochter eines der Delegationsmitglieder von London, Louise Gavan Duffy sowie die Frauen von vier Ministern des neu entstandenen Saorstát Éireann, dem Freistaat Irland. Diese vier Frauen waren Mabel Fitzgerald, Min Ryan, Annie Blythe und Brigid O'Higgins.[132] Die Spaltung der republikanischen Bewegung über den Vertrag mit Großbritannien führte zum Ausbruch des Bürgerkriegs im Jahr 1922. In seinen Erinnerungen an diesen schreibt Ernie O'Malley, Frauen waren im Krieg immer »loyale, willige und unkorrumpierbare Kameraden«, und während die Männer oft »kraftlos, lethargisch« blieben, waren ihre Genossinnen »unermüdlich und beschämten die Männer durch ihren individuellen Einsatz und Pflichtbewusstsein«.[133]

Der große Einsatz von Frauen aufseiten der Vertragsgegner manifestierte sich in der beträchtlichen Zahl an Frauen, die die Gefängnisse des neuen, unabhängigen Irlands füllten. Waren von der britischen Kolonialmacht nach dem Osteraufstand 1916 nur 70 Frauen kurzfristig und nur fünf langfristig inhaftiert worden, so füllten nach dem Ende des Bürgerkriegs 1923 weit über 400 Frauen die Gefängnisse Mountjoy und Kilmainhan. Aus Protest gegen die harten Haftbedingungen in den nassen und kalten viktorianischen Gefängnissen traten immer wieder Frauen in den Hungerstreik. Zu den Protestierenden gehörte auch die Parlamentarierin Mary MacSwiney, die einen Hungerstreik zusammen mit 50 anderen Frauen begann. Gleichzeitig trat ihre Schwester Annie in ein Solidaritätsfasten außerhalb des Gefängnisses. Im Herbst 1923 kam es zum größten Hungerstreik von republikanischen Gefangenen in der Geschichte Irlands. An dem am 14. Oktober 1923 begonnenen und 42 Tage andauernden Protest nahmen auch 400 weibliche Gefangene teil.[134] 1924 wurde der Großteil der Gefangenen entlassen und Cumann na mBan musste aufs Neue mit einer Reorganisation beginnen. Die Organisation war zwar noch intakt und konnte inselweit agieren, doch war sie durch den Bürgerkrieg und die Spaltung enorm geschwächt. Von 838 Gruppen im Jahr 1921 war ihre Zahl zu Bürgerkriegsende auf 133 gesunken.[135]

---

132 McCarthy, *Cumann na mBan*, 185-194.
133 Ernie O'Malley, *The Singing Flame* (Dublin: Anvil Books, 1978).
134 Matthews, *Dissidents*, 10.
135 Ibid., 9.

Um den sinkenden finanziellen Einnahmen der Organisation entgegenzusteuern und zugleich Tätigkeiten für arbeitslose Mitglieder zu finden, wurde im März 1926 die Osterlilie als Symbol für die im Kampf für die Republik gefallenen Iren eingeführt. Mitglieder von Cumann na mBan produzierten Stofflilien und verkauften diese in den Wochen vor Ostern, damit sie zum Jahrestag des Aufstandes von 1916 getragen werden konnten. Die Gelder gingen zur Hälfte an die IRA und zur anderen Hälfte an die Familien gefangener Republikaner. Von der Organisation selbst wurde angegeben, 1935 mehr als eine halbe Million Osterlilien verkauft zu haben.[136]

Mit der Trennung von Eamon de Valera von Sinn Féin und der Gründung von Fianna Fáil 1926 wurde die republikanische Bewegung neuerlich schwer getroffen. Viele Mitglieder von Cumann na mBan folgten de Valera, so auch die ehemalige Präsidentin und Gründerin Constanze Markievicz. Die Frauenorganisation verlor stetig an Einfluss, in Dublin soll sie Ende der 1920er-Jahre nur noch 50 Mitglieder gezählt haben.[137] Anfang der 1930er-Jahre wurde Cumann na mBan neuerlich von einer weiteren Spaltung der republikanischen Bewegung getroffen. Die Organisation konnte sich 1933 aber wieder stärken und von nur noch 22 Gruppen auf 75 im Jahr 1934 wachsen, genauso wie Cumann na gCailíní, die auf 27 Gruppen wachsen konnte. Doch all diese Anstrengungen waren vergebens, als 1934 schließlich der Republikanische Kongress von führenden IRA-Mitgliedern als Gegenbewegung zur konservativen Sinn Féin gegründet wurde.[138] Cumann na mBan hatte keine eindeutige Haltung zum Republikanischen Kongress und wollte einen weiteren Mitgliederverlust vermeiden und beschloss daher, die Mitgliedschaften aller Aktivistinnen, die »im Republikanischen Kongress aktiv sind, für sechs Monate ruhend zu stellen«[139]. Der Versuch, den Abwärtstrend aufgrund der Formierung einer neuen Gruppe zu beenden, ging schief. 1936 fiel die Zahl der Gruppen auf neun, zwei in der Grafschaft Dublin, eine in der Hauptstadt, zwei in Belfast und je eine in Cork, Waterford, der Grafschaften Down und Limerick.[140] Die einst mächtige Organisation in Cork und Kerry mit jeweils knapp 100 Gruppen in diesen beiden Grafschaften

---

136 Hanley, *The IRA*, 190-207.
137 Ibid., 69.
138 Ward, *Unmanageable Revolutionaries*, 212-232.
139 Matthews, *Dissidents*, 247.
140 Ibid., 254.

war binnen eines Jahrzehntes nahezu vollständig verschwunden. Auch die Jugendorganisation war inaktiv geworden, da die verbliebenen Mitglieder von Cumann na mBan nicht mehr in der Lage waren, auch diese am Leben zu erhalten. So verwundert es nicht, dass die Frauenorganisation zum konservativ-nationalistischen Verfassungsentwurf des Irischen Freistaats von 1937 gar nicht Stellung bezog. Die Organisation war innerlich derart geschwächt, dass sie keine aktive Position gegen die neue Verfassung beziehen konnte. Ein weiterer Grund war aber auch, dass einige Mitglieder ähnlich konservative und reaktionär-katholische Positionen vertraten wie jene, die in der Verfassung formuliert waren.[141] Der Einfluss von Cumann na mBan schrumpfte infolge derart, dass sich die Leitung im Juni 1940 gezwungen sah, einen Brief an die IRA-Führung zu schicken, in dem sie sich beschwerte, dass sie von dieser ignoriert würde. Gleichzeitig betonte sie ihre Ablehnung gegen die Haltung einiger IRA-Mitglieder, eine deutsche Invasion in Irland zu befürworten. Außerdem wurde der IRA mitgeteilt, dass die Frauenorganisation nicht mit der Bombenkampagne in England, die von der IRA 1939 begonnen wurde und den britischen Kriegseintritt zu nützen versuchte, um die irische Wiedervereinigung voranzutreiben, übereinstimmen würde.[142] Ob sich Frauen selbst an der Vorbereitung und Durchführung dieser Kampagne beteiligten, ist unklar. Die republikanische Bewegung war nach dieser erfolglosen Bombenkampagne in England geschwächt. Die irische Regierung führte im Zweiten Weltkrieg Internierungen ein, fünf Republikaner wurden zudem hingerichtet.[143]

Ende der 1940er-Jahre konnte nicht mehr von einer intakten Organisation gesprochen werden. Und genau zu dieser Zeit trennte sich ein weiterer Teil von der Bewegung. Clan na Poblachta gründete sich aus Teilen der IRA und formte mit der rechts-liberalen Fine-Gael-Partei und anderen kleineren Parteien 1948 eine Koalitionsregierung in Dublin. Nahezu zeitgleich waren im Norden, vor allem in den Grafschaften Fermanagh und Tyrone, ehemalige IRA-Mitglieder aktiv unter dem Namen Saor Ulaidh. Diese militärische Organisation war über Jahre, wenn auch nur regional beschränkt, bei Weitem aktiver und effizienter als die IRA im Kampf gegen die britische Polizei in

---

141 Ward, *Unmanageable Revolutionaries*, 237-245.
142 Hanley, *The IRA*, 107.
143 Ibid., 108-118.

den sechs nördlichen Grafschaften. Obwohl Saor Ulaidh eine kurzlebige Organisation blieb, war sie ein Symptom der sich weiter zersplitternden republikanischen Bewegung der 1950er- und 1960er-Jahre.

Die IRA versuchte, sich durch die sogenannte »Operation Harvest«, auch bekannt als Grenzkampagne, ab dem Winter 1956/57 wiederaufzubauen und an Einfluss zu gewinnen. Während dieser militärischen Kampagne wurden bis 1962 britische Polizeieinrichtungen in den Grenzgrafschaften im britisch-verwalteten Norden angegriffen. Außer zweier kleinerer Aktionen ist die Rolle von Cumann na mBan während dieser Jahre unbekannt.[144] So ist anzunehmen, dass die Gruppe auch keine bedeutende Rolle darin zu spielen vermochte. Bekannt ist, dass Kleidung, Gelder und Nahrungsmittel gesammelt und diese in Dublin gelagert wurden, denn die republikanische Zeitung *United Irishman* berichtete am 11. November 1957, dass ein Lager vom irischen Geheimdienst entdeckt wurde. Ebenso half Cumann na mBan Kandidaten von Sinn Féin während der Wahlen als Wahlhelferinnen und verbreitete republikanische Publikationen.[145] Am 10. Mai 1959 berichtete die US-amerikanische Zeitung *Irish Echo*, dass die Schließung des Frauengefängnisses in Armagh angeordnet wurde, damit dort Mitglieder von Cumann na mBan interniert werden konnten. Weiters sollten republikanische Frauen britische Soldaten ausspionieren. Am 18. November wurde der Internierungsbescheid unterzeichnet und drei Tage später Bridie O'Neill interniert, wie die Zeitung *Irish Press* mitteilte.[146] Weitere Frauen wurden in den Wintermonaten 1959/60 zwar verhaftet, aber nach kurzer Zeit wieder freigelassen. Es ist nicht bekannt, dass neben O'Neill auch andere Frauen interniert waren.

Der Niedergang von Cumann na mBan vollzog sich sukzessive. Bis 1923 war sie eine Massenorganisation, doch Mitte der 1940er-Jahre blieben nur noch wenige Mitglieder aktiv. Aus einer Organisation von bis zu 10.000 militanten Frauen, die schworen, den bewaffneten Kampf für die Unabhängigkeit Irlands zu führen, war binnen zwei Jahrzehnten eine Frauenorganisation geworden, welche sich auf den Verkauf von Osterlilien und Zeitungen beschränkte. Ihre militärische und versorgungstechnische Rolle hatte sie nahezu

---

144 Bell, *The Secret Army*, 258f.
145 Keenan-Thomson, *Irish Women and Street Politics*.
146 Ibid., 43.

gänzlich verloren. Selbst in der marginalisierten republikanischen Bewegung der 1940er- und 1950er-Jahre spielte sie nur eine Nebenrolle. Während der Grenzkampagne der IRA von 1956 bis 1962 hatte Cumann na mBan keine reale Bedeutung mehr gespielt. Anfang der 1960er-Jahre schien es, als sei die Frauenorganisation endgültig in der Geschichte verschwunden. Doch Mitte der 1960er-Jahre begann sich Cumann na mBan zu reorganisieren. Der Wiederaufbau gelang und in den ersten Jahren nach Ausbruch des Nordirlandkonflikts schlossen sich dutzende junge Frauen Cumann na mBan an. Im folgenden Abschnitt wird ein kurzer Überblick über den Nordirlandkonflikt gegeben. In den darauffolgenden Kapiteln wird die Rolle von Cumann na mBan im Rahmen dieses Konflikts analysiert.

Der Beginn des Nordirlandkonflikts

Als Nordirlandkonflikt wird die Phase von 30 Jahren zwischen der Entsendung der britischen Armee nach Irland im Sommer 1969 und der Unterzeichnung des Karfreitagsabkommens 1998 bezeichnet. In diesen drei Jahrzehnten starben über 3000 Personen, britische Soldaten, Polizisten, Republikaner, Loyalisten und Zivilisten an den direkten Folgen des Kriegs. Er war damit der längste und blutigste bewaffnete Konflikt in der westlichen Hemisphäre nach 1945.

Die Wurzeln des Konflikts liegen in der Teilung der Insel nach dem Unabhängigkeitskrieg 1921. Im Gegensatz zum Rest der Insel hatte das Gebiet des heutigen Nordirland eine protestantische Bevölkerungsmehrheit. Diese resultierte aus der Ansiedlung königstreuer Presbyterianer aus dem schottischen Flachland im 17. Jahrhundert.[147] Nicht zufällig entwickelte sich in den protestantischen Gebieten eine florierende Industrie, während der katholische Westen und Süden der Insel von Landwirtschaft geprägt war und zusehends verarmte. So war der Norden von der verheerenden Hungersnot Mitte des 19. Jahrhunderts viel weniger betroffen als der Rest der Insel. Als Irland in den 1920er-Jahren geteilt wurde, hatte sich Belfast zu einer Industriemetropole des Königreichs entwickelt. In und um Belfast florierte die Leinenindustrie, die Landwirtschaft war stärker auf Rinder, als in Irland

---

147 Reinisch, »Plantation of Ulster«.

üblicherweise auf Schafe ausgelegt und die Werft im Belfaster Hafen brachte das damals größte Passagierschiff der Welt hervor, die Titanic. Es war kaum verwunderlich, dass England darauf beharrte, diese wirtschaftlich wichtige Region im Königreich zu behalten. Die protestantische Bevölkerungsmehrheit sollte das Rückgrat eines »Orange State« werden, ein Staat, der auf politische und soziale Diskriminierung der katholischen Minderheit bei Verteidigung der Privilegien der protestantischen Arbeiter und Bürger ausgerichtet war.

Als sich in den 1960er-Jahren eine Bürgerrechtsbewegung in Nordirland formierte, war vom Glanz der nordirischen Industrie nicht mehr viel übrig geblieben. Die Leinenindustrie war untergegangen und der Schiffbau in einer tiefen Krise. Dennoch versuchten die Protestanten, weiterhin ihre Privilegien gegen die katholische Unterschicht zu verteidigen, indem diesen der Zugang zu Arbeitsplätzen und politischer Mitbestimmung verweigert wurde. Diese Privilegien wurden verteidigt, warfen jedoch immer weniger ab. Die Schuld wurde nicht im wirtschaftlichen oder politischen System, das die Provinz in den gesellschaftlichen Bankrott geführt hatte, gesucht, sondern der ohnehin verarmten katholischen Minderheit zugeschoben. Gegen diese Diskriminierung wurde 1967 eine Bürgerrechtsbewegung gegründet. Die Hauptforderung der Bürgerrechtler war »ein Mann, eine Stimme«, um der willkürlichen Wahlkreiseinteilung ein Ende zu setzen. So hatte etwa Nordirlands zweite Stadt Derry zwar eine katholische Bevölkerungsmehrheit im wahlfähigen Alter, aufgrund der diskriminierenden Wahlgesetzgebung und der willkürlichen Wahlkreiseinteilung allerdings immer eine garantierte unionistische Mehrheit im Stadtsenat. Weitere Forderungen der Bürgerrechtsbewegung waren ein Ende der Diskriminierung am Arbeitsplatz und ein Zugang zu Sozialwohnungen, ein Ende der Sondergesetzgebung für Nordirland und die Auflösung der verruchten Ulster Special Constabulary. Diese nahezu ausschließlich protestantische Polizeireserve, besser bekannt unter der Bezeichnung B-Specials, war für ihre brutalen Übergriffe auf Katholiken bekannt.

Um der friedlichen Bürgerrechtsbewegung entgegenzutreten, organisierten sich auch die Unionisten. Im April 1966 gründete der fundamentalistische Prediger Ian Paisley das Ulster Constitution Defence Committee, das einen paramilitärischen Flügel mit der Bezeichnung Ulster Protestant Volunteers aufbaute. Im selben Jahr wurde eine neue paramilitärische Gruppe vom ehemaligen britischen Soldaten Gusty Spence gegründet. Die Gruppe gab sich den Namen der alten Organisation Ulster Volunteer Force (UVF) und erklärte, die IRA zu bekämpfen. Die Feierlichkeiten zum 50. Jahrestag des Osteraufstands verschärften die Konfliktlinien zwischen irischen Nationalisten und pro-britischen Unionisten weiter. Im Frühsommer begann die UVF schließlich Katholiken in Belfast zu attackieren, drei Personen starben bei diesen Angriffen. Am 24. August 1968 wurde der erste Bürgerrechtsmarsch in Nordirland organisiert. Der Marsch wurde in der Kleinstadt Dungannon in der Grafschaft Tyrone abgehalten. Hier, in der Grafschaft Tyrone, war es im Juni zu ersten Protesten gegen die Diskriminierung von Katholiken bei der Vergabe von öffentlichen Wohnungen gekommen. In der Ortschaft Caledon erhielt eine unverheiratete Protestantin, die Sekretärin der lokalen Ortsgruppe der Ulster Unionist Party, der protestantischen Regierungspartei, Vorzug gegenüber einer katholischen Familie mit mehreren Kindern. Sowohl bei diesem Protest, als auch beim Marsch zwei Monate später kam es zu gewaltsamen Zusammenstößen mit der nordirischen Polizei. In den folgenden Jahren wurden regelmäßig friedliche Bürgerrechtsmärsche organisiert, die oft von der britischen, protestantisch-dominierten Polizei und unionistischen Schlägertrupps angegriffen wurden. Im Oktober kam es in Derry während eines derartigen Marsches zu schweren Ausschreitungen und über 100 verletzten Demonstranten. Die darauffolgenden Unruhen führten zu zweitägigen Straßenschlachten zwischen irischen Nationalisten und der britischen Polizei in den katholischen Arbeiterghettos. Aus Solidarität mit der Bürgerrechtsbewegung in Derry marschierten am 9. Oktober rund 2000 Studierende der Queen's University Belfast zur Stadthalle. Dabei wurden sie von einem loyalistischen Mob, angeführt vom Prediger Ian Paisley, aufgehalten. Nach dieser Demonstration wurde die radikale Studentenorganisation People's Democracy gegründet. Sie spielte in den folgenden fünf Jahren eine wichtige Rolle in der Bürgerrechtsbewegung.

1969 brach der Nordirlandkonflikt offen aus. Bereits im Jänner wurde ein Bürgerrechtsmarsch von Belfast nach Derry abermals von einem loyalistischen Mob angegriffen. Der Zug setzte sich allerdings weiter fort und als er in Derry ankam, wurde er dort von der Polizei aufgelöst. In derselben Nacht wüteten betrunkene Polizisten im katholischen Arbeiterviertel Bogside. Die

Anwohner schlossen sich daraufhin zusammen und errichteten Barrikaden gegen die Polizei. Dadurch wurde das erste Gebiet in Nordirland geschaffen, in dem die britische Staatsmacht die Kontrolle verloren hatte. In den folgenden Jahren sollten neben dem »freien Derry« noch weitere dieser sogenannten »no-go-areas« entstehen. Im August kam es zur »Schlacht um die Bogside«, dem »Battle of the Bogside«. Im Zuge eines unionistischen Marsches kam es zu erneuerten Zusammenstößen zwischen der RUC und irischen Nationalisten. Die RUC und Loyalisten durchbrachen die Barrikaden und drangen mit Tränengaseinsatz in die Bogside ein. Die blutigen Zusammenstöße dauerten zwei ganze Tage vom 12. bis zum 14. August. In den folgenden Tagen kam es in vielen Landesteilen zu Spontanprotesten gegen die Polizeigewalt in Derry. Viele dieser Proteste endeten in neuen gewaltsamen Zusammenstößen. In Belfast griffen Loyalisten von Katholiken bewohnte Straßenzüge an. Die Bewohner wurden aus ihren Häusern vertrieben und die Gebäude in Brand gesteckt. Während dieser Pogrome wurden tausende katholische Familien aus ihren Häusern vertrieben. In der Republik wurden Auffanglager für die Vertriebenen errichtet. Zwischen dem 14. und 18. August starben während der Pogrome und Ausschreitungen acht Personen und knapp 150 weitere mussten mit Schussverletzungen behandelt werden. In Westbelfast wurde der von Katholiken bewohnte Straßenzug Bombay Street völlig niedergebrannt. Dadurch gewannen radikale Kräfte, die für eine bewaffnete Verteidigung der katholischen Ghettos gegen loyalistische Angriffe eintraten, an Unterstützung. Am Erinnerungsdenkmal in der Bombay Street steht heute der Schriftzug: »Aus der Asche der Bombay Street erhob sich die IRA.« Zur Beendigung der Kämpfe entsandte die Regierung die britische Armee nach Nordirland. Damals konnte noch niemand erahnen, dass diese »Operation Banner« schließlich 30 Jahre dauern würde. Anstatt den Konflikt zu beenden, schlitterte die Region immer weiter in die Kriegswirren. Der Nordirlandkonflikt hatte begonnen.

3. Die republikanische Spaltung 1969/70

Die IRA hatte zwischen Dezember 1956 und Februar 1962 eine Kampagne gegen britische Einrichtungen im Norden geführt. Diese »Operation Harvest« richtete sich gegen britische Polizeiposten und Kasernen. Mit diesen Aktionen sollte das nationale Bewusstsein der irisch-katholischen Bevölkerung geweckt werden. Zu Neujahr 1957 wurde ein Polizeibeamter von einem IRA-Kommando erschossen. Bei einer ähnlichen Operation starben die IRA-Mitglieder Seán South und Fergal O'Hanlon. Die beiden waren nach Jahrzehnten die ersten beiden IRA-Mitglieder, die im Kampf mit britischen Staatskräften ihr Leben verloren. Ihr Tod löste eine Welle der Sympathie in ganz Irland aus. An ihrem Begräbnis nahmen tausende Trauernde teil und eine Broschüre zu ihrem Andenken mit dem Titel »They Kept Faith« verkaufte sich innerhalb eines Monats über zehntausend Mal. Im November 1957 starben fünf Republikaner durch eine verfrühte Detonation einer Mine in Eddentubber, Grafschaft Louth. Am 24. August 1958 wurde schließlich James Crosson, ein Sinn-Féin-Mitglied aus der Grafschaft Cavan, erschossen. In den ersten Jahren genoss die Kampagne Unterstützung in der Bevölkerung. Bei den irischen Parlamentswahlen im März 1957 wurden vier Sinn-Féin-Kandidaten gewählt und die Partei erhielt fünf Prozent der Stimmen. Im Juli wurden 63 republikanische Aktivisten in der Republik verhaftet und Internierungen eingeführt. Im März 1958 waren bereits 131 Republikaner im ehemaligen Militärlager Curragh, Grafschaft Kildare, interniert. Die IRA verlor jedoch zusehends an Unterstützung in der Bevölkerung und am 5. Februar 1962 wurde die Kampagne offiziell für beendet erklärt. Die Ausgabe der Zeitung der republikanischen Bewegung, *The United Irishman*, vom März 1962 titelte: »Kampagne in den sechs Grafschaften beendet.« Am 26. Februar 1962 hatte die IRA eine Stellungnahme veröffentlicht, in der es hieß:

> Die Führung der Widerstandsbewegung hat angeordnet, die Kampagne des Widerstandes gegen die britische Besatzung, begonnen am 12. Dezember 1956, zu beenden. (...) Sie ruft das irische Volk auf, sie verstärkt zu unterstützen und mit Zuversicht auf eine Periode der Konsolidie-

rung, des Wachstums und der Vorbereitung vorwärts zu blicken – in Zusammenarbeit mit anderen Teilen der Republikanischen Bewegung – auf die finale und siegreiche Phase des Kampfes für die vollständige Freiheit Irlands.[148]

Die Stellungnahme war gezeichnet mit »J McGarrity, Secretary, Irish Republican Publicity Bureau«. Die Bewegung war nach dem Ende der Kampagne geschwächt und wie in der Stellungnahme erwähnt, sollte die kommende Periode dem Wiederaufbau dienen. Ein Großteil der Ressourcen war für eine fehlgeschlagene militärische Kampagne verwendet worden. War am Beginn der bewaffneten Auseinandersetzungen die Unterstützung für den politischen Arm Sinn Féins noch vorhanden, sank das Interesse der Bevölkerung mit den Jahren merklich. Republikanische Organisationen existierten in vielen Landesteilen nur noch am Papier, die vorhandenen Strukturen waren kaum noch intakt. Nach dem Ende der Kampagne verließ ein Teil der alten Kader ebenso die IRA.

Irland befand sich in den 1960er-Jahren in einem raschen sozialen und ökonomischen Wandel. Die republikanische Bewegung war gespalten, wie mit der Situation umzugehen war. Ein Teil der Mitgliedschaft wollte sich sozialen und ökonomischen Kampagnen öffnen und sympathisierte mit sozialistischen Ideen. Ein tiefer Spalt tat sich in der Bewegung auf, der schließlich zum Auseinanderbrechen in zwei unterschiedliche Gruppierungen führte. Cumann na mBan war von dieser Situation nicht ausgenommen. Síle erinnert sich, dass die Mitglieder der Frauenorganisation damals in Bezug auf ihre Mitgliederstärke die »12 Apostel« genannt wurden. Sie selbst war 1959 Mitglied der republikanischen Bewegung geworden. Sie war in einer republikanischen Familie aufgewachsen und ihr Vater war in den 1940er-Jahren von der De-Valera-Regierung interniert worden. Síle kommt aus der Region um Limerick und war vorwiegend in diesem Gebiet aktiv, teilweise auch im etwas südlicher gelegenen Cork. Ihr republikanischer Familienhintergrund wird von ihr als Motivation angegeben, selbst aktiv geworden zu sein. Sie erzählt, dass sie »immer die Vision eines vereinten Irlands« hatte. Als sie Mitglied

---

148 Barry Flynn, *Pawns in the Game: Irish Hunger Strikes 1912–1981* (Cork: Collins Press, 2011), 197.

wurde, war Cumann na mBan eine kleine, wenig aktive Organisation, die kaum in der Lage war zu rekrutieren und ihre Jugendorganisation, Cumann na gCailíní, am Leben zu halten:

> Ich wusste [damals] nichts von Cailíní. Hätte ich davon gewusst, wäre ich ihnen beigetreten, doch ich kannte sie nicht und so trat ich gleich Cumann na mBan bei.[149]

In den Jahren von 1964 bis 1970 war Síle nationale Sekretärin von Cumann na mBan, später in den 1970er-Jahren abermals »für drei oder vier Jahre«. Der folgende Abschnitt beschreibt die Rolle von Cumann na mBan in der Reorganisierung der republikanischen Bewegung in den 1960er-Jahren, ihre Haltung während der Spaltung 1969/70 und die Frauenorganisation während des Beginns des Nordirlandkonflikts.[150]

Wichtige Mosaiksteine der Umstrukturierung der Bewegung in den 1960er-Jahren waren die Jugendorganisationen Na Fianna Éireann und Cumann na gCailíní. 1964 wurde ein neues Handbuch für Mitglieder von Na Fianna Éireann herausgegeben. Es war für den internen Gebrauch bestimmt und ausschließlich Mitgliedern der Jugendorganisation vorbehalten. Im Handbuch mit dem Titel *The Young Guard of Erin* befindet sich auf Seite 145 auch ein kurzer Beitrag zu Cumann na gCailíní, darin als »Irish National Girl Scouts« bezeichnet. Ein kurzer Text beschreibt die Mädchenorganisation folgendermaßen:

> Cumann na gCailíní ist eine nationale Organisation für Mädchen, die in den frühen 39er-Jahren gegründet wurde, um das Vakuum in der nationalen Bewegung zu füllen. (…) Die weitsichtige Führung von Cumann na mBan hat den konstruktiven Schritt gesetzt, diese Organisation zu gründen, die sich rasch in die Provinzen ausbreitete.
> Die Unterstützung und Leitung durch Cumann na mBan war verantwortlich für den erfolgreichen Aufbau in der frühen Phase, doch der

---
149 Interview mit Síle, (ehemaliges) Mitglied von Cumann na mBan aus Limerick; 30. März 2010, Limerick.
150 Dieser Abschnitt ist eine überarbeitete und ergänzte Fassung von Reinisch, »Partizipation von Frauen«.

Beginn des Weltkriegs und die daraus resultierenden Veränderungen in der Arbeit der ersteren, führten zum Sinken der Mitgliederzahlen von Cailíní, bis schließlich konstruktive Schritte ab Mitte der 50er-Jahre gesetzt wurden, um die Organisation wiederaufzubauen. Seit damals hat sich die Organisation konsolidiert, die Uniformen vereinheitlicht und die Gruppen in den Städten reorganisiert.

Da bereits Schritte zur Reorganisation erfolgreich abgeschlossen worden sind, sind die Aufgaben derzeit auf die großflächige Expansion ausgelegt. Die Organisation verfolgt dieselben Ziele wie Na Fianna und führt auch dieselben Aktivitäten durch.[151]

Durch die Subsumierung von Cumann na gCailíní in das Handbuch der Bubenorganisation ist eine Unterordnung der Frauen- unter die Männerorganisation erkennbar. Unter diesem Text findet sich ein Bild eines Kontingents von Mädchen beim Marschieren. Die große Parade und die ländliche Umgebung deuten auf die Teilnehmerinnen eines Marsches zum jährlichen Gedenken an Theobald Wolfe Tone in Bodenstown, Grafschaft Kildare, hin. Weiters heißt es:

> *Mitgliedschaft*: Cumann na gCailíní ist offen für alle irischen Mädchen ab dem Alter von sieben Jahren, unabhängig ihrer Schicht oder Glaubenszugehörigkeit.
> *Ziele*: In den irischen Mädchen den Wunsch nach kompletter Freiheit ihres Landes zu erwecken und sich um das Gemeinwohl ihres Volkes zu sorgen, damit es vorbereitet wird, seinen Platz in einem freien und gälischen Irland einzunehmen.
> *Mittel*: Sie in Geschichte, Sprache und Kultur ihres Landes zu erziehen und die Prinzipien und Aufgaben der Scouts durchzuführen.[152]

Als Kontaktadresse ist ein Postfach in Dublin angegeben: Cumann na gCailini, P. O. Box 187, Dublin. In einem internen Dokument von Cumann na gCailíní aus derselben Zeit heißt es, das Motto der Organisation sei: »Neart i Leimh,

---

151 Na Fianna Éireann, *The Young Guard of Erin*, (Dublin ³1964), 145.
152 Ibid.

Firinne ar Beal, Claine i gCroidhe.«[153] Diesem undatierten Dokument nach war die Mitgliedschaft für alle Mädchen »irischer Herkunft oder Verwandtschaft im Alter von sieben bis 16 Jahren« offen. Ebenso wurde darin erwähnt, dass »von den Mitgliedern erwartet wird, dass sie die irische Industrie in ihren Haushalten und unter ihren Freunden unterstützen.«[154] Ailis hat einen ähnlichen republikanischen Familienhintergrund wie Síle. In ihrem Umfeld und ihrer Familie »war jeder in der republikanischen Bewegung«. Sie stammt aus Dublin und trat Cumann na gCailíní 1947 bei. Sie erzählt:

> Ich würde sagen, ich war elf oder zwölf, vielleicht auch zehn oder elf, als ich der Jugend von Cumann na mBan beitrat, das war Cumann na gCailíní. Uns wurde dort Geschichte gelehrt, Tanz, Sprache und wir waren dafür da, um kleine Botschaften an die Frauen zu überbringen. (…) Als ich dann älter wurde, wurde ich in Cumann na mBan überstellt. Ab diesem Zeitpunkt war ich dann, gemeinsam mit zwei anderen Personen, verantwortlich, die jungen Cailíní zu trainieren und auszubilden. Wir sind mit ihnen marschiert, haben gezeltet, sind gewandert und haben natürlich immer wieder trainiert sowie die irische Geschichte und Sprache thematisiert.[155]

Sowohl in Cumann na mBan, als auch in Cumann na gCailíní war das Sozialisieren untereinander ein wichtiger Bestandteil des Organisationslebens. Dies diente dazu, die gelernte irische Sprache anwenden zu können, Freundschaften in der Bewegung zu schließen und so die Mitglieder auch sozial an die politische Arbeit zu binden. Viele Frauen erinnern sich, dass sich gerade in der Zeit vor 1969 Freundschaften und Kontakte auf andere Aktivistinnen in der republikanischen Bewegung beschränkten. Aoife und Ciara waren Mitte der 1960er-Jahre junge Frauen in Belfast und seit ihrer Kindheit in Cumann na gCailíní. Beide erzählten, dass sich ihre abendlichen Freizeitaktivitäten auf Treffen mit den anderen Mitgliedern der Organisation beschränkten. »Ich hatte nie Interesse wegzugehen. Ich wollte nicht fortgehen

---

153 Übersetzung: »Stärke durch Bildung, Wahrheit durch Sprache, das Volk im Herzen.«
154 Cumann na gCailíní, Constitution and Rules?, privates Archiv, undatiert, vermutlich 1950–1980.
155 Interview mit Ailis.

am Samstagabend, meine Freundinnen waren auch alle in Cumann na mBan und wir gingen nicht fort mit anderen, wir tranken auch nichts, wir wollten das nicht«, erinnert sich Aoife.[156] Ähnlich war es damals in Dublin, Ailis erzählt:

> An den Wochenenden gab es eine kleine Halle am Parnell Square, nicht dort wo später Nummer 44 war[157], sondern auf der anderen Seite, also wenn du geradeaus die O'Connell Street hinauf kommst, vorbei am [Charles Stewart Parnell] Monument, dort auf dieser Seite war ein Büro von Sinn Féin.[158] Dort gab es zwei leer stehende Räume, einer war für Treffen und der andere für Gesellschaftsabende und wir gingen immer dort hin, um Céile zu tanzen, den traditionellen irischen Tanz. Und von dort begann ich dann weitere Dinge zu tun.[159]

Die Freizeitaktivitäten in Cumann na gCailíní sollten die jungen Frauen binden und sie auf die Arbeit in Cumann na mBan vorbereiten. Ailis erzählt weiter:

> Wir lernten zuerst, Augen und Ohren offen zu halten. Ich hoffe mich hört nun niemand, aber jede hat das gemacht, wir haben die Kennzeichnen der Fahrzeuge des Geheimdienstes notiert und versucht, Beschreibungen von Polizisten zu erstellen, die dich aufhielten. Manchmal war es sogar möglich, die Nummer auf ihrem Ausweis zu erkennen. Das war, was wir Mitte der 1960er-Jahre gemacht haben. Andere, die älteren Frauen, die taten wichtigere Dinge als ich, Vorbereitung für die Zukunft.[160]

Was diese »wichtigeren Dinge« waren, erwähnte sie nicht, es ist aber zu vermuten, dass sie die Arbeit der Frauen in der Organisierung von Trai-

---

156 Interview mit Aoife, (ehemaliges) Mitglied von Cumann na mBan aus Belfast und Dundalk; 13. Februar 2010, Belfast.
157 44 Parnell Square wurde nach der Spaltung von Sinn Féin ab den 1970er-Jahre das Büro von Provisional Sinn Féin. Die sogenannte Kevin Barry Hall ist noch heute das Bürogebäude der Organisation.
158 Parnell Square East, gegenüber dem heutigen Garden of Remembrance, der damals noch nicht bestand, da er erst 1966 eröffnet wurde.
159 Interview mit Ailis.
160 Ibid.

nings- und Waffenlagern der IRA meint. Der Belfaster IRA-Kommandant Brendan Hughes berichtet von diesen Tätigkeiten durch Mitglieder der republikanischen Jugendorganisationen:

> Sowohl Fianna und Cumann na gCailíní boten potenzielle Rekruten [für die IRA]; sie haben beobachtet und gemeldet, zum Beispiel auf dem Weg zu ihrer Schule.[161]

Die Organisation konzentrierte sich, Mädchen von republikanischen Familien auszubilden, anstatt quantitativ zu wachsen. Ciara, die in den 1960er-Jahren in Belfast Mitglied wurde, erzählt:

> Vor 1969 war es schwer, Mitglied von Cumann na mBan zu werden. Du konntest nicht einfach kommen und Mitglied werden. Es gab davor eine lange Untersuchung, wer du warst, wie dein Verhalten war, aus welcher Familie du kamst. (...) Du musstest nahezu perfekt sein und durftest dich auf offener Straße niemals gehen lassen.[162]

Es wurde den jungen Mitgliedern auch weitergegeben, dieses Verhalten von anderen zu verlangen und in der Familie, Schule und Freundeskreis als moralisches Vorbild zu gelten. Ciara erzählt weiter:

> Die ganze Zeit musstest du sehr hohe Sittlichkeit haben. Ich war damals sehr wertend. Wenn jemand sich nicht so verhielt, wie sie es sollte, habe ich das sofort gemeldet. (...) Aber während ich das sage, muss ich auch erwähnen, dass ich von den meisten Leuten sehr respektiert wurde. (...) Dir wurde immer das Gefühl gegeben, dass du jemand besonderer bist.[163]

Aoife war ein Mitglied der republikanischen Frauenorganisation in Belfast. Sie wurde 1964 verhaftet, da sie Osterlilien verkaufte. Damals war sie noch Mitglied bei Cumann na gCailíní und auch sie kommt wie alle

---

161 Ed Moloney, *Voices from the Grave: Two Men's War in Ireland* (London: Faber & Faber, 2010), 66.
162 Interview mit Ciara, (ehemaliges) Mitglied von Cumann na mBan aus Belfast; 13. Februar 2010, Belfast.
163 Ibid.

Frauen, die vor 1969 Mitglied wurden, »aus einem Haushalt mit starker nationalistischer und republikanischer Einstellung«. Sie beschreibt, wie das von Mitgliedern verlangte im Gespräch mit Ciara erwähnte, »ordentliche und moralische Verhalten« Geschlechterrollen in der republikanischen Bewegung reproduzierte:

> Ich glaube, ich war damals eine Träumerin. Ich hatte diese Vorstellung unser Land werde vereinigt, schön, und daran wollte ich arbeiten. (…) Ich war ein wenig naiv so zu denken, aber das war meine romantische Seite. Das hört sich jetzt vielleicht ein wenig dumm an. (…) Für mich war es eine Ehre, alles zu machen, was verlangt wurde. (…) Ich wollte nichts mehr als da sein und helfen. Wenn ich gefragt wurde, die Garderobe zu machen, eine Tasse Tee vorzubereiten, den Boden zu waschen, das war alles in Ordnung. Soweit es mich betraf, mussten diese Dinge gemacht werden. Es war für mich keine Last, diese Dinge zu machen, denn es gab ja auch keine militärische Kampagne. Selbst hätten sie mich gefragt auf Babys aufzupassen, sich in irgendeinen Raum zu setzen oder raus zu gehen – für mich war es einfach nur eine Ehre es für das Land zu tun. (…) Es hört sich sehr romantisch an, aber so war es.[164]

Diese Erwartungshaltung an die Mädchen, die Moralvorstellungen und die Praxis, nur aus republikanischen Familien zu rekrutieren und diese in Folge einer langen internen Untersuchung und Probezeit zu unterziehen, war mitunter ein Grund für die personelle Schwäche der Organisation in dieser Phase. Gleichzeitig waren es aber auch diese Frauen, die am längsten der republikanischen Bewegung treu blieben und in den Spaltungen von 1969/70 und 1986 die Position von Cumann na mBan am entschiedenste verteidigten. Dieser Beobachtung stimmt auch Aoife zu, wenn sie erzählt:

> Das klingt verrückt und vielleicht war es der Grund, wieso die Bewegung derart klein war, denn die Reihen waren nicht für jedermann offen. Es war nicht gut, als die Reihen geöffnet wurden [nach dem Kriegsbeginn

---

164   Interview mit Aoife.

1969]. Nein, das war es nicht! Damals kamen Leute rein, die nicht gaben, sondern nur nahmen. (...) Diese Gruppe war dann auch nicht interessiert an irgendwelchen Prinzipien.[165]

Aoife stellt in diesem Interviewauszug die rekrutierten Aktivistinnen der Zeit vor 1969 mit jenen, die nach 1969 angeheuert wurden, gegenüber. Wurde vor 1969 aus republikanischen Familien rekrutiert, wurde aufgrund der Kriegsereignisse diese Praxis nach 1970 aufgegeben und daher kamen neue Aktivistinnen in die Organisation, die nicht gefestigte republikanische Prinzipien aus ihrem Elternhaus mitbekamen, sondern als Reaktion auf die britische Repression sich der republikanischen Bewegung anschlossen. Das war ein Prozess, der nicht nur in Cumann na mBan, sondern in allen republikanischen Organisationen zu beobachten war.[166]

Die Mitgliederzahlen können heute nur noch annähend rekonstruiert werden, denn es gibt keine Aufzeichnungen über die Organisation aus dieser Zeit. Aoife meint, in Belfast hätte es 20 Mitglieder von Cumann na mBan gegeben. Auch Eithne meint, die Zahl in Belfast war sehr gering, »aber es waren auch sehr wenige in der [Irisch-Republikanischen] Armee«.[167] Ciara gibt für Belfast an, dass »20, 25 [in Cumann na mBan] und weitere 14 in Cailíní« waren.[168] Von allen lokalen Gruppen Cumann na mBans (»craobh« genannt) wurden in den 1960er-Jahren monatliche Berichte verlangt, die an die nationale Sekretärin gesendet werden mussten. Darin wurde angegeben, wie viele Zeitungen verkauft wurden, die Anzahl der abgehaltenen Treffen und die Mitgliederbeteiligung, die Anzahl der Mitglieder in Cumann na gCailíní und weitere Aktivitäten im vergangenen Monat. Zusätzlich musste ein Finanzbericht gegeben werden. In den 1970er-Jahren wurde diese Praxis fortgeführt, jedoch wurde es aufgrund des

---

165 Ibid.
166 Zur Änderung in der sozialen und familiären Zusammensetzung der Rekruten in den frühen 1970er-Jahren siehe: Lorenzo Bosi, »Explaining Pathways to Armed Activism in the Provisional Irish Republican Army, 1969–1972,« *Social Science History* 36, no. 3 (2012); idem, »Social Movements Interrelated Effects: The Process of Social Change in the Post-Movement Life of Provisional Ira Volunteers,« *Revista International de Sociología* (2016); White, »Issues in the Study of Political Violence«; White/Fraser, »Personal and Collective Identities«; White, »Structural Identity Theory«.
167 Interview mit Eithne, (ehemaliges) Mitglied von Cumann na mBan aus Belfast; 29. Jänner 2010, Belfast.
168 Interview mit Ciara.

Konfliktes zusehends schwieriger, diese Berichte zu verfassen und sicher vom Norden in die Republik zu bringen. In manchen Berichtsformularen wird nach der »Anzahl der verkauften *An Phoblacht* und/oder *Republican News*« gefragt. *An Phoblacht* und *Republican News* waren zwei in den frühen 1970er-Jahren gegründete republikanische Zeitungen, wobei *An Phoblacht* in Dublin erschien, während *Republican News* in Belfast verlegt wurde. Im Jahr 1979 wurden beide Zeitungen schließlich zusammengelegt und als Wochenzeitung *An Phoblacht/Republican News* in Dublin verlegt. Nachdem keine derartigen Formulare bekannt sind, die nach dem Verkauf von »*An Phoblacht/Republican News*« fragen, dürfte die Praxis der monatlichen Berichterstattung bei der Zusammenlegung der beiden Zeitungen 1979 bereits aufgegeben worden sein. Da nur vereinzelte Monatsberichte vorliegen und der Großteil nicht mehr existent ist, können daraus keine Mitgliederzahlen rekonstruiert werden.

Ein zentraler Teil der Arbeit war das Organisieren von Gedenkveranstaltungen und die Unterstützung der Gefangenen. Aktivistinnen überbrachten den Familien der Gefangenen auch Hilfspakete mit Nahrungsmitteln und Geschenken für die Kinder vor Weihnachten. Neben der materiellen Unterstützung der Familien der Gefangenen, war das Sammeln von Geldern eine wichtige Aufgabe von Cumann na mBan, um den Familien auch finanziell unter die Arme greifen zu können, denn der Mann war damals oft der einzige Erwerbstätige in der Familie, während die Frau zuhause bei den Kindern blieb. Mit der Verhaftung des Mannes fiel so die einzige Geldquelle für viele Familien weg. Um diese Familien unterstützen zu können, wurde Geld durch Flohmärkte, Spendenaktionen und dem Verkauf der Osterlilien gesammelt. Die Osterlilie, die später aus Papier gedruckt wurde, stellten die Frauen von Cumann na mBan in den 1950er-Jahren noch selbst her. Aoife lernte daneben das Flechten von Kränzen für republikanische Gedenkveranstaltungen:

> Ich habe damals von den älteren Frauen gelernt, wie man richtig Kränze für Gedenkveranstaltungen flechtet und ich mache das nach all den Jahrzehnten immer noch. Jedes Jahr flechte ich mehrere.[169]

---

169 Interview mit Aoife.

Eine dieser Spendenaktionen war der am 21. und 22. Dezember 1965 angehaltene »jährliche Verkauf von Gegenständen zur Unterstützung von An Cumann Cabhrac« im Mansion House in Dublin. An Cumann Cabhrac war die Hilfsorganisation für republikanische Gefangene und ihre Familien. Am 9. September 1965 sendete Cumann na mBan dazu Briefe aus, dass sich alle irischen Nationalisten und Republikaner am Sammeln von Gegenständen für den Flohmarkt beteiligen sollten. Gezeichnet waren diese von Siobhan bean Ui Maolcathaig[170], ein langjähriges Führungsmitglied der Organisation. Am Beginn des Briefes wird die Benefizveranstaltung angekündigt und erklärt, Ziel sei es, Geld für die republikanische Gefangenenhilfsorganisation zu sammeln. Zu diesem Zweck werden die Empfängerinnen des Briefes gebeten, verschiedenste Dinge wie Kleidung, Lederwaren oder Spielzeuge zur Verfügung zu stellen. Auch um Tabak, lange haltbare Nahrungsmittel, Tischtücher, Bettlaken, Handtücher, Socken oder Strümpfe wurde gebeten, denn: »Nichts ist zu klein oder zu groß.« Die Artikel oder Bargeld sollten an Mitglieder von Cumann na mBan gegeben oder an An Cumann Cabhrac gesendet werden. Im Brief heißt es weiter:

> Viele von euch fragen sich wohl, ob wir, An Cumann Cabhrac, jetzt noch brauchen, wo es doch keine Gefangenen mehr gibt. Doch dabei wird vergessen, dass die Verwandten der Männer, die ihre Leben während der letzten Kampagne[171] gelassen haben, immer noch versorgt werden müssen. Das ist die Aufgabe von An Cumann Cabhrac.
> Bis wir unser endgültiges Ziel erreicht haben, welches die vollständige Freiheit ist, werden Männer und Frauen gebeten, ein Opfer darzubringen. Es gibt eine große Notwendigkeit für An Cumann Cabhrac.
> Wartet nicht, bis wieder Männer verhaftet werden, eure Hilfe wird JETZT benötigt, damit wir Geld haben, wenn es gebraucht wird.[172]

Über die Jahrzehnte des Nordirlandkonflikts blieb die Solidaritätsarbeit für die Gefangenen und ihre Familien in den Händen der republikanischen Frauen. So waren die republikanischen Gefangenenhilfsorganisationen über-

---

170 Engl.: Susie Mulcahy.
171 Gemeint ist die »Operation Harvest«.
172 »Letter by Siobhan bean Ui Maolcathaig«, 9. September 1965, privates Archiv.

wiegend von Frauen aus Cumann na mBan geleitet. Das ist auch noch heute so, denn die Vorsitzende der 1987 gegründeten Hilfsorganisation Cabhair ist die Cumann-na-mBan-Aktivistin Peig King.

In den 1960er-Jahren war die Arbeit der Mitglieder von Cumann na mBan im Norden der Arbeitsweise der Organisation in der Republik ähnlich. Sowohl Síle und Ailis aus dem Süden, als auch Deidre, Aoife, Ciara und Louise aus dem Norden berichten, sie hätten Zeitungen verkauft, die jungen Mitglieder ausgebildet, Trainingslager für die IRA organisiert und an Paraden und Märschen teilgenommen. Hin und wieder mussten auch Verstecke in Häusern für Republikaner auf der Flucht, sogenannte »billets«, organisiert werden.

Mitglieder von Cumann na mBan waren an die Statuten und die Verfassung der Organisation gebunden. Ciara berichtet:

> Wenn du Mitglied von Cumann na mBan wurdest, musstest du zunächst Regeln lernen, ich glaube es waren sieben Regeln, du musstest sie auswendig können. Wer dein Feind war, wie du dich selbst schützen konntest und dass du niemanden etwas sagen darfst, denn dann würde auch niemand etwas über sie in Erfahrung bringen können. Während meiner gesamten aktiven Zeit habe ich diese Regeln befolgt.[173]

Bei den von ihr erwähnten »sieben Regeln« dürfte es sich um die Richtlinien, Regeln und Statuten der Organisation handeln. Die Statuten, »Constitution«, von Cumann na mBan listet die Ziele, Aktivitäten und Struktur der Organisation auf. Doch in diesem Dokument finden sich keine Punkte, die als jene erwähnten »sieben Regeln« identifiziert werden können. Mir liegen zwei Versionen der Statuten vor, wobei erstere in die 1950er- oder frühen 1960er-Jahren datiert werden können, da bei Aktivitäten erwähnt wird: »Mitglieder werden dazu angehalten, die republikanische Zeitung *United Irishman* zu verkaufen.«[174] Diese Zeitung wurde ab 1970 von *An Phoblacht* und der *Republican News* abgelöst. Auch die zweite Version enthält den Verweis auf *United Irishman*, doch ist zu Beginn ein Absatz hinzugefügt, der sich mit internen Auseinandersetzungen in der republi-

---
173 Interview mit Ciara.
174 Constitution of Cumann na mBan, privates Archiv, undatiert, vermutlich 1950–1966.

kanischen Bewegung befasst. Es dürfte also in die Zeit zwischen 1967 bis 1970 zu datieren sein.[175] Jedoch finden sich in diesem Dokument ebenso wenig »sieben Regeln«. Es ist aber ein weiteres Dokument an beide Papiere angehängt. Es listet 13 Regeln, »Orders«, auf, wie sich Mitglieder von Cumann na mBan verhalten sollen. Punkt 1 erwähnt etwa, was von einem Mitglied bei einer Verhaftung von der Organisation erwartet wird. Punkt 2 verbietet Mitgliedern, in einem der »Partition Assembly«, also den parlamentarischen Vertretungen in Dublin, Belfast und Westminster, zu arbeiten. Weiters wird das Verhalten bei Paraden, bei den Gedenkveranstaltungen an den Osteraufstand von 1916 und bei Umzug von einem Landesteil in einen anderen dargelegt. Kurios ist Punkt 13, in dem es heißt: »Ein Mitglied hat keine Erlaubnis, Briefe an Zeitungen zu schreiben.«[176] Der Hintergrund dieser Regel ist nicht bekannt, es dürfte aber mit den strengen Sicherheitsmaßnahmen der Organisation in Verbindung stehen, die eigenen Mitglieder nicht öffentlich identifizierbar zu machen.

Spannungen in der Bewegung

In den 1960er-Jahren war die republikanische Bewegung damit beschäftigt, ihre Arbeit in der vorangegangenen Periode zu analysieren und Lehren daraus zu ziehen. Bald nach dem Ende der bewaffneten Kampagne 1962 begann die Führung, die Bewegung in eine neue politische und militärische Richtung zu orientieren, was vor allem bei vielen langjährigen, traditionellen und konservativen Mitgliedern der Bewegung auf starken Widerstand stieß. Zunächst waren die Unmutsäußerungen vereinzelt, unkoordiniert und außer individuellen Austritten, erfuhr die Öffentlichkeit wenig von den Vorgängen. Doch gleichzeitig mit den Schritten hin zu mehr politischer Orientierung und dem Zugehen auf sozialistische und kommunistische Gruppen, begann sich eine Opposition dagegen aufzubauen. Das sichtbarste Auftreten in Ablehnung der neuen politischen Richtung zeigte Cumann na mBan. Bell schreibt:

---

175 Constitution of Cumann na mBan, privates Archiv, undatiert, vermutlich 1967–1970.
176 Ibid.

> Die Frauenorganisation Cumann na mBan war besonders aufmüpfig. Republikanische Frauen waren seit Langem die ideologisch reinsten und militantesten. Sie rochen [in dem ganzen Prozess] Politik und lehnten sie ab. Warum fielen so viele [Republikaner]? Nicht für Politik.[177]

Angeführt von Cumann na mBan begann die Bewegung ab 1967 auseinanderzubrechen. Nach einer erfolgreichen Kampagne zur Wiederbestattung von Roger Casement, der 1916 im englischen Gefängnis Pentonville gehängt wurde, wurden seine Überreste 1966 freigegeben und in irischem Boden bestattet. Kurz darauf wurde die »Barnes und McCormack Rückführungsgesellschaft« in Mullingar, Grafschaft Westmeath, gegründet. Ihr Ziel war es, die beiden IRA-Mitglieder Peter Barnes und James McCormack, die 1940 in Birmingham gehängt wurden, ebenso in irischem Boden zu bestatten. Die Vorsitzende des Komitees war Caitlín Uí Mhuimhneacháin[178], eine Veteranin von Cumann na mBan aus den 1940er-Jahren, eine Freundin der McCormack-Familie und eine Verfechterin der abstentionistischen Politik.[179] Das republikanische Prinzip des Abstentionismus war, wie bereits erwähnt, fest in der Verfassung von Sinn Féin verankert und verbot es Mitgliedern der republikanischen Bewegung, ihre Sitze in einem der Parlamente in Dublin, Belfast oder London einzunehmen, solange Irland keine vereinigte und souveräne Republik ist. Dies war auch einer der beiden Punkte, die die damalige republikanische Führung auszuhebeln versuchte und die schließlich die Spaltung 1969 auslösten. Kurz gesagt: Mit der Abwendung vom Abstentionismus und der Anerkennung der Parlamente sollten nationale Wahlerfolge erzielt werden und Sinn Féin damit zu einer relevanten parlamentarischen Kraft werden.

Gleichzeitig entwickelten die Sinn-Féin- und IRA-Führer Tomás MacGiolla, Seán Garland und Cathal Goulding eine marxistische Sichtweise auf die irische Teilung. Sie wollten die IRA nach der gescheiterten Grenzkampagne in eine linke, prosowjetische Richtung führen, das Prinzip des Abstentionismus aufgeben und Sinn Féin zu einer linksnationalistischen Volksfrontbewegung verwandeln. Nach dem Vorbild des südafrikanischen ANC und der palästinensischen PLO sollte die Partei diese Bewegung anführen und schließlich in

---
177 Bell, *The Irish Troubles*, 144.
178 Engl.: Kate Moynihan.
179 White, *Provisional Irish Republicans*, 145f.

ihr aufgehen.[180] Von den oppositionellen Traditionalisten wurden Garland und Goulding als Hauptfeindbilder auserkoren. Ciara erinnert sich an Goulding:

> Cathal Goulding war sehr rot, wie man sagen würde, sehr rot. Wir waren damals noch sehr jung, aber wir erkannten das bereits. Denn viele Volunteers vor '69 rannten mit diesem roten Buch herum.[181] Seán McGuigan[182] hatte immer eines bei sich.[183]

Aoife betont:

> Das war die Zeit als diese Männer hereinkamen, die zwei Kommunisten aus Dublin, die Universitätslektoren.[184] McMillen[185] brachte sie [in die republikanische Bewegung] rein.[186]

Die »Barnes und McCormack Rückführungsgesellschaft« wurde rasch zu einem Sammelbecken jener traditionalistischen Republikaner, die der marxistischen Strömung feindlich gegenüberstanden. Neben der Vorsitzenden Kate Moynihan waren weitere Mitglieder des Komitees der spätere Präsident von Provisional Sinn Féin Ruairí Ó Brádaigh, Caoimhín MacCathmhaoil und Seamas Ó Mongáin, beide aus der Grafschaft Mayo sowie Jimmy Steele, Jimmy Drumm, Ehemann der späteren Präsidentin von Cumann na mBan, Máire Drumm, Billy McKee und Joe Cahill, alle aus Belfast. Wie die Kampagne zur Rückführung von Roger Casement war auch diese Kampagne erfolgreich und die Leichname wurden am 4. Juli 1969 nach Dublin geflogen. Während Casement jedoch ein großes Staatsbegräbnis erhielt, wurden Barnes

---

180 Für nähere Informationen zu der Debatte siehe unter anderem in: Hanley/Millar, *The Lost Revolution*; Bell, *The Secret Army*; Bishop/Mallie, *The Provisional IRA*.
181 Sie spricht hier wohl von der sogenannten »Mao-Bibel«, den Mitte der 1960er-Jahre erschienenen »Worten des Vorsitzenden Mao Tse-Tung«.
182 Führendes Belfaster Mitglied der IRA, später Official IRA und nach deren Spaltung 1973/74 Gründungsmitglied der sozialistischen Irischen Nationalen Befreiungsarmee (INLA).
183 Interview mit Ciara.
184 Sie spricht hier von Anthony Coughlan und Roy Johnston, zwei linke Universitätslektoren, die Mitglieder der Wolfe-Tone-Society in England waren. Beide vertraten marxistische Ideen und hatten einen starken politischen Einfluss auf Teile der republikanischen Bewegung, obwohl sie selber nicht Mitglieder der Bewegung waren.
185 Billy McMillen, Belfaster IRA-Mitglied und später Official IRA.
186 Interview mit Aoife.

und McCormack von der Regierung als Staatsfeinde angesehen. Dennoch kamen am 6. Juli tausende Menschen zum Begräbnis am Friedhof Ballyglass in Mullingar. Dort war der Hauptredner der prominente Goulding-Gegner Jimmy Stelle, der in seiner Rede die republikanische Führung frontal angriff. Es war dies das erste öffentliche und koordinierte Auftreten der antimarxistischen Oppositionellen. Diese aus militanten Traditionalisten bestehende Gruppe hatte ein lautstarkes Lebenszeichen gesetzt – und ein Mitglied von Cumann na mBan war die Organisatorin.[187]

Cumann na mBan war zu diesem Zeitpunkt nicht mehr ein offizieller Teil der republikanischen Bewegung. 1968 war es beim alljährlichen Marsch zum Grab von Wolfe Tone in Bodenstown zu einem Eklat gekommen. Nachdem kommunistische Teilnehmer rote Fahnen getragen hatten, verweigerte die Frauenorganisation mitzumarschieren. Im folgenden Jahr wurde das Gedenken von ihr boykottiert. Doch Bodenstown war nicht der erste derartige Vorfall. Aoife war damals noch in Cumann na gCailíní und erinnert sich:

> Wir haben das auch in Manchester getan. Wir fuhren damals zu einem Gedenkmarsch für die drei Volunteers.[188] (…) Die Gruppe dort war eigentlich ganz in Ordnung. Nur sie hatten dieses Banner mit und wir sagten, dass sie den unter keinen Umständen tragen können. (…) Nun gut, in Manchester wurde ihnen gesagt, sie sollen die Flaggen eingerollt lassen, denn sie können damit nicht marschieren. Ich glaube es war 1967[189], auf jeden Fall nachdem ich aus der Haft entlassen wurde.[190] Ja, kurze Zeit später, im August war ich entlassen worden und wann war es? Vielleicht im Oktober. Ich weiß, es war schon gegen Winter.[191] (…) Ich kann mich erinnern, dass dort eine Gruppe von Kommunisten war und sie hatten ihre Fahnen und Transparente mit sich und so

---

187 White, *Ruairí Ó Brádaigh*, 145f.
188 Gemeint sind die drei »Manchester Martyrs«, William Philip Allen, Michael Larkin und Michael O'Brien, Mitglieder der Irish Republican Brotherhood, die am 23. November 1867 in Manchester gehängt wurden. Ihnen war die Ermordung eines englischen Polizisten vorgeworfen worden.
189 In Manchester gab es zum 100-jährigen Gedenken einen Marsch für die drei IRB-Mitglieder.
190 Aoife war aufgrund des Verkaufs von Osterlilien in Belfast verhaftet worden.
191 Die Erschießung war Ende November und die Gedenkmärsche für die Manchester Martyrs werden zumeist Ende November oder Anfang Dezember durchgeführt.

gingen wir zu ihnen und sagten: »Nein, wir werden mit ihnen nicht marschieren, bis sie nicht diese Transparente wieder abnehmen.« Soweit ich mich dann erinnere, haben sie sie auch weggepackt. Sie haben alles abgenommen und ich glaube der Marsch ging dann problemlos mit ihnen weiter. Wir hätten es wahrscheinlich gar nicht bemerkt, hätte sich nicht eine Frau umgedreht und es uns berichtet. (…) Wir erklärten ihnen (der Gruppe von Kommunisten, Anm. DR), dass wir kein Problem haben, wenn sie mit uns marschieren, aber wir haben ein Problem mit dem Transparent. (…) Ich weiß nicht, ob das damals dumme Dinge waren oder nicht.[192]

Ein Gedenkmarsch zum hundertsten Jahrestag der Hinrichtungen der drei IRB-Mitglieder in Manchester ist bekannt. Doch konnte in der Literatur keine Erwähnung eines derartigen Zwischenfalls gefunden werden. Ciara war ebenso wie Aoife zu dieser Zeit in Ardoyne, einem mehrheitlich von Katholiken bewohnten Viertel in Nordbelfast, aktiv und konnte sich auf Nachfrage ebenso an die Episode erinnern:

Manchester war die Gedenkveranstaltung für die drei Volunteers. (…) Wir fuhren zum Marsch extra hin. (…) Ja, da war dieses große, rote Transparent und es wurde ihnen gesagt, dass sie damit nicht marschieren können. Ich kann mich gut daran erinnern, denn ich war damals noch in Cailíní.[193]

Bei der Veranstaltung in Manchester konnte die Frage des Tragens kommunistischer Fahnen noch geschlichtet werden. Doch die republikanische Führung vertiefte ihre Kontakte zu kommunistischen Gruppen weiter. Dadurch war Manchester 1967 nur ein Prolog zu Bodenstown im darauffolgenden Juni. Hier kam es schließlich zum Höhepunkt der Spannungen zwischen Cumann na mBan und der Führung um MacGiolla, Goulding und Garland. Síle war zur damaligen Zeit in der Leitung von Cumann na mBan und sie erzählt:

---

192   Interview mit Aoife.
193   Interview mit Ciara.

Wir sagten [damals] zu Goulding, dass wir in Bodenstown nicht marschieren werden, falls die Fahne des Connolly Youth Movement[194] dort getragen werden würde. Er kam also zu uns, zu mir und einer anderen Frau, denn sie wollte nicht alleine mit ihm sprechen, sie wollte Zeugen dabeihaben. Und er sagte, er könne auch problemlos ohne Cumann na mBan in der republikanischen Bewegung weitermachen und er sagte, dass er vorbereitet sei, Frauen in die [irisch-republikanische] Armee aufzunehmen. (…) Susie Mulcahy war Präsidentin zu dieser Zeit und das erste Treffen [zwischen den Leitungen von Cumann na mBan und IRA] war 1967.[195] Wir waren dann in Bodenstown und haben unseren Platz eingenommen. Ich als Sekretärin und eine andere Frau sind nachsehen gegangen, ob die Fahne des Connolly Youth Movement irgendwo war. Doch wir sahen nichts, also marschierten wir zum Grab von Wolfe Tone. Doch als die Parade bereits in Gang war, da haben sie dann erst die Fahnen ausgepackt. Jene des Connolly Youth Movement und auch andere Fahnen, die ich als kommunistisch bezeichnen würde. Ein Mann kam zu uns und berichtete, sie hätten ihre Fahnen gehisst, also ging ich nochmals zurück, um nachzusehen. Und ja, sie waren da. Wir marschierten dann unter Protest weiter zum Grab und erklärten dort, nicht mehr gemeinsam zurückzumarschieren, was wir dann auch nicht taten.[196]

Ciara und Aoife waren damals auch mit den Cailíní aus Belfast nach Bodenstown gekommen. Aoife erinnert sich:

Wir waren wütend, wir waren sehr wütend. Die anderen sind weitergegangen und wir entfernten uns [von der Parade]. Wir standen da mitten im Feld. Wir gingen beiseite, weil uns das von unseren Vorgesetzten so befohlen wurde.[197]

Auch Ailis aus Dublin erinnert sich an diese Ereignisse des Jahres 1968:

---

194 Das Connolly Youth Movement war die Jugendorganisation der Kommunistischen Partei Irlands.
195 Das genaue Datum konnte nicht geklärt werden und so ist es nicht klar, ob das Treffen mit dem Ereignis in Manchester in einem Zusammenhang steht.
196 Interview mit Síle.
197 Interview mit Aoife.

Also, die Leitung von Cumann na mBan beschloss, dass wir nicht marschieren werden. Schau, eine republikanische Veranstaltung ist eine republikanische Veranstaltung mit deinen eigenen Fahnen, Bannern und deiner Nationalflagge. Und da war dieses eine Jahr, aus gewissen Gründen kam da auch die Sozialistische Partei, zu diesem Zeitpunkt wurden viele von denen als Kommunisten bezeichnet, aber ich muss sagen, ich kenne den Unterschied wer nun ein Kommunist ist und wer ein Sozialist ist gar nicht.[198] Egal, die kamen mit ihren roten Transparenten und Slogans. Daher sagte Cumann na mBan: »Nein!« (…) Es ist eine kleine Sache, aber es ist eine prinzipielle Sache, die geregelt werden musste. Am Schluss hast du die Parade in Bodenstown und Republikaner wissen gar nicht, was das sein soll, bei den ganzen verschiedenen Fahnen. Aber wie ich schon sagte, ich war nicht in der Leitung, ich war eine einfache Aktivistin. Uns wurde gesagt, wir werden nicht marschieren und deshalb taten wir es nicht, so ist das nun einmal.[199]

Cumann na mBan ist eine militärisch geführte Gruppe und daher müssen Entscheidungen wie Befehle ausnahmslos befolgt werden. Doch nicht alle Gruppen von Cumann na mBan unterstützen die Haltung der nationalen Leitung, aufgrund kommunistischer Fahnen nicht an Gedenkmärschen teilzunehmen. Síle berichtet über unterschiedliche Haltungen innerhalb der Mitgliedschaft der Gruppe:

Die Dubliner Gruppe von Cumann na mBan sagte, sie werden [mit dem offiziellen Marsch in Bodenstown] zurückmarschieren und so drohten wir ihnen mit Disziplinarmaßnahmen. Sie nahmen also ihre Kopfbedeckung ab und sagten: »Wir sind nicht mehr uniformiert, wir können also mitgehen.« Ab diesem Zeitpunkt entfernte sich Dublin immer weiter von Cumann na mBan bis wir später eine neue Organisation in Dublin

---

[198] Sie scheint hier den Namen für die Kommunistische Partei Irlands zu verwechseln, denn es gab zu dieser Zeit keine sich als »sozialistisch« bezeichnende Gruppierung in Irland. Alle Organisationen und Parteien, die sich als »sozialistisch« bezeichneten, wurden erst im Laufe der 1970er-Jahre gegründet. Lediglich eine kleine Splittergruppe mit dem Namen »Sozialistische Partei« bestand, deren politische Ausrichtung »maoistisch« war und sich in ihrer Mitgliedschaft Großteils auf eine Familie reduzierte. Diese Gruppe hatte aber keinen Kontakt zur republikanischen Bewegung in dieser Zeit.
[199] Interview mit Ailis.

aufbauen mussten. (…) Wir haben ihnen ihre Cumann-na-mBan-Fahne in Bodenstown abgenommen und ich glaube auch die Fahne von der Jugendorganisation, den Cailíní.[200]

Der an Dynamik gewinnende Fraktionskampf und Spaltungsprozess waren öffentlich geworden und Cumann na mBan blieb nicht mehr Teil der republikanischen Bewegung. Ed Moloney schreibt, »rebellische Ortsgruppen wurden ausgeschlossen, vor allem in ländlichen Gegenden, zu einem Zeitpunkt auch die gesamte Organisation« der Frauen-IRA, die Cumann na mBan«[201]. Síle widerspricht dieser Darstellung von Moloney und meint:

> Ich würde nicht sagen, wir wurden ausgeschlossen. Ich würde sagen, wir sind ausgetreten, da wir mit der politischen Richtung unzufrieden waren und so sagten wir, solange sie (die republikanische Bewegung, Anm. DR) nicht zurück am [richtigen] Weg ist, wollen wir auch nichts mit ihr zu tun haben.[202]

Der Vergleich mit einem Pfad, auf dem sich republikanische Aktivistinnen und Organisationen befinden und der durch Aufgabe oder Veränderung von über Jahrzehnten entstandenen Prinzipien und Werten verlassen wird, wurde von mehreren Interviewpartnerinnen angesprochen. Am deutlichsten wurde in diesem Punkt Ailis:

> Cumann na mBan hat nicht irgendeine Seite bezogen. So funktioniert das nicht. Falls [die Männer] auf einem bestimmten Weg gehen, den du als richtig empfindest, dann kommst du und gehst mit ihnen und ihr helft euch gegenseitig. Das ist der einzige Weg für Fortschritt. Wenn du damit glücklich bist, dann arbeitet ihr auch zusammen. Wenn man auf derselben Linie ist, geht man gemeinsam. Wir haben uns nicht für die Seite der Männer entschieden, denn die Frauen waren immer am [republikanischen] Weg.[203]

---

200 Interview mit Síle.
201 Moloney, *A Secret History*, 59.
202 Interview mit Síle.
203 Interview mit Ailis.

Im Jahr darauf beschloss Cumann na mBan nicht an Bodenstown teilzunehmen und stattdessen eine Erklärung zu veröffentlichen (Siehe Originaltext des Manifests im Anhang). Darin wurde dargelegt, wieso die Frauenorganisation nicht an dem Gedenkmarsch teilnehme. Es wurde erwähnt, dass Cumann na mBan auf ihrem Kongress im Jahr 1967 beschlossen hatte, an keinen Paraden teilzunehmen, bei denen kommunistische Fahnen getragen werden. Es hieß weiter:

> In der folgenden Woche (nach Bodenstown 1968, Anm. DR) wurde ein Versuch gestartet, uns aufzulösen. Die republikanische Bewegung verlangte von der Präsidentin von Cumann na mBan, zwei Punkte aus unseren Statuten zu streichen, ansonsten würde Cumann na mBan [von ihr] nicht mehr anerkannt werden. Die beiden Punkte waren: 1) Wir kennen die Autorität der Armeeführung als Regierungsgewalt der Republik an und akzeptieren alle von ihr ausgegeben Befehle »sofern diese nicht im Widerspruch zu unseren Statuten stehen« (Der letzte Teil sollte gestrichen werden) und 2) nicht an Paraden, bei denen kommunistische Fahnen getragen werden, teilzunehmen.[204]

Bevor Cumann na mBan diese Frage überhaupt diskutieren konnte, wurde bereits den Gruppen in Cork und Belfast verboten, republikanische Einrichtungen weiter zu verwenden. Später wurde der nationalen Leitung verweigert, das Büro von Sinn Féin in Dublin zu benutzen. Als Grund wurde der Organisation mitgeteilt, dass sie nicht mehr als offizieller Teil der republikanischen Bewegung anerkannt werde. Die Mai-Ausgabe des *United Irishman* hatte berichtet, dass Mitglieder »der aufgelösten Frauenorganisation« am Ostergedenken des Aufstands 1916 in Limerick teilgenommen hatten. Auf diesen Bericht antwortete die Organisation ebenfalls und erklärte, dass Cumann na mBan sich nur folgend den eigenen Statuten selbst auflösen könne. Auf dem letzten Kongress sei dies jedoch nicht passiert.

Dieser war von Delegierten aus Belfast, Cork, Tralee, Kilkenny und Limerick besucht worden. Unterzeichnet wurde die Stellungnahme von: Mrs. A. Long, 12 High Road, Thomondgate, Limerick; Miss K. O'Sullivan,

---

204 Leaflet issued by Cumann na mBan at Bodenstown June 1969, privates Archiv.

18 Keirns Park Tralee, Co. Kerry; Miss N. McCarthy, 13 Annmount, Friar's Walk, Cork; und Mrs. S. Mulcahy, »Lisheen«, Dublin Road, Limerick.

Die Darstellung auf dem Flugblatt ist nahezu identisch mit dem mündlichen Bericht, der von Síle während der Interviews gegeben wurde. Cumann na mBan war nicht mehr Teil der republikanischen Bewegung und eine endgültige Spaltung war bereits zu erkennen. Es dauerte noch bis in den Herbst, bis diese schließlich formell wurde. Bei der Aufzählung der auf dem Konvent im Jahr 1968 anwesenden Regionaldelegierten ist das Fehlen von Vertreterinnen aus Dublin auffällig. Síle berichtet über die Situation:

> Ich glaube das größte Problem [von Cumann na mBan] war in Dublin. Was wir nicht wussten war, dass die [irisch-republikanische] Armee sie (die Gruppe in Dublin, Anm. DR) vorab [von der Anwesenheit des kommunistischen Kontingents in Bodenstown] informiert hatte. Sie wussten also, dass das passieren wird, haben es aber nicht an die Exekutive von Cumann na mBan gemeldet. Miss Ryan[205] war Präsident von Cumann na mBan, doch zu dieser Zeit bereits ausgetreten. Es war also die Frau von Tomás MacGiolla[206], May MacGiolla. Sie war glaube ich O/C[207] der Dubliner Gruppe zu dieser Zeit. In Limerick war es ein Mitglied von Cumann na mBan, das die Stickies[208] unterstützte, Maura Nash. Auch in anderen Gebieten waren es nur wenige, mit Ausnahme von Dublin. Dort war das Hauptproblem. Und es gab dort die zwei Durkans[209], die hatten Cailíní über und die unterstützten die Stickies.[210]

---

205 Ehefrau von Mick Ryan, Mitglied des späteren Army Council der Official IRA.
206 Präsident von Sinn Féin und nach der Spaltung von Official Sinn Féin; für kurze Zeit Anfang der 1990er-Jahre auch Oberbürgermeister von Dublin für die Nachfolgepartei von Official Sinn Féin, der Workers' Party.
207 O/C steht für Officer-in-Command, die Bezeichnung für die Oberbefehlshaberin einer republikanischen, paramilitärischen Organisation.
208 Bezeichnung der Official IRA und von Official Sinn Féin, da sie nach der Spaltung Osterlilien verkauften, die an das Gewand durch einen Klebestreifen befestigt wurden; im Gegensatz zu einer Nadel, mit dem jene Osterlilien befestigt wurden, die vom Provisional Republican Movement verkauft wurden – daher lautete deren Bezeichnung »Pinheads«.
209 Die Identität der beiden Frauen konnte nicht geklärt werden, daher ist ihre genaue Schreibweise auch unklar.
210 Interview mit Síle.

Die überwiegende Mehrheit von Cumann na mBan hatte sich zur Jahreswende 1968/69 von der republikanischen Bewegung getrennt. Nur die Ortsgruppe von Dublin blieb der IRA-Führung treu. Die Dubliner Gruppe wurde von Frauen, die mit Mitgliedern aus der IRA-Führung verheiratet oder verwandt waren, angeführt. Bis zur Spaltung der republikanischen Bewegung 1969/70 blieb diese Gruppe der republikanischen Bewegung unter dem Namen »Cumann na mBan« treu. Nach der Spaltung schloss sich diese Gruppe dem Official Republican Movement an, verwendete aber nicht weiter die Bezeichnung »Cumann na mBan«, stattdessen traten diese Aktivistinnen der Official IRA bei. Das Official Republican Movement baute also, anders etwa als bei Sinn Féin oder der Jugendorganisation Na Fianna Éireann, keine konkurrierende Gruppe mit dem Namen der Frauenorganisation auf.

Frauen in die IRA?

Gleichzeitig mit der offenen Opposition der republikanischen Frauen gegen die nationale IRA-Führung, beganng die IRA zu überlegen, wie loyale Frauen von Cumann na mBan isoliert werden konnten und so an die IRA gebunden werden. Dass Cumann na mBan nicht den neomarxistischen Weg der Führung um Goulding, MacGiolla und Garland mitgehen würde, war allen Beteiligten früh bewusst geworden.

1966 hatte Cumann na mBan noch einer engeren Kooperation mit der IRA zugestimmt und Trainingslager für die IRA organisiert.[211] Grainne kommt aus Belfast, sie wurde in den 1960er-Jahren im Alter von 13 Jahren Mitglied von Cumann na gCailíní und drei Jahre später in die Frauenorganisation überstellt. Sie erinnert sich:

> Zu dieser Zeit war Cumann na mBan genauso wie die IRA praktisch ohne Funktion. Sie taten nichts, außer einer Handvoll *United Irishman* an die Leute zu verkaufen, die sie kannten.[212]

---

211 Keenan-Thomson, *Irish Women and Street Politics*, 125.
212 Interview mit Grainne, (ehemaliges) Mitglied von Cumann na mBan aus Belfast, 23. März 2010, Belfast.

Die IRA-Führung versuchte aber zusehends, weibliche Mitglieder durch militärische Arbeit an sich zu binden. Ab Ende der 1960er-Jahre wurden zunächst Frauen inoffiziell als Mitglieder in die IRA aufgenommen.[213]

Im Herbst 1968 wurde schließlich von der Armeeführung beschlossen, Frauen als Vollmitglieder die Aufnahme in die IRA zu gewähren. Frauen wurden zuerst in Dublin, Belfast und Cork in die IRA aufgenommen. Erstmals wurden gemeinsame Trainingslager organisiert, wo Frauen unter männlicher Führung lernten. Hanley und Millar zitieren eine Frau aus Dublin, die sich damals als eines der ersten weiblichen Mitglieder in der IRA verstand, doch zurückblickend musste sie sich eingestehen: »Wir waren bei Weitem nicht volle Mitglieder der IRA.«[214] Grainne aus Belfast machte zu dieser Zeit ähnliche Erfahrungen mit der IRA:

> Noch im Jahr 1969 machten Frauen Tee für die Männer, das war alles. Die Frauen in der IRA taten nichts anderes als für die Männer zu sorgen. Sie spielten keine Rolle.[215]

Grainne war eine der Frauen, die sich Ende der 1960er-Jahre der IRA in Belfast anschlossen. Sie erinnerte sich:

> Bis Ende 1969 hatte ich keine Übung im Umgang mit Waffen gehabt. Bei den Cumann na mBan gab es mehrere Trainingslager, wo auch Waffen verwendet wurden, vier oder fünf pro Jahr. Erst dann begannen auch die Officials damit.[216]

Trotz dieser scharfen Kritik schloss sich Grainne nach der Spaltung 1969 dieser Gruppe an, welche Frauen in die IRA holte und sich nach 1969 Official IRA nannte und nicht nach der traditionellen Frauenorganisation Cumann na mBan.

Es war der IRA-Führung aber nicht genug, nur einzelne Frauen in ihre Ränge aufzunehmen und so nicht nur organisatorisch, sondern auch politisch

---

213   Hanley, *The IRA*, 191.
214   Hanley/Millar, *The Lost Revolution*, 67.
215   Interview mit Grainne.
216   Ibid.

an sich zu binden. In Dublin genoss die IRA-Führung die Unterstützung von Cumann na mBan. Zusätzlich gab es schwankende Teile in Belfast und Cork. Hier wurde versucht anzusetzen. Aoife erinnert sich an ein Treffen, an dem sie teilgenommen hat:

> Ich war bei einem Treffen, das war vor der Spaltung, da wollte die [irisch-republikanische] Armee, dass Cumann na mBan mit ihnen mitkommt und Teil der Armee wird. Ich war eine der Frauen dort, gemeinsam mit Brigid Hannon und Jean Delaney. Wir haben das abgelehnt, aber die meisten anderen Mädchen sind zur Armee gegangen. Nun ja, ein Mädchen, sie ist mittlerweile verstorben, hat die Hand gehoben und gesagt, sie wird mit der Armee gehen, doch sie kam bald wieder zurück zu Cumann na mBan, denn in der Armee durften die Mädchen nicht ihren Mund aufmachen. (…) Ich kann mich schon erinnern, es war in der Saunders Hall. (…) Ich weiß, dass Jim Sullivan[217] bei diesem Treffen war. Es war vor der Spaltung und sie wollten Cumann na mBan brechen.[218]

Auch Ciara kann sich an das Treffen erinnern und meint, es muss Ende 1969 gewesen sein. Aoife war damals noch in den Cailíní und sie erzählt:

> Ich erinnere mich, dass viele Leute mit den Stickies (Official Republican Movement, Anm. DR) gegangen sind und dann später bemerkten sie es und kamen zurück. Es gab damals nämlich keine wirkliche Anleitung, niemand wusste was passiert, was vor sich geht.[219]

Die republikanische Bewegung war in den Monaten vor der Spaltung durch den Fraktionskampf geschwächt und zersplittert. Die einzelnen Regionen agierten oft autonom und so war es möglich, dass die lokale IRA-Führung in bestimmten Gebieten versuchte, republikanische Teilstrukturen wie Cumann na mBan zu beeinflussen. Dies alles geschah zumal ohne Wissen der

---

217 Jim Sullivan, Republikaner aus Lower Falls in Belfast, stellvertretender Oberbefehlshaber der Official IRA Belfast Brigade unter Billy McMillen in den 1970er-Jahren.
218 Interview mit Aoife.
219 Interview mit Ciara.

nationalen Leitungen von Cumann na mBan oder IRA. Abhängig von den Mehrheitsverhältnissen innerhalb der jeweiligen Region wurde versucht, von der einen oder anderen Seite Einfluss zu nehmen.

Parallel mit der Einbindung von Frauen in die IRA, die vor allem den Zweck hatte, Cumann na mBan zu schwächen, wurde versucht, auch deren Jugendorganisation, Cumann na gCailíní, Mitglieder zu entziehen. Im Frühjahr 1968 hatte die IRA-Jugendorganisation, Na Fianna Éireann, ihre Statuten geändert und der Aufnahme von Mädchen zugestimmt. Mädchen wurden zunächst in Fianna-Gruppen in Belfast, Dundalk und Newry aufgenommen. Am 5. Jänner 1969 folgte schließlich ein von der IRA-Führung einberufenes Treffen, um eine neue, von Cumann na mBan unabhängige, Mädchenorganisation zu gründen. Das Experiment der IRA-Führung scheiterte jedoch und viele Ortsgruppen, wie jene in Dundalk und Newry, waren bereits im Sommer 1969 nicht mehr aktiv.[220]

Der Versuch, eine loyale Frauenorganisation als Teil der Mehrheits-IRA zu etablieren, war ein Versuch, Cumann na mBan, die lautesten, energischsten Gegner des neuen politischen Weges, zu schwächen. Dieser Weg scheiterte, da die neue Frauen-IRA weder organisatorisch, noch politisch und militärisch eine Alternative für Frauen bot. In Cumann na mBan hatten Frauen die Möglichkeit, aktiv am Organisationsleben teilzunehmen, wogegen sie in der Frauen-IRA direkt der männlichen Führung unterstellt waren und von dieser diskriminiert wurden.

Erfahrungen mit der Spaltung

Die Debatten innerhalb der Bewegung entwickelten sich vor dem Hintergrund wachsender Gewalttaten in Nordirland ab dem Herbst 1968. Die Bürgerrechtsbewegung wuchs und Republikaner wurden darin aktiv. Im August 1969 kam es zu schweren Zusammenstößen während eines loyalistischen Marsch der Apprentice Boys in Derry. Nationalisten gelang es, die nordirische Polizei am Eindringen in das Viertel Bogside zu hindern. Hanley schreibt, die IRA

---

220 John Watts, »Na Fianna Eireann: A Case Study of a Political Youth Organisation« (PhD, University of Glasgow, 1981), 295-298.

verübte daraufhin mehrere Anschläge in Belfast, um »den Druck von der Bogside zu nehmen« und die Aufmerksamkeit der staatlichen Sicherheitskräfte auf Belfast zu lenken.[221] Demonstrationen wurden organisiert und Polizeistationen mit Brandsätzen beworfen. Ausschreitungen begannen in West- und Nordbelfast und eine wenig bewaffnete und unorganisierte IRA versuchte, mit ungeeigneten Mitteln die Viertel zu verteidigen. Am 14. August kam es zu Schusswechseln zwischen Loyalisten, der Polizei und irischen Republikanern. Nach zwei Tagen wurden britische Truppen in die Gebiete entsandt, da bereits fünf Katholiken und zwei Protestanten gestorben waren. Hunderte Menschen, zumeist Katholiken, waren zudem aus ihren Häusern vertrieben worden.[222]

In der republikanischen Bewegung verschärften sich daraufhin die Diskussionen, wie auf die neue Situation reagiert werden sollte. Republikaner aus Belfast, darunter mehrere, die in den Jahren zuvor die republikanische Bewegung verlassen hatten oder inaktiv wurden, erklärten, die IRA hätte die Nationalisten im Stich gelassen und so die loyalistischen Pogrome und Übergriffe der Polizei erst ermöglicht, da sie auf die Ereignisse nicht vorbereitet waren. Es wurde betont, dass die Stoßrichtung auf parlamentarischer Ebene auf Kosten des bewaffneten Arms der Bewegung ging und die IRA so nicht mehr aktionsfähig war.[223] Zwar schlossen sich nach den Ereignissen in Belfast und Derry mehrere neue Rekruten der IRA an, doch diese wurden rasch vom Fraktionskampf aufgerieben. Auf der einen Seite standen Leute wie der Kommandant Liam McMillen, der weiterhin die Führung um Cathal Goulding unterstützte, auf der anderen Seite war die große Mehrheit der Belfaster IRA um Kritiker wie Billy McKee, Joe Cahill oder John Kelly.[224]

Im Dezember 1969 wurde eine geheime General Army Convention der IRA im Knockvicar House in Boyle, Grafschaft Roscommon, abgehalten. Über zwei Anträge sollte entschieden werden, die von Cathal Goulding, dem Oberbefehlshaber der IRA, eingebracht worden waren. Der Erste sollte die Gründung einer

---

221 Hanley, *The IRA*, 157.
222 Hanley/Millar, *The Lost Revolution*, 157-159; Bishop/Mallie, *The Provisional IRA*, 103-118.
223 Hanley, *The IRA*, 159.
224 Ibid.; Hanley/Millar, *The Lost Revolution*, 108-148.

Nationalen Befreiungsfront zwischen Sinn Féin, der Irischen Kommunistischen Partei und anderen linken Gruppen ermöglichen. Der andere sollte die traditionelle republikanische Politik des Abstentionismus [aus den Statuten] streichen, damit Vertreter von Sinn Féin, sofern sie gewählt werden würden, ihre Sitze im [irischen Parlament] Dáil, Stormont oder Westminster einnehmen können.[225]

Der erste Antrag wurde mit 29 zu 7 Stimmen angenommen, der zweite mit 27 zu 12 Stimmen.[226] Durch das Ergebnis war die Spaltung einzementiert und in den darauffolgenden Monaten zerbrach die IRA in zwei Teile. Der erste, der von Goulding geführt wurde, nannte sich von nun an Official IRA. Auf der anderen Seite war die Provisional IRA mit ihrem neuen Oberbefehlshaber Seán MacStiofáin. Spaltungen in Na Fianna Éireann und Sinn Féin folgten.

Cumann na mBan war an der Spaltung nicht mehr beteiligt, da es bereits ein Jahr zuvor die republikanische Bewegung verlasen hatte. Nach der Gründung der Provisional IRA trafen führende Mitglieder der neuen Gruppe Vertreterinnen der Frauenorganisation. Die Debatten zwischen den Gruppen überzeugten Cumann na mBan, sich loyal an die Seite der Provisionals zu stellen und die neue geschaffene Armeeführung, das Provisional Army Council, als Autorität anzuerkennen. Ab Frühjahr 1970 war Cumann na mBan somit Teil des Provisional Republican Movement. Im Sommer 1970 wurde Máire Drumm, ein Mitglied von Sinn Féin seit den 1940er-Jahren und eine führende Aktivistin von Cumann na mBan, in die provisorische Leitung von Provisional Sinn Féin aufgenommen. Sie nahm aktiv an den Verhandlungen zwischen Provisionals und der britischen Regierung während des Waffenstillstands 1974/75 teil. Ihr Mann und ihr Sohn, Seámus, wurde von den Briten in Long Kesh interniert und ihre Tochter, Máire Óg, war im Frauengefängnis Armagh in Gefangenschaft. Drumm organisierte Frauen in Westbelfast, um die von der britischen Armee verhängten Ausgangssperren zu brechen und wurde selbst verhaftet, da sie während ihrer radikalen Reden die Massen dazu aufrief, »nicht einfach nur IRA zu rufen, sondern

---
225 Coogan, *The IRA*.
226 John Horgan/Max Taylor, »Proceedings of the Irish Republican Army General Army Convention, December 1969,« *Terrorism & Political Violence* 9, no. 4 (1997), 152f.

sich selbst der IRA« anzuschließen. Die intensive politische Arbeit und das Aufziehen von fünf Kindern während der Ehemann interniert war, kosteten ihr ihre Gesundheit. Im Herbst 1976 musste sie in ein Belfaster Krankenhaus eingeliefert werden. Am 28. Oktober wurde sie dort, am Krankenbett liegend, von als Ärzte verkleideten Loyalisten erschossen.

Auf dem ersten Parteitag, Ard-Fheis, von Provisional Sinn Féin im Oktober 1970 wurde Ruairí Ó Brádaigh von den Delegierten zum Präsident bestimmt. Ein Jahr später wurde Máire Drumm neben Dáithí Ó Connaill zur Vizepräsidentin gewählt.[227] Eithne, ein führendes Mitglied von Cumann na mBan aus Belfast, erinnert sich an die Kontakte von Cumann na mBan mit den Provisonals:

> Kommunismus kroch damals in die republikanische Bewegung hinein und sie (die Aktivistinnen von Cumann na mBan, Anm. DR) lehnten das vehement ab. Sie war die einzige Organisation, die loyal zur gesamtirischen Republik blieb. Cumann na mBan entzog daher selbst zu dieser Zeit der Bewegung ihre Loyalität. (…) Doch als die Spaltung vollzogen wurde, kam dann die [Provisional] Armee zu Cumann na mBan und fragte, ob sie zurückkommen würden.[228]

Cumann na mBan waren die Ersten, die offene Konfrontation mit der marxistischen Fraktion suchten. Damit legten sie den Keim für die spätere Spaltung und so können diese Frauen als »die ersten Provisionals« bezeichnet werden, eine Interpretation, der auch Eithne zustimmt:

> Oh, ich würde dem zu 100 Prozent zustimmen, denn sie waren die ersten, die fest bei den Prinzipien stehen blieben. Während ihrer gesamten Geschichte war es immer Cumann na mBan, die sie (die republikanische Bewegung, Anm. DR) auf der [richtigen] Bahn hielten.[229]

Während Aktivistinnen, die damals führende Positionen innehatten, die Debatten mit den Provisionals herausstreichen und dadurch mitunter

---

227 White, *Provisional Irish Republicans*, 133f.
228 Interview mit Eithne.
229 Ibid.

auch die Relevanz von Cumann na mBan und ihre eigene Bedeutung nachträglich zu überhöhen versuchen, hat Ciara eine gänzlich andere Erinnerung an die Zeit nach der Spaltung: »Wir waren zu dieser Zeit nur 16 und wir waren die Jugendorganisation, uns wurde nicht wirklich viel erklärt, was da vor sich ging.«[230] Während Ciara kritisiert, dass sie nicht von den Vorgängen unterrichtet wurde, versucht sie aber dennoch die Akteure der Spaltung und der Verhandlungen zwischen nationaler Leitung und den Provisionals zu rechtfertigen indem sie betont, dass sie einerseits Jugendaktivistin war und andererseits die Jugendorganisation in ihrer Region klein und somit für die Bewegung nicht von zentraler Bedeutung war. Sie impliziert damit, dass die einfachen Mitglieder von Cumann na mBan über die Vorgänge Bescheid wussten. Die Größe der Organisation dürfte in diesem Fall aber keine Rolle gespielt haben, waren doch 16 Mitglieder von Cailíní in Belfast eine akzeptable Größe, die die Aktivistenzahlen von anderen Gegenden weit überschritt. Ciara war ein einfaches Mitglied der Organisation, anders als etwa Eithne, Ailis oder Síle, die alle führende Positionen in Cumann na mBan innehatten, dadurch unterscheidet sich ihre Erinnerung von jener der anderen Frauen.

In den ersten Monaten der Spaltung war die Kommunikation in der gesamten republikanischen Bewegung zusammengebrochen und für die einfachen Mitglieder waren die genauen Positionen der beiden Fraktionen nicht erkennbar, noch war es oft klar, wer überhaupt auf welcher Seite stand. Sibéal kam damals aus Kilkenny nach Dublin, um in der republikanischen Bewegung aktiv zu werden. Sie hatte jedoch Schwierigkeiten zu dieser Zeit überhaupt der Bewegung beizutreten. Zunächst versuchte sie 1969 Mitglied zu werden, was ihr aber nicht möglich war, also versuchte sie es 1970 abermals:

> Ich hatte das erste Mal 1969 versucht Sinn Féin beizutreten, aber da war gerade die Spaltung und niemand hat mich kontaktiert. Also schrieb ich an Ruairí Ó Brádaigh[231] einen Brief, weil er einen Artikel in der Zeitung hatte, das war Anfang 1970. Ich schrieb ihm also über die Zeitung *Irish*

---
230 Interview mit Ciara.
231 Präsident von Provisional Sinn Féin von 1969 bis 1983.

Press und sein Bruder Seán[232] hat mich dann kontaktiert. (...) Das war dann glaube ich im März und Cumann na mBan trat ich dann im Juli oder August bei.[233]

Aoife erzählt über die Konfusion der Aktivistinnen in den ersten Monaten des Jahres 1970:

> Wir wussten nicht wohin wir gehen sollten. Es war in den ersten paar Monaten sehr hart. Die eine Seite wollte mehr in die Richtung Politik gehen und die andere wollte militanter sein. Das war vor allem so in Gegenden wie Nordbelfast, denn Nordbelfast war den Übergriffen durch Orange Men[234] und der RUC[235] völlig ausgeliefert. Es gab nichts, das uns in diesem Gebiet schützen konnte. Ich glaube, das war schließlich der Hauptgrund wieso Cumann na mBan mit der Provisionals-Bewegung ging. Das Official Republican Movement war nicht wirklich interessiert [an militärischer Verteidigung der nationalistischen Wohngebiete].[236]

Dennoch gesteht sie ein:

> Cumann na gCailíní war eine so kleine Organisation. Da waren vielleicht 15 oder 16 in ganz Belfast im Alter von zwölf bis 16 Jahren dabei. Und weil wir eine so kleine Organisation waren, kümmerte sich niemand um uns.[237]

Genauso wie Ciara bemängelt Aoife, dass die Mitglieder der Jugendorganisation nicht über den Gang der Organisation informiert wurden und ebenso wie Ciara schiebt sie die Schuld dafür der geringen Größe ihrer Gruppe zu. Doch Grainne beschreibt die Situation in Belfast anders:

---

232 Seán Ó Brádaigh, Mitglied des Ard Chomhairle von Provisional Sinn Féin, in den 1970er-Jahren Chefredakteur der Wochenzeitung *An Phoblacht* und heute Mitglied von Republican Sinn Féin.
233 Interview mit Sibéal, (ehemaliges) Mitglied von Cumann na mBan in Dublin, 7. Dezember 2009.
234 Mitglieder des sektiererischen, protestantischen Geheimbundes Orange Order.
235 Royal Ulster Constabulary, die britische Polizei in Nordirland.
236 Interview mit Aoife.
237 Ibid.

> Cumann na mBan spaltete sich und die Hälfte ging zur [Official] IRA. Auch ich ging zur Armee, einfach aus dem Grund, weil alle meine Freundinnen auch dort waren.[238]

Ciara und Aoife waren in Cumann na gCailíní, die sich später der Provisionals-Bewegung anschloss. Diskussionen über diesen Schritt gab es keine innerhalb der Cailíní und so vermuten die beiden, Cailíní hätte einfach getan, was Cumann na mBan tat. In Wahrheit gab es eine Spaltung in der Belfaster Frauenorganisation und jene Frauen, die die Provisionals unterstützten, waren zugleich jene, die für die Arbeit der Cailíní zuständig waren. Dies war schlussendlich der Grund, wieso Cailíní in Belfast Teil der Provisionals und nicht der Officials wurde.

---

238 Interview mit Grainne.

4. Krieg, Internierungen und Wachstum

In den 1960er-Jahren hatte sich eine breite, nicht-sektiererische Bürgerrechtsbewegung in Nordirland gegründet, deren Mitglieder aus unterschiedlichen sozialen Schichten und Konfessionen kamen. Sie orientierte sich an der US-Bürgerrechtsbewegung und nannte sich Northern Irish Civil Rights Association (NICRA). Ihre Forderungen ließen sich mit ihrem Spruch »Britische Rechte für britische Bürger« umschreiben. Das bedeutet, dass sie dafür eintrat, dass die diskriminierte katholische Minderheit dieselben politischen und sozialen Rechte erhalten sollte, die die protestantische Mehrheit besaß. Am 5. Oktober 1968 wurde ein friedlicher Bürgerrechtsmarsch in Derry von der nordirischen Polizei Royal Ulster Constabulary (RUC) brutal niedergeschlagen. Im Jänner 1969 wurde ein ähnlicher Marsch bei Burntollet von radikalen Unionisten angegriffen. Gleichzeitig beging die paramilitärische Organisation Ulster Volunteer Force Morde an Katholiken. Die pro-britischen Gewalttätigkeiten kulminierten in einem brutalen Angriff auf die katholischen Arbeiterviertel in Derry, der Bogside, vom 12. bis 14. August 1969. Am 13. August wurden nationalistische Gebiete nahe der Falls Road in Belfast von Unionisten angegriffen und die Wohnhäuser in Brand gesteckt. 500 Häuser wurden angezündet, 1500 Menschen vertrieben und neun Personen ermordet. Die britische Regierung entsandte infolgedessen Truppen nach Nordirland, die anfangs von großen Teilen der irisch-nationalistischen Bevölkerung begrüßt wurden. Doch bald wurde klar, dass die britische Armee nicht als neutrale Schiedsrichterin gekommen war, sondern um das unionistische Einparteiensystem am Leben zu halten.

Das Verhältnis zwischen Republikanern und der britischen Armee war am Beginn des Jahres 1970 zwar angespannt, aber noch wenig von gewalttätigen Zusammenstößen geprägt. Doch mit den Monaten kam es immer wieder zu kleineren, zunehmend gewalttätigeren Unruhen. Eine Parade des unionistischen Oranier-Ordens am 27. Juni 1970 führte zu großen Ausschreitungen. Im Zuge dessen feuerte die Provisional IRA Schüsse auf die loyalistische Menge ab. Drei Männer wurden dabei getötet. Am späten Abend desselben Tages griff ein loyalistischer Mob die kleine katholische Enklave in Ostbelfast, Short Strand, an. Es kam zu einem heftigen Feuergefecht zwischen einer kleinen

Gruppe von Republikanern und den Loyalisten nahe der katholischen Kirche St. Matthews. Drei Protestanten wurden durch Schüsse der Provisional IRA getötet, ebenso starb ein Katholik an einer Schussverletzung. Der bekannte Belfaster Republikaner Billy McKee wurde bei dem Feuergefecht zudem schwer verletzt.[239] Die Verteidigung von Short Strand steigerte das Ansehen der Provisional IRA unter der katholischen Bevölkerung enorm. Die Provisionals wurden als Verteidiger der katholischen Ghettos gegen loyalistische Paramilitärs betrachtet.

Eine Woche später begann die britische Armee, Häuser in Lower Falls, einem irisch-nationalistischen Wohnviertel in Westbelfast, zu durchsuchen. Das Gebiet nahe dem Stadtzentrum galt als eine Hochburg der Official IRA. Die britische Armee hatte Hinweise erhalten, dass dort Waffen und Munition gelagert werden. Als Reaktion darauf brachen Ausschreitungen aus und die Official IRA wurde in ein Feuergefecht mit britischen Soldaten verwickelt. Als eine Ausgangssperre angedroht wurde, resultierte dies nur in noch größeren Gewaltausbrüchen. In den bewaffneten Auseinandersetzungen starben drei Zivilisten, ein Pressefotograf und 18 britische Soldaten wurden verletzt.[240] Infolgedessen wurde auf Anordnung der Regierung in Westminster von 3. bis 5. Juli 1970 eine Ausgangssperre über das Viertel verhängt. Das Ereignis wurde als »Falls Road Curfew« bekannt. Während der Ausgangssperre wurden von der britischen Armee alle Häuser systematisch durchsucht. Niemanden war es gestattet, das Gebiet zu betreten oder zu verlassen.[241] Am Abend des 4. Juli begannen Frauen sich zu organisieren, um die Bewohner der Lower Falls zu unterstützen und ihren Protest gegen die ihrer Meinung nach unnötigen repressiven Maßnahmen der britischen Armee zum Ausdruck zu bringen. Am nächsten Tag marschierten 3000 Frauen zur Mittagszeit aus Protest gegen die Ausgangssperre. Ein zweiter Protestmarsch wurde am Abend durchgeführt, an dem sich abermals rund eintausend Frauen beteiligten.[242] Der friedliche Protest durchbrach die britischen Absperrungen und die Frauen brachten den Bewohnern Milch, Brot und andere Lebensmittel. Damit war der Ausgangssperre ein Ende gesetzt worden. Der *Observer Reporter* aus Pennsylvania titelte

---
239 Hanley, *The IRA*, 164; Hanley/Millar, *The Lost Revolution*, 156.
240 Hanley, *The IRA*, 164-166; Hanley/Millar, *The Lost Revolution*, 156-159; Bishop/Mallie, *The Provisional IRA*, 139-164.
241 Moloney, *A Secret History*, 91.
242 Keenan-Thomson, *Irish Women and Street Politics*, 219.

am 6. Juli 1970: »3000 Frauen verdrängen Militärblockaden, um von Unruhe geplagtem Belfast zu helfen.« Die Märsche waren von Dolly Monaghan, einer 61-jährigen Witwe, und Máire Drumm organisiert worden. Wie schon erwähnt, war Drumm zu dieser Zeit ein führendes Mitglied von Cumann na mBan. Die Solidaritätszüge begannen immer bei der St. Paul's Kirche in der Cavendish Street und führten über die Leeson Street nach Lower Falls. Lily Fitzsimons, Mitglied von Cumann na mBan in Belfast, nahm an den Protesten teil, sie erinnerte sich später in ihren Memoiren:

> Es war einer der größten Momente der Solidarität, an die ich mich erinnern kann. (...) Die Soldaten wussten nicht, was da mit ihnen geschah, die waren im wahrsten Sinne des Wortes überwältigt von einem Meer überzeugter Frauen.[243]

Die Frauen zogen durch die britischen Linien und sangen Bürgerrechtslieder wie »We shall overcome« und republikanische Protestlieder, dazu schwenkten sie irische Fahnen. Sie führten so viel Milch und Brot bei sich, wie in den Kinderwägen Platz fanden und brachten es zu einem Verteilerzentrum in der Raglan Street. Keenan-Thomson zitiert eine Teilnehmerin, welche behauptet, dass der humanitäre Effekt nur zweitrangig gewesen war und es vielmehr darum ging, die Ausgangssperre zu brechen, denn »die Milch und das Brot zu bringen war eine Notwendigkeit, aber die Hauptmotivation war, die Ausgangssperre zu durchbrechen.«[244] Viele Frauen aus Belfast erinnern sich in den Interviews an dieses Ereignis. Beeindruckt von den Ereignissen schlossen sich mehrere Gesprächspartnerinnen, die damals noch junge Mädchen waren, der republikanischen Bewegung an. Aktivistinnen von Cumann na mBan, wie die spätere Vize-Präsidentin von Republican Sinn Féin, Geraldine Taylor, hatten an den Protesten teilgenommen. Taylor erzählt: »Es war ein großer Tag der Solidarität. (...) Es waren die Frauen, die die Ausgangssperre brachen.«[245]

In den folgenden Jahren waren Aktivistinnen der Frauenorganisation immer wieder aktiv in republikanischen Protestkomitees. Als am 15. Mai

---

243 Fitzsimons, *Liberty Is Strength*.
244 Keenan-Thomson, *Irish Women and Street Politics*, 219.
245 Quoirin, *Töchter des Terrors*, 83.

1972 fünf IRA-Gefangene in den Hungerstreik traten, um »als Soldaten das Recht zu erlangen, wie Kriegsgefangene behandelt zu werden«, wie es in einer Stellungnahme hieß, gründete sich das Clonard Women's Action Committee.[246] Das Komitee diente der Unterstützung der Gefangenen. Ende Mai 1972 organisierte es einen Marsch vom Haus des Oberbefehlshabers der Provisional IRA in Belfast, Billy McKee, nach Beechmount. McKee war einer der fünf Gefangenen im Hungerstreik. 800 Frauen nahmen in Militärjacken und schwarzer Kopfbedeckung an der Demonstration teil. Beides wurden später Merkmale der Paradeuniform von Cumann na mBan.[247] Auch mehrere Interviewpartnerinnen waren immer wieder aktiv in derartigen Ad-hoc-Komitees, so auch während der Hungerstreiks 1980/81. Síbéal aus Dublin war als Vertreterin des Sinn Féin Ard Chomhairle Teil des Komitees in Belfast, Síle war in einem Komitee in Limerick aktiv.

Zur Jahreswende 1972/73 wurde mit Liz McKee die erste Frau interniert. Sie war ein Mitglied von Cumann na mBan in Belfast. Am 7. Jänner 1973 organisierte Máire Drumm neuerdings einen Marsch gegen die Internierungspolitik, diesmal in Andersonstown. In ihrer Rede erklärte Drumm:

> Ich bin davon überzeugt, dass für jede Frau die sie internieren werden, 50 andere ihren Platz einnehmen im Kampf um Gerechtigkeit. Die Briten können nicht die Frauen besiegen – das werden sie niemals schaffen.[248]

Im Juli 1971 war bereits Susan Loughran zu mehrjähriger Haft verurteilt worden, da ihr vorgeworfen wurde, eine Bombe nahes des Robb's Department Store in Belfast gelegt zu haben. Loughran war das erste Mitglied von Cumann na mBan, das während des Nordirlandkonflikts verhaftet wurde und gemeinsam mit dem IRA-Mitglied Margaret O'Connor, die zu neun Jahren verurteilt wurde, auch die Erste, die im Frauengefängnis Armagh untergebracht wurde.

Internierungen, also Inhaftierungen ohne einen öffentlichen Prozess, wurden im Sommer 1971 in Nordirland eingeführt. Am 9. August wurden fast

---

246 F Stuart Ross, *Smashing H-Block: The Rise and Fall of the Popular Campaign against Criminalization, 1976–1982* (Liverpool: Liverpool University Press, 2011), 9.
247 Ibid.
248 Quoirin, *Töchter des Terrors*, 84.

300 Männer bei Razzien zu Tagesanbruch in Haft genommen und unter dem sogenannten Sonderermächtigungsgesetz interniert. Insgesamt wurden im Laufe der folgenden Monate und Jahre weit über 2000 katholische Männer, weniger als 200 Loyalisten und rund 30 republikanische Frauen interniert, darunter mehrere Aktivistinnen von Cumann na mBan, wie die damalige Präsidentin Jean Delaney, aber auch Geraldine Taylor.

Am 30. Jänner 1972 kam es in Derry zum Bloody Sunday. Bei einer friedlichen Bürgerrechtsdemonstration wurden 26 unbewaffnete Zivilisten von der britischen Armee angeschossen. 13 starben sofort, ein weiteres Opfer erlag daraufhin seinen Verletzungen. Der Falls Road Curfew, die Einführung der Internierungen und schließlich der Bloody Sunday führten zu einem großen Rekrutierungsschwung für die republikanische Bewegung. Viele junge Frauen und Männer, die die Ereignisse des Tages miterlebt hatten, schlossen sich infolge der IRA an. John Kelly, der seinen Bruder Michael bei der Demonstration am 30. Jänner 1972 in Derry verloren hat, erinnerte sich später in einem Interview mit dem britischen *Guardian*: »Am Abend gab es Schlangen von Leuten, die sich alle anstellten, um der IRA beizutreten.«[249] Auch für Maebh war der Bloody Sunday eine der ersten politischen Erfahrungen. Sie war damals neun Jahre alt und war in Derry aufgewachsen. Später schloss sie sich Cumann na gCailíní an, wechselte aber »noch vor den Hungerstreiks in die IRA«. Nach 1969 blieb sie bei Provisional Sinn Féin und wurde als Kandidatin in ihrem Wahlkreis zur Abgeordneten gewählt. Sie erinnert sich an die Situation in der Stadt nach dem Bloody Sunday:

> Nach dem Bloody Sunday gab es kein Entkommen mehr. Du musstest für dich die Entscheidung treffen, ob du dir eingestehst, was da vor sich geht und deinen Teil dazu beiträgst, oder ob du versuchst, unter diesen Schwierigkeiten weiterzuleben.[250]

Maebh wurde daher bereits in jungen Jahren Mitglied von Cumann na gCailíní. Neun Jahre später hätte sie Mitglied in der Frauenorganisation werden können. Sie bemerkt jedoch, dass zu dieser Zeit das Übertrittsalter

---

249 *The Guardian*, 15. Juni 2010; Übersetzung DR.
250 Interview mit Maebh, ehemaliges Mitglied von Cumann na mBan in Derry, 20. Jänner 2010, Belfast.

von sechs auf 18 Jahre hinaufgesetzt wurde. Aus diesem Grund schloss sie sich stattdessen der IRA an. Ob die Hinaufsetzung des Alters eine lokale Entscheidung ihrer Einheit in Derry war oder nicht, konnte von Maebh nicht beantwortet werden. Andere Frauen haben eine derartige Hinaufsetzung des Alters zum Eintritt in Cumann na mBan nicht erwähnt. Sibéal war damals General Adjutant von Cumann na mBan. Sie stammt eigentlich aus Dublin, war aber »hauptsächlich in Derry und Strabane aktiv. Ich organisierte dort Cumann na mBan, auch an der Grenze in South Armagh, Armagh City, zu einer Zeit auch in Portadown, das war sehr gefährlich, weil es ein sehr sektiererischer Ort ist, und auch in Dundalk.«[251] Sie betont, dass es »damals sehr einfach war, Frauen zu rekrutieren und zu organisieren, denn die Leute wollten aktiv werden«. Ähnliches berichtet Ciara:

> Nach '69 gab es einen Aufschwung in der Mitgliedschaft. Da waren hunderte von Mädchen, die sich Cumann na mBan anschlossen. Die wären sonst nie in die republikanische Bewegung gegangen, die kamen nur aufgrund all der Sachen, die sie nach '69 auf den Straßen Nordirlands erlebten.[252]

Durch die Internierungen der Männer wurden Frauen dazu gedrängt, das gesellschaftliche und familiäre Leben, aber auch den militärischen Kampf weiterzuführen. In einer Reportage über republikanische Aktivistinnen schrieb das Magazin *Life* am 3. Dezember 1971: »Während Erschießungen und Internierungen die Zahl der männlichen IRA-Terroristen reduzieren, treten die weiblichen ›Provos‹[253] in Aktion.« Sibéal erklärt:

> Da kam es plötzlich zur Situation, dass einfache Frauen einen internierten Mann hatten. Wir sprechen von den 1970er-Jahren, als die meisten Frauen noch zu Hause waren, dieser soziale Hintergrund darf auch nicht vergessen werden. (…) Frauen hatten damals keine Karrieren, manche hatten vielleicht einen Beruf, etwa als Verkäuferinnen, um auch ein bisschen Geld nach Hause zu bringen. (…) Und dann begann

---

251 Interview mit Sibéal.
252 Interview mit Ciara.
253 Bezeichnung für Mitglieder des Provisional Republican Movement.

die Geschichte mit den Internierungen. Frauen mussten plötzlich alles machen und sie kamen damit sehr gut zurecht. Das war also die Situation der kommenden Jahre, als die Männer interniert waren.[254]

Neala betont jedoch, dass sich dadurch an der Arbeit der Organisation nichts qualitativ geändert hätte. Sie selbst stammt aus Dundalk, war aber hauptsächlich in Belfast aktiv und wurde 1969 Mitglied, davor was sie in Cumann na gCailíní aktiv. Sie erzählt, dass »1973 bis Ende 1974 es hauptsächlich die Frauen waren, die den Krieg weiterführten, als alle Männer interniert waren.«[255] Dennoch relativiert sie die oft gestellte Behauptung, Frauen seien dadurch erst militärisch aktiv geworden:

> Durch die Internierungen hat sich nicht wirklich etwas an der Arbeit geändert, denn all die Dinge wurden bereits davor, in den 1960er-Jahren gemacht – und man machte einfach weiter.[256]

Louise und Saoirse waren zu dieser Zeit in Belfast aktiv. Sie waren 1970 bzw. 1971 in Cumann na mBan eingetreten, obwohl Louise damals zum Zeitpunkt ihres Eintritts eigentlich erst 15 Jahre alt war:

> Ich trat wegen der Repression durch die britische Armee bei. Aktiv war ich in Belfast, in Westbelfast. Ich kam direkt zu Cumann na mBan, obwohl ich damals zu jung war, aber dennoch wurde mir erlaubt, Cumann na mBan beizutreten.[257]

Saoirse erzählt, wie die beiden damals Mitglieder wurden: »Wir haben jemanden kontaktiert den wir kannten, um Mitglied zu werden.«[258]

In den 1970er-Jahren wurde Cumann na mBans alte Rekrutierungspraxis aus den 1960er-Jahren, nur eigens ausgesuchte Mädchen aus re-

---

254 Interview mit Síbeal.
255 Interview mit Neala, (ehemaliges) Mitglied von Cumann na mBan in Belfast und Dundalk, 25. March 2010.
256 Ibid.
257 Interview mit Louise, (ehemaliges) Mitglied von Cumann na mBan in Belfast, 1. April 2010, Belfast.
258 Interview mit Saoirse, (ehemaliges) Mitglied von Cumann na mBan in Belfast, 1. April 2010, Belfast.

publikanischen Familien aufzunehmen, nicht mehr verfolgt. Zu groß war der Bedarf an neuen Rekrutinnen während des entflammenden Konflikts. Louise schildert, dass während der Internierungen ihre militärische Einheit, auch Zelle genannt, in Lower Falls aus drei Frauen von Cumann na mBan sowie zwei Männern bestand: »Das ging ein ganzes Jahr so. Ohne Frauen ging damals nichts.«[259] Ciara war damals Mitglied von Cumann na mBan in Ardoyne, Nordbelfast. Dort wurde die Provisional IRA nach der Spaltung 1969 von Martin Meehan wiederaufgebaut. Dabei wurde ihm von einer aktiven, gut organisierten Gruppe von Cumann na mBan, die von Mary McGuigan geführt wurde, geholfen. McGuigan war Vorsitzende des lokalen Provisional Sinn Féin Cumann. Nordbelfast war die 1970er-Jahre hindurch jenes Gebiet, in dem Cumann na mBan den größten Einfluss auf den bewaffneten Kampf ausübte. Ciara erinnert sich, dass Anfang der 1970er-Jahre die gesamte Einheit der Provisional IRA in Ardoyne verhaftet wurde. Cumann na mBan führte daraufhin über mehrere Monate den bewaffneten Kampf alleine weiter. Dieser Bericht wird von Aoife, die damals selbst in Ardoyne aktiv war, und Eithne, die eine Position in der Führung von Cumann na mBan in Belfast innehatte, bestätigt.

Ailis, die bereits seit Ende der 1940er-Jahre im Süden in der Gegend um Dublin aktiv war, erklärt wie auch Neala, dass sich für sie durch die Internierungen an der Arbeitsweise nicht viel geändert hat. Die Aktivistinnen taten weiter, was sie davor auch taten, jedoch öfters und intensiver. An ihren Beispielen zeigt sich, wie unterschiedliche die Arbeitsweisen der Frauen im Norden und Süden waren. Während im Norden die Frauen den bewaffneten Kampf logistisch unterstützten oder direkt daran teilnahmen, konzentrierte sich die Arbeit im Süden auf politische, legale Tätigkeiten, wie Ailis berichtet:

> Zuallererst bedeutete es (die Internierungen, Anm. DR) einen Großen Anstieg an Besuchen. Cumann na mBan ging immer zu den Gefangenen. (…) Cumann na mBan hat sich auch immer um die finanzielle und logistische Unterstützung der Inhaftierten gekümmert. Es bedeutet also vor allem zusätzliche Arbeit, zusätzliche Arbeit für die Frauen, denn die Männer waren interniert, daher mussten die Frauen ihre Arbeiten

---

259   Interview mit Louise.

erledigen. Sie mussten dort den Platz einnehmen, wo Männer fehlten. (…) Doch Frauen zeigten dadurch auch, dass sie all das machen konnten, was Männer vor ihrer Verhaftung taten.[260]

Auf die Frage, ob die Internierungen einen Einfluss auf die Rolle von Frauen in der republikanischen Bewegung ausgeübt hatten, betont Maebh:

> Ohne Zweifel, aber ich denke es waren nicht nur die Internierungen, sondern viele Dinge insgesamt. (…) Ich glaube, es hatte vielmehr Einfluss darauf, dass die Männer bemerkten, dass sie viel mehr von Frauen abhängig sind, als sie gedacht haben. Dazu trug auch der Bloody Sunday bei. Und Frauen machten klar, dass sie ein Recht darauf haben, am Kampf teilzunehmen.[261]

Hale und McAuliffe schreiben in ihrem Beitrag über Frauen im Gefängnis Armagh, dass es die Ausgangssperre und die Internierungen waren, die den Beginn des Aktivismus von Frauen einleiteten:

> Es war zum Zeitpunkt dieses politisch unruhigen Klimas, als Frauen in katholischen Vierteln zentrale Akteurinnen und Aktivistinnen, volle Kämpferinnen und politisch Handelnde des Konflikts in Nordirland wurden.[262]

Die Frage, ob sich mehr als nur das äußerliche Bild geändert habe, ist unter den Aktivistinnen der Frauenorganisation selbst jedoch umstritten. Ciara aus Ardoyne antwortet auf die Frage, ob die Ausgangssperre und die Internierungen einen Einfluss auf die Rolle von Cumann na mBan in der republikanischen Bewegung ausübten, sofort mit einem klaren »Nein« und ergänzt:

> Ich glaube, Cumann na mBan hat sich bereits davor bewiesen. Ich glaube nicht, dass es einen Einfluss darauf ausübte, was Cumann na mBan machte, denn Cumann na mBan tat weiterhin dasselbe, was es bereits seit

---
260   Interview mit Ailis.
261   Interview mit Maebh.
262   McAuliffe/Hale, »Blood on the Walls«, 172.

der Spaltung 1969 getan hatte. Vielleicht hat es die Organisation stärker gemacht. Es sind mehr Leute eingetreten, aber auf mich hatte es keine Auswirkungen, was da mit Cumann na mBan geschah. Du machtest einfach das weiter, wofür du ausgebildet worden bist. Ich glaube also nicht, dass die Internierungen irgendeinen Unterschied für Cumann na mBan machten, außer natürlich hinsichtlich ihres Wachstums. Die Organisation wurde sicherlich größer.[263]

Ähnliches betont auch Eithne:

Am Höhepunkt der Internierungen [haben wir den] Platz [der Männer] eingenommen, auch viele Positionen in der Armee. [Dennoch waren] sie (die Mitglieder von Cumann na mBan, Anm. DR) auch vor den Internierungen sehr aktiv.[264]

Die Mitgliederzahlen weder können vor noch nach diesen Ereignissen rekonstruiert werden. Als Vergleich sind nur die Aussagen zweier Interviewpartnerinnen zu nennen, die von 15 bis 16 Mitgliedern von Cumann na gCailíní und etwa derselben Anzahl an Aktivistinnen der Frauenorganisation zur Zeit der Spaltung 1969/70 in Belfast berichten. Gerry Bradley, ehemaliges Mitglied der Provisional IRA in Belfast, berichtet von der Mitgliederstärke der republikanischen Bewegung im kleinen Gebiet Unity Flats in Nordbelfast. In den Erinnerungen an seine Zeit in der IRA schreibt er, 1971 seien von »zumindest 50 Mitgliedern von Fianna und Cumann na gCailíní in Unity Flats, die eine Hälfte Jungen und die anderen Mädchen in meinem Alter«[265] gewesen. Für 1972 gibt er folgende Zahlen an:

30 ausgebildete IRA-Mitglieder, Männer und Frauen, in der G Company, unterstützt von rund 50 Auxiliaries[266] und 40 bis 50 Fianna und Cailíní im Alter von 14 bis 16.[267]

---

263 Interview mit Ciara.
264 Interview mit Eithne.
265 Gerry Bradley/Brian Feeney, *Insider: Gerry Bradley's Life in the IRA* (Dublin: O'Brien Press, 2011), 42.
266 Personen, die als Reserve und Unterstützer der IRA dienten und unter anderem logistisch halfen, aber selbst nicht direkt in das Kampfgeschehen eingriffen.
267 Bradley/Feeney, *Insider*, 49.

Einige Seiten später erwähnt er dann »zusammen mit Fianna und Cailíní rund 100 aus Unity [Flats] und einige aus New Lodge« für die Zeit 1972/73. Wenn nun beachtet wird, welche relativ kleinen Gebiete Unity Flats und New Lodge sind, wird ein enormes Mitgliederwachstum in Belfast in wenigen Jahren sichtbar. Auch Sibéal aus Dublin beschreibt einen ähnlichen Mitgliederaufschwung in der Republik Irland:

> Als die Frauen während der Internierungen alles übernehmen mussten, also nicht nur die einfachen Frauen, die die Deckel der Abfalleimer geschlagen haben[268], sondern auch alle anderen Dinge, da gab es einen starken Zulauf an Mitgliedschaften. Nun, das war so in allen Bereichen der republikanischen Bewegung. Ich erinnere mich, aus der Sicht von Sinn Féin, da waren mehr als 40 Leute, die dem Cumann beitraten, bei dem ich auch Mitglied war. Das war nach den Internierungen und wahrscheinlich traten nach dem Bloody Sunday sogar noch mehr Leute bei. Aber schau, diese Eintritte, also die Leute bleiben nicht lange. Aber es gibt bei solchen Beitrittswellen immer einen Nukleus, der bleibt und die anderen, [die wieder gehen,] bleiben auch als Unterstützer erhalten.[269]

Cumann na mBan war in den ersten Jahren nach Ausbruch des Nordirlandkonflikts beträchtlich gewachsen. Diese neue Mitgliederstärke und der Kriegsausbruch veränderten die Arbeit der Frauenorganisation vor allem in Nordirland.

Tätigkeiten in den 1970er-Jahren

Cumann na mBan war stetig am Wachsen und es dauerte nicht lange, bis einige ihrer Mitglieder verhaftet wurden oder dem Krieg zum Opfer fielen. Ciara erzählt:

---

268 In den katholischen Vierteln war das laute Schlagen mit Deckeln von Abfalleimern das weit verbreitete Warnzeichen vor britische Patrouillen, die in die Viertel eindrangen.
269 Interview mit Sibéal.

> Es war alles so unschuldig vor '69, (…) und dann nach '69 – du hast darüber am besten gleich gar nicht nachgedacht, weil wenn du nachgedacht hättest, hättest du das alles gar nicht gemacht.[270]

Ähnliche Erinnerungen über die arbeitsintensive Zeit im Untergrund in den 1970er-Jahren hat auch Eithne:

> Du warst 24 Stunden am Tag, sieben Tage [die Woche] unterwegs. Du hattest keine Zeit für irgendetwas, nicht einmal, um über die Dinge nachzudenken.[271]

Aoife, die damals noch bei ihren Eltern lebte, erzählt:

> Schau, manchmal konnte es passieren, dass du beim Gehen dich einfach umgedreht hast, du hast gewunken und [zu deinen Eltern] gesagt: »Bis später!« Und dann kamst du für drei oder vier Tage nicht mehr nach Hause.[272]

Am 23. Oktober 1971 wurden zwei unbewaffnete Aktivistinnen von Cumann na mBan in Westbelfast erschossen. Sie waren die ersten beiden Mitglieder, die nach 1969 im aktiven Dienst starben. Maura Meehan, 30, und ihre Schwester Dorothy Maguire, 19, fuhren in einem Wagen in Lower Falls, als von britischen Soldaten auf das Fahrzeug Schüsse abgegeben wurden. Meehan und Maguire wurden erschossen, die anderen beiden Personen im Wagen überlebten schwer verletzt. Bis 1976 verstarben noch acht weitere Mitglieder der Frauenorganisation aus Belfast. Anne Parker, Vivianne Fitzsimmons, Pauline Kane und Anne-Marie Petticrew wurden alle in den Jahren 1972 und 1973 durch zu früh explodierte Bomben getötet, die sie transportiert hatten. Am 9. Februar 1975 starb Bridie Dolan. Am 1. Dezember 1975 explodierte eine Bombe abermals zu früh und riss die 25-jährige Laura Crawford in den Tod. Nur wenige Wochen später starb Rosemary Bleakley – ebenfalls durch eine zu früh gezündete Bombe. Am 28. Oktober wurde schließlich

---

270 Interview mit Ciara.
271 Interview mit Eithne.
272 Interview mit Aoife.

die Vizepräsidentin von Sinn Féin, Máire Drumm, am Krankenbett von loyalistischen Paramilitärs erschossen. An der überproportionalen Anzahl der durch verfrühte Explosionen gestorbenen Aktivistinnen wird ersichtlich, dass eine der Haupttätigkeiten von republikanischen Frauen der Transport von Waffen und Sprengstoff war. Das hatte den Grund, dass Frauen diese Dinge weitgehend unbemerkt von der irischen Polizei und britischen Soldaten von einem Punkt zum anderen bringen konnten. Ailis aus der Region um Dublin erklärt:

> Frauen sind hilfreich in gewissen Belangen und Männer machen zur selben Zeit andere Dinge. Zum Beispiel, wenn ein Salut über einem [republikanischen] Grab abgegeben wird, dann ist es doch offensichtlich, dass die Männer da nicht einfach auf den Friedhof hingehen können mit ihren Waffen in den Händen. Dafür würden sie 20 Jahre in Portlaoise[273] landen. Das ist dann der Punkt, wo die Frauen ins Spiel kommen. So. Und über alles Weitere kannst du jetzt schreiben, was du dir denkst.[274] (…) Eine Frau kann [die Waffen] transportieren und der Mann hat auf diese Weise die Möglichkeit, problemlos zum Treffpunkt zu kommen. Er wird in der Zwischenzeit vielleicht zwei oder drei Mal gestoppt, wenn er dorthin geht. Aber er hat ja nichts bei sich, er kann sich frei bewegen und wenn er schlussendlich dort ist, wartet alles auf ihn. (…)
> So hat das funktioniert. Die Frauen taten das alles. Die Männer waren offensichtlich die Kämpfer. Ich will nicht sagen, dass die Frauen das nicht auch taten. Einige Frauen haben auch das gemacht. Ja, sie taten das. Aber im Großen und Ganzen haben 80 Prozent der Frauen sich um die Dinge (Waffenarsenale, Transport, u. Ä., Anm. DR) gekümmert und die Männer taten andere Sachen. So ging das dann weiter und ich glaube, das war ein System, das auch von allen akzeptiert wurde.[275]

---

273 Das Hochsicherheitsgefängnis im County Laois in den irischen Midlands, in dem die republikanischen Gefangenen in einem eigenen Trakt untergebracht sind; siehe: Dieter Reinisch, »Political Prisoners and the Irish Language: A North-South Comparison«, *Studi irlandesi* 6 (2016).
274 Auch White schreibt, dass Aktivistinnen von Cumann na mBan diese Rolle beim Begräbnis des Hungerstreikenden Raymond McCreesh 1981 spielten, d. h. das Transportieren und Verstecken der Waffen, die von IRA-Mitgliedern über dem Sarg zu Ehren des Verstorbenen abgeschossen wurden; White, *Ruairí Ó Brádaigh*, 280.
275 Interview mit Ailis.

Die Ansicht, dass Männer die Kämpfer waren und Frauen Hilfsarbeiten leisteten, wird vor allem von den Frauen aus dem Norden und hier im Speziellen von jenen aus Belfast, scharf angegriffen.

Die Belfaster Frauen von Cumann na mBan wollten sich als eine Frauenarmee sehen, die aktiv am Kampfgeschehen teilnimmt und nicht als eine Hilfstruppe für eine männliche Armee. Wie bereits erwähnt, gewannen jene Frauen, die während der Internierungen die Kämpfe weiterführten, innerhalb der republikanischen Bewegung stark an Ansehen. In seiner 1974 veröffentlichten Autobiografie schreibt der vormalige Oberbefehlshaber der Provisional IRA, Seán MacStiofáin:

> Die Frauen waren völlig unbesiegbar. Sie waren die ersten, die Warnungen gaben, die ersten draußen auf der Straße, um sich den herannahenden Truppen entgegenzustellen. (…) Der Doppelmord [am 28. Oktober 1972 an Maura Meehan und Doherty Maguire] spielte eine nicht unbeträchtliche Rolle dabei, republikanische Frauen militanter zu machen. Dieser Trend entwickelte ein neues Charakteristikum des revolutionären Krieges in Irland – der Teilnahme von weiblichen Volunteers am Kampfgeschehen. In den vorangegangenen Phasen des nationalen Kampfes, also von Beginn des Jahrhunderts an, waren irische Frauen an prominenter Stelle bei der Organisation (…) Dennoch, ab den frühen 70ern wurde eine ausgewählte Gruppe von geeigneten Frauen in die IRA aufgenommen und ausgebildet. Einige der besten Schützen, die ich jemals getroffen habe, waren Frauen. Sie gehörten auch zu den klügsten Nachrichtenoffizieren in Belfast. Ab dieser Zeit wurden dann Frauen auf gleicher Basis wie Männer in die IRA aufgenommen.[276]

Sean MacStiofáin beschreibt in seinem Buch die allgemeine Rolle von Frauen als bewaffnete Kämpferinnen im Nordirlandkonflikt. Doch waren nicht alle Frauen gleichermaßen im militärischen Kampf involviert. Aus den Interviews konnten drei Kategorien herauskristallisiert werden. Die Tätigkeit der Frauen

---

276 Sean MacStiofáin, *Revolutionary in Ireland* (London: Gordon Cremonesi, 1975), 216-219.

unterscheidet sich primär nach der Zeit, in der sie aktiv wurden und der jeweiligen Region, wobei der entscheidende Unterschied hier ist, ob sie in der Republik Irland oder im Norden agierten.

Gruppe A umfasst Frauen, die bereits vor 1969 aktiv waren. Diese Frauen arbeiteten in dieser Zeit sehr offen, verkauften Zeitungen, Osterlilien und organisierten Gruppen von Cumann na gCailíní. Zwischen den Frauen aus dem Süden und den nördlichen sechs Grafschaften gab es keine Unterschiede. Die in diese Kategorie fallenden Aktivistinnen waren zu einem großen Teil bereits Frauen, welche jahrelange Erfahrung in der republikanischen Bewegung hatten, eine Familie gegründet hatten, im Berufsleben standen und daher nur noch in ihrer Freizeit aktiv sein konnten.

Aoife aus Ardoyne war bereits vor 1969 aktiv, sie marschierte öffentlich bei den Paraden im Kontingent von Cumann na gCailíní, verkaufte republikanische Zeitungen und Osterlilien, sie erinnert sich:

> Als es dazu kam (zum Kriegsausbruch 1969, Anm. DR) war ich keine geeignete Person, um für die Untergrundarbeit verwendet zu werden. Aus dem einfachen Grund, dass ich zu bekannt war. Ich hätte andere in Gefahr gebracht. Ich hätte nicht an [geheimen] Operationen teilnehmen können, denn aufgrund all der Jahre [zuvor] kannten dich die Polizei, die Detektive und die [britische] Armee bereits. Das einzige, was ich also machen konnte, war Zeitungen zu verkaufen, Ratschläge zu geben und Leuten zu sagen, an wen sie sich wenden sollten, du weißt schon, was ich meine.[277]

Ciara machte dieselbe Erfahrung:

> Die Mehrheit der Volunteers [sowohl von Cumann na mBan, als auch von der IRA] vor '69 konnten nicht verwendet werden, da sie alle dem Geheimdienst bekannt waren. Also konnte kein Volunteer von Cumann na mBan, der vor '69 schon da war, eine wirklich aktive Rolle im Krieg

---

[277] Sie nimmt hier auf frühere Erzählungen im Interview Bezug, in denen sie schildert, dass sie Verstecke für IRA-Mitglieder auf der Flucht organisierte; Interview mit Aoife.

spielen, wie wir es nannten. Sie waren aber da und leiteten uns und manchmal endeten einige von ihnen sogar im Gefängnis, teilweise sogar drei oder vier Mal.[278]

In ihrem eigenen Fall war die Situation allerdings etwas anders, denn sie selbst war zwar auch bereits die Jahre vor 1969 engagiert, doch wurde sie in den folgenden Jahren aktiv in Kampfhandlungen eingesetzt. Sie erklärte dies folgendermaßen:

> Wenn ich das nun sage, muss ich hinzufügen, dass, obwohl ich bereits in jungen Jahren sehr aktiv war, ich viel ruhiger blieb als andere Aktivistinnen. Ich hatte es immer lieber, eher im Hintergrund zu bleiben, daher war ich dann auch den Geheimdienstleuten nicht so bekannt wie andere Frauen in Belfast. So war es für mich wahrscheinlich daher auch möglich, mehr Arbeit als jene zu leisten.[279]

Síle beschreibt den Unterschied der Arbeit der einzelnen Aktivistinnen vor und nach dem Ausbruch des Konflikts folgendermaßen:

> Nach 1969 hat sich viel an der Arbeit geändert, vor allem im Norden. Ich meine, die hatten viel mehr zu tun als wir. Die waren direkt in der Schusslinie, sie mussten den Volunteers helfen. Wir haben hier unten auch hart gearbeitet, denn wir hatten unsere eigenen Aufgaben zu machen, etwa Geld sammeln, Kleidung und so weiter.[280]

Ailis aus Dublin ergänzt:

> Und dann kam '69. (…) Eine ältere Genossin trat an mich heran und ich wurde gefragt, ob ich Cumann na mBan trainieren kann. So begannen für uns die »Troubles« '69, '70, '71 und dann weiter bis '86. (…) Ich organisierte auch die Colour Party[281]. Am Beginn, also in den frühen

---

278 Interview mit Clara.
279 Interview mit Ciara.
280 Interview mit Síle.
281 Jene Aktivistinnen, die am Beginn einer republikanischen Parade mit Uniformen, irischen Flaggen und republikanischen Fahnen zumeist in zwei Reihen im Gleichschritt

70ern, war bei jeder Parade, jedem Begräbnis, Gedenkveranstaltung, Cumann na mBan mit einer Colour Party dabei. Cumann na mBan tat all dies, denn die Männer hatten mit anderen Sachen genug zu tun. (lacht) Manchmal sind wir sogar mehr marschiert als die Männer.[282]

Síle berichtet weiter:

> Ich war für den Bereich der Finanzen zuständig. Und für junge Männer auf der Flucht organisierten wir »Billets«[283], sichere Verstecke, wie sie genannt wurden, aber wir nannten sie »Billets«, der Einfachheit halber. Dorthin mussten auch Leute gehen und nachsehen, ob mit den Volunteers alles in Ordnung war, ob sie Geld hatten oder etwas zu essen. (…) Sie brauchten Geld, jeder braucht ein paar Pfund in seiner Tasche. Also das war auch Teil meiner Arbeit und dazu hatte ich einen Fahrer, der war – es war ein Taxi. Ein Taxi, ein Fahrer und eine Frau können in derartigen Situationen einen Haufen Dinge machen.[284]

In *Gruppe B* fallen Frauen, die ab 1969 aktiv wurden und davor nicht oder nur am Rande in anderen Strukturen der republikanischen Bewegung mitgearbeitet haben. Diese Gruppe umfasst überwiegend Frauen aus der Republik, konkreter aus der Provinz Leinster, die als Transporteure für die IRA arbeiteten und so auch in den grenznahen Gebieten, Louth, Süddown, Südarmagh, Monaghan, Derry, Westtyrone und Donegal, selten auch Fermanagh und Südtyrone aktiv waren. Diese Frauen führten ebenso jene Arbeiten durch, die auch die Frauen in Gruppe A machten, jedoch in geringerem Umfang, denn der Kurierdienst war ihre Haupttätigkeit. Manche dieser Frauen wurden aus der Republik in die nationalistischen Gebiete im Norden geschickt, um dort neue Gruppen von Cumann na mBan aufzubauen und die Arbeit der lokalen Frauengruppen mit der IRA zu koordinieren. Es wird von ihnen aber nicht berichtet, dass sie selbst direkt an Kampfhandlungen teilnahmen.

---

marschieren und von einem Dudelsackspieler entweder angeführt oder verfolgt werden, werden »Colour Party« genannt.
282 Interview mit Ailis.
283 Auch »Safe Houses« genannt, sichere Verstecke für Volunteers auf der Flucht.
284 Interview mit Síle.

Wie bei Gruppe A waren es in vielen Fällen Frauen, die bereits Familie und Beruf hatten und so nicht jederzeit einsatzbereit waren. Eine von ihnen war Síbéal, die betont:

> Offensichtlich ist es für Frauen schwieriger, in der republikanischen Bewegung aktiv zu sein, denn sie hatten Kinder. All das unter einen Hut zu bringen ist sehr schwierig. Deshalb waren es hauptsächlich sehr junge Frauen, die [nach 1969] beigetreten sind. In Belfast gab es aber [trotzdem] eine Gruppe von Frauen, die etwas älter waren [und] die schon zuvor über mehrere Jahre aktiv in der republikanischen Bewegung waren, wie Mairéad Farrell[285] und Geraldine Taylor[286], Jean Delaney[287], eben solche Frauen und dann natürlich Brigid Hannon[288].[289]

Gruppe C fasst schließlich jene Frauen zusammen, die direkt in Kampfhandlungen involviert waren. Dazu gehören auch jene Frauen, die Síbéal in obigem Zitat namentlich nennt. Da sie den Sicherheitskräften nicht bekannt sein durften, waren diese Interviewpartnerinnen sehr oft Jugendliche oder junge Frauen, die sich erst im Zuge der Ereignisse von 1969 bis 1972 der republikanischen Bewegung angeschlossen hatten. Von manchen Frauen werden diese daher »August-Rekrutinnen«[290] (Cáit) oder »'69er-Aktivistinnen« (Nelly) genannt. Es waren Frauen, die oft noch gar nicht oder erst kürzlich ihre Ausbildung abgeschlossen hatten, noch nicht berufstätig waren und auch keine Familie hatten, also sehr junge Frauen, die ihre republikanische Ausbildung in Trainingslagern Anfang der 1970er-Jahre erhielten und den britischen und irischen Sicherheitskräften unbekannt waren. Sie nahmen kaum an Paraden teil und wenn, war ihr Gesicht nahezu gänzlich vermummt, um nicht wiedererkannt werden zu

---

285 Ein Mitglied von Cumann na mBan, das sich im Gefängnis in Armagh der Provisional IRA anschloss und eine der drei Hungerstreikenden in Armagh im Herbst 1980 war. Sie wurde 1988 in Gibraltar unbewaffnet von einer britischen Spezialeinheit erschossen.
286 Republikanerin in Belfast, die sich 1986 von Sinn Féin trennte. Sie war zwischen 2009 und 2013 Vizepräsidentin von Republican Sinn Féin.
287 Republikanerin aus Belfast, ab 1971 Präsidentin von Cumann na mBan.
288 Mitglied von Cumann na mBan, sie trennte sich 1986 nicht vom Provisional Republican Movement und blieb aktiv in Sinn Féin.
289 Interview mit Síbéal.
290 Die anti-irischen Pogrome im August 1969 in Belfast und Derry gelten als Beginn des Krieges in Nordirland. Aufgrund der Ereignisse in diesem Monat kam es zu einem starken Zulauf neuer Rekruten in die republikanische Bewegung.

können. Aufgrund dieser Klandestinität war es ihnen möglich, direkt am Kriegsgeschehen teilzunehmen. Aktivistinnen von Cumann na mBan, die unter diese Gruppe fallen, sind nahezu ausschließlich in Belfast zu finden, teilweise auch in Derry und Armagh.

Saoirse war eines dieser jungen Mitglieder von Cumann na mBan, die in Belfast gemeinsam, Seite an Seite, mit der IRA aktiv an Kampfhandlungen teilnahmen. Sie erwähnt, dass sie bereits mit 17 Jahren auf der Flucht war und erklärt weiter, »das ist heute sehr jung, aber damals wurdest du in diesem Alter erwachsen. Wir hatten damals keine Jugend.«[291] Sie berichtet von ihren Tätigkeiten als republikanische Aktivistin und erzählt in ihrem Interview folgende Geschichte, als sie eine Bombe von Dublin nach Belfast transportierte:

> Ich kam von Dublin rauf nach Belfast. Ich sollte eine Bombe von einer dieser Bombenfabriken im Süden nach Belfast bringen. Ich kam im Stadtzentrum an, gleich da, nicht unweit vom Europa Hotel. Ich ging also die Grosvenor Road hinauf Richtung Falls Road und da kamen [britische] Soldaten zu mir und ich dachte nur: »Oh mein Gott, jetzt ist es aus.« Ich hatte ja diese große, schwere Tasche bei mir. Und dieser eine Soldat fragte mich, was ich da trage und ich sagte einfach: »Meine Wäsche, ich war in der Stadt waschen«, und er meinte, eine junge Frau wie ich solle doch nicht so schwer zu tragen haben. Er nahm also meine Tasche und trug sie die ganze Länge die Grosvenor Road hinauf. Ich hatte Angst, dass da was passiert. Und am Ende, bei der Kreuzung zur Springfield Road, sagte ich, dass da drüben meine Freundin wohnt und ich dort hinübergehen werde. Er gab mir die Tasche zurück, ging fort und winkte mir hinterher. Mein Gott (lachend), der junge Soldat wusste gar nicht, dass er die ganze Zeit eine Bombe für mich trug! (lacht)[292]

Trotz dieser gefährlichen Situationen und dem Wissen, dass bereits mehrere Aktivistinnen von Cumann na mBan beim Transport und Platzieren von

---

291 Interview mit Saoirse, (ehemaliges) Mitglied von Cumann na mBan in Belfast, 1. April 2010, Belfast.
292 Ibid.

Bomben in Belfast gestorben sind meint Saoirse heute: »Meine glücklichste und schönste Zeit war in Cumann na mBan. Wir hatten Respekt vor den älteren Frauen und wir genossen Respekt.«[293]

Die Erinnerungen an die gefährliche und mühsame Zeit im Untergrund oder als Kuriere für die IRA werden heute, 40 Jahre nach den Ereignissen, von vielen Interviewpartnern als rosige, schöne Zeit dargestellt. Dieses Phänomen der »schönen Erinnerungen« an eine dunkle, brutale, von Tod und Repressalien gekennzeichnete Zeit, ist auch bei ehemaligen politischen Gefangenen sichtbar. Diese sprechen heute bezeichnen ihre Zeit in Haft, bei Übergriffen, bei Hungerstreiks, bei Gefängnisprotesten, Nacktdurchsuchungen und in Isolationshaft als »die schönste Zeit meines Lebens«. In der Tat genossen diese republikanischen Gefangenen und Aktivistinnen Ansehen und Respekt in ihrer Organisation und Gemeinschaft, zugleich hatten sie, bei allen Entbehrungen, ein funktionierendes soziales Netz an Genossen. Dieses soziale Netz fiel genauso wie das soziale Prestige weitgehend weg, sobald der bewaffnete Kampf zu Ende war. Da viele Aktivisten zuvor bis zu zwei Jahrzehnte in Haft oder im Untergrund tätig waren, war es vielen nicht möglich, eine Familie oder ein neues soziales Netz aufzubauen. Es kam zur sozialen Isolation, die oft in Spielsucht und Alkoholismus führte. Aus dieser Perspektive heraus werden daher die unschönen Kriegserlebnisse oft als »schönste Zeit« des Lebens porträtiert. Das Leben damals war zwar voller Entbehrungen und das eigene Leben immer in Gefahr, doch gab eine Gruppe von Mithäftlingen oder Genossinnen, die dasselbe Schicksal teilten, sich gegenseitigen sozialen Halt.

Louise, die ebenso wie Saoirse in Belfast aktiv war, berichtet von ihrer Arbeit im Untergrund:

> Unsere Zelle [in Lower Falls] marschierte nicht zu den Ostergedenken, denn wir sollten nicht gesehen werden. Sobald die Briten dein Gesicht kannten und wussten, dass du in Cumann na mBan oder der IRA bist, konntest du nicht mehr so viel machen. (…) Wir lernten nicht zu sprechen. Ich wurde ein paar Mal verhaftet und verhört, einmal drohte mir der [britische] Offizier, er werde mich vergewaltigen und miss-

---

293   Ibid.

handeln, wenn ich nicht sprechen würde. (...) Cumann na mBan war, als ich beitrat, eine sehr gut organisierte Gruppe. Ausgebildet wurden wir aber von der IRA, von Männern (...) also die Waffenausbildung, Sprengstoff, Bomben. Cumann na mBan hatte die Trainingslager im Süden organisiert, wo uns dann die Männer [der IRA] ausbildeten.[294]

Doch auch Frauen, die an Kampfhandlungen teilnahmen und im Untergrund operierten, taten von Zeit zu Zeit Dinge, die sonst in den Arbeitsbereich der Frauen von Gruppe A und B fallen würden. So wurden Verstecke von Aktivistinnen aus Gruppe A und B bereitgestellt, doch sichere Orte für kurzfristig anberaumte Treffen der IRA wurden von Frauen in Cumann na mBan organisiert, die direkt mit der IRA zusammenarbeiteten, also Frauen aus der Gruppe C. Nur so war es möglich, kurzfristig geheime Orte zu organisieren, ohne die Identität von IRA-Mitgliedern außerhalb ihrer eigenen Einheit preiszugeben. Ersichtlich ist dies unter anderem an Interviewpartnerin Eithne aus Twinbrooke in Belfast. Sie fällt aufgrund der von ihr beschriebenen Tätigkeiten in Gruppe C, dennoch erklärt sie: »Wir haben die ganzen Häuser für die Treffen der Brigaden und Bataillone bereitgestellt.«[295] Auch das IRA-Mitglied aus Unity Flats in Belfast, Gerry Bradley, bestätigt dies in seinen Erinnerungen.[296]

Nach Interviewpartnerinnen aufgeschlüsselt fallen fünf befragte Frauen in die Gruppe A, wobei von diesen zwei aus der Republik und drei aus Nordirland kommen. Vier befragte Aktivistinnen fallen in die Gruppe B, wobei die Aufteilung zwischen Republik und Norden gleichmäßig ist. Der überwiegende Teil fällt mit acht Interviewpartnerinnen in Gruppe C – hier kamen alle aus dem Norden. Die restlichen Aktivistinnen waren in den 1970er-Jahren aufgrund verschiedenster Umstände nicht in Cumann na mBan aktiv. Diese Aufschlüsselung der Tätigkeitsfelder soll die Zusammensetzung der Fokusgruppe darstellen, eine Quantifizierung und Verallgemeinerung ist bei einer derart kleinen Stichprobe jedoch nicht möglich.

Waren die Gruppen A und B als solche bereits in der Phase vor 1969 bekannt, war eine Rolle von Cumann-na-mBan-Aktivistinnen, wie sie in

---
294 Interview mit Louise.
295 Interview mit Eithne.
296 Bradley/Feeney, *Insider*, 111, 4.

Gruppe C dargestellt wurden, in der republikanischen Bewegung eine neue Erscheinung der 1970er-Jahre. Die Grenzen zwischen den Kategorien waren oft fließend. Nur weil eine Frau hauptsächlich logistische und organisatorische Aufgaben für die IRA vollzog, bedeute dies nicht, dass sie nicht auch zusätzlich Arbeit für die Gefangenen machte oder die republikanische Zeitung verkaufte. Ebenso war es allen Frauen möglich, eine militärische Ausbildung zu erhalten, auch wenn sie nicht für den bewaffneten Kampf vorgesehen waren. Es blieb den Frauen selbst überlassen, ob sie das wollten oder nicht, wie Síle berichtet: »Einmal lehrten sie mich mit Waffen umzugehen[297], aber nur einmal wollte ich das, sonst nicht mehr. Wir konnten selbst entscheiden, ob wir das wollten.«[298] Ähnliches beschreibt auch Eithne aus Belfast und erzählt:

> Es gab für jede [Aktivistin] eine Rolle in Cumann na mBan. Wir hatten die Trainingslager. Einige Frauen mochten den Sprengstoff nicht, also waren sie verantwortlich für den Nachrichtendienst, Finanzen und das Schießen. (…) Die brachten dann die Waffen von A nach B oder trugen die Bomben von A nach B für diejenigen, die nicht gleich die ganze Gegend in die Luft sprengen wollten. (lacht)[299]

Durch die unterschiedlichen Tätigkeiten und Motive zwischen den Frauen aus der Republik und dem Norden einerseits und zwischen den Republikanerinnen, die vor 1969 aktiv waren und jenen, die nach 1969 aktiv waren andererseits, entwickelten sich langsam unterschiedliche Fraktionen innerhalb der Organisation heraus. Viele junge Aktivistinnen im Norden sahen schließlich ihre Arbeit als wichtiger an, als jene der Frauen aus der Republik. Síle aus Limerick beschreibt diese Situation folgendermaßen:

> Die Arbeit im Norden und Süden musste sehr unterschiedlich sein. Die Frauen aus den sechs Grafschaften verstanden oft nicht, wieso wir Republikaner waren, denn sie glaubten, jemand wird Republikaner aufgrund der Dinge, die dort [in Nordirland nach 1969] passieren, aber wir waren unser ganzes Leben lang Republikanerinnen, wir sind damit

---

297 Nach ihrer eigenen Erinnerung war dies in den 1960er-Jahren.
298 Interview mit Síle.
299 Interview mit Eithne.

aufgewachsen. (…) Nur aufgrund unseres Beitrags hier unten, waren die dort oben in der Lage, das zu machen, was sie taten.[300]

Síles Darstellung der unterschiedlichen Sichtweisen und Selbsteinschätzungen der Frauen in der Republik und in Nordirland spiegelt einen Aspekt des sich entfaltenden Fraktionskampfes wider, der schließlich zur Spaltung der republikanischen Bewegung 1986 führen sollte.

Strukturwandel in den 1970er-Jahren

Im Jahr 1971 verschärfte sich der bewaffnete Kampf in Nordirland. Sowohl Briten als auch Loyalisten und Republikaner drehten die Eskalationsspirale stetig nach oben. Im Februar wurden in Belfast drei Personen, ein britischer Soldat, ein Mitglied der Provisional IRA und ein Zivilist bei Schusswechseln getötet. Der Soldat Robert Curtis war der erste britische Soldat, der in Irland seit 1924 getötet worden war. Am Ende des Jahres waren 181 Menschen ums Leben gekommen. Ab dem Frühjahr und Frühsommer begannen sowohl die Provisional als auch die Official IRA, vermehrt britische Soldaten anzugreifen und Bomben zu legen. Im März hatten weibliche Mitglieder der Provisional IRA in Belfast drei betrunkene schottische Soldaten, die gerade nicht im Dienst waren, in einen Hinterhalt gelockt und ermordet. Offiziell bekannte sich jedoch niemand zu der Tat, da die Morde selbst unter der nationalistischen Bevölkerung sehr unpopulär waren.[301] Unaufhaltsam wandelte sich das, was wenige Jahre zuvor mit gewaltsamen Zusammenstößen bei Bürgerrechtsdemonstrationen begann, zu einem offenen Krieg. Gleichzeitig änderte auch die Provisional IRA schrittweise ihre Taktik von einer Gruppe zur Verteidigung der katholischen Viertel hin zu einer Guerillaarmee, die Angriffe auf die britische Armee und Polizei in Irland verübte. Im Oktober 1971 titelte schließlich die republikanische Zeitung *An Phoblacht*: »Totaler Krieg! Unterstützt die IRA!«[302] Aus einem gewalttätigen Konflikt war binnen zwei Jahren ein offener Krieg geworden.

---
300   Interview mit Síle.
301   Quoirin, *Töchter des Terrors*, 161-173.
302   Hanley, *The IRA*, 166f.

Neben der IRA befand sich auch Cumann na mBan Anfang der 1970er-Jahre im Wandel. Durch Krieg, Massenrekrutierung und Teilnahme an Kampfhandlungen begannen sich tief greifende Änderungen in Cumann na mBan zu vollziehen. Vor 1970 war die Führung der Organisation von Frauen aus dem Süden, konzentriert um die Gegend von Limerick, gebildet worden. Im Oktober 1970 war es auf dem alljährlichen nationalen Kongress zur Neuwahl der nationalen Leitung gekommen. Aufgrund des sich verschärfenden Konflikts wurde es als sinnvoller angesehen, die Leitung direkt an den Ort der Geschehnisse, also nach Nordirland, zu verlegen. Jean Delaney aus Belfast wurde zur neuen Präsidentin gewählt. Síle aus Limerick gab ihren Posten als nationale Sekretärin damals ab und erinnert sich:

> Jean Delaney war aus Belfast, sie wurde Präsidentin und es hieß, die Sekretärin sollte aus demselben Gebiet kommen, damit sie eng zusammenarbeiten können. (…) Also wurde die Sekretärin eine Frau aus Belfast. Alle Protokolle und Unterlagen wurden bei einem Treffen in Dublin übergeben. Und wir fragten konkret, ob sie glaubten, dass diese Sachen in Belfast sicher aufgehoben wären und sie meinten, diese Dinge wären in Belfast sehr sicher und sie hätten einen sicheren Ort, um sie zu verstecken. Und beim darauffolgenden Treffen der Leitung wurde uns berichtet, dass alle Protokolle aus Sicherheitsgründen [nahe der Grenze bei Newry] verbrannt worden waren. Wir haben also einen großen Teil unserer Geschichte verloren.[303]

Der Konvent wurde im Oktober oder November 1970 abgehalten und Sibéal aus Dublin wurde Generaladjutantin von Cumann na mBan. Die Generaladjutantin gilt als Stellvertreterin der Oberbefehlshaberin in operativen Angelegenheiten und ist für die Kontrolle der operativen Arbeit der lokalen Einheiten zuständig. Sibéal war das einzige Leitungsmitglied, das nicht aus Nordirland stammte. Die Frauenorganisation reagierte auf die sich verändernde Situation in Nordirland damit, dass sie sich ein militanteres Auftreten gab. Diese erklärte Ciara folgendermaßen:

---
303 Interview mit Síle.

Was du vor '69 gelernt hast war nicht wirklich das, was du dann nach '69 zu erwarten hattest. Es tendierte alles hin zur militärischen Seite und nicht zur politischen. Das war neu für alle. Schau, wir wussten gar nicht, was wir zu erwarten hatten und was wir tun sollten.[304]

Ciara erzählt, dass Cumann na mBan auf den Krieg nicht vorbereitet gewesen sei. Der Organisation erging es damit ähnlich wie dem Rest der republikanischen Bewegung. Der Konflikt hatte sich nach Ausrufung der Republik ab den 1920er-Jahren vom Süden in den Norden verlagert. Die republikanische Bewegung genoss nicht mehr die breite Unterstützung in der Bevölkerung, wie noch in den ersten beiden Jahrzehnten des 20. Jahrhunderts und so änderte die marginalisierte Bewegung ihre Taktik weg von einer breiten nationalen Befreiungsbewegung zu einer kleinen konspirativen Organisation nach dem Vorbild der Fenier-Bewegung des 19. Jahrhunderts. In den folgenden drei bis vier Jahrzehnten nach dem Ende des Bürgerkriegs organisierte die Bewegung zwei Guerillakampagnen. Dies waren einerseits die Bombenkampagne in England nach Ausbruch des Zweiten Weltkriegs und andererseits die Grenzkampagne in Nordirland in den späten 1950er-Jahren. Beide Kampagnen scheiterten, da sie nicht zu einem Rekrutierungsschwung für die Bewegung führten, sondern Repressionen, Internierungen und dadurch schlussendlich die Schwächung der Organisation zur Folge hatten. Am Ende jeder der beiden Kampagnen verfiel die Bewegung in einen Fraktionskampf und spaltete sich schließlich 1947/48 bzw. 1969/70. Dennoch führte die Bewegung, genauso wie Cumann na mBan, ihre traditionelle Arbeit fort, das bedeutete eine Orientierung auf Stärkung des nationalen Bewusstseins, Trainingslager für Guerillakampf in freiem Feld wie zu Zeiten des Unabhängigkeitskrieges, selektive Auswahl neuer Mitglieder, Marschieren im Feld, Erste-Hilfe-Kurse für Aktivistinnen und Überlebenstraining in Wäldern. All diese Tätigkeiten spiegelten die Notwendigkeiten der Organisation am Anfang des 20. Jahrhunderts wider, für einen urbanen Guerillakampf gegen eine britische Armee mit moderner Bewaffnung und Überwachungstechnologie war dieses Wissen jedoch unbrauchbar.

---

304   Interview mit Ciara.

Weder die IRA noch Cumann na mBan waren im Sommer 1969 auf den Nordirlandkonflikt vorbereitet. Erst in den darauffolgenden Jahren kam es zu einem tief greifenden strukturellen Wandel in der militärischen Arbeit beider Organisationen. Dieser Umbruch wurde durch die Kriegsereignisse herbeigeführt. Sibéal erinnert sich an den Cumann-na-mBan-Konvent Ende 1970:

> Ja, zu der Zeit, als ich beitrat, befand sich die Führung in Limerick. Aber es gab dann einen Konvent Ende des Jahres, einen nationalen Konvent. Und die Frauen in den besetzten Gebieten [in Nordirland] waren mit der Führung in Limerick nicht glücklich, denn sie hatten das Gefühl, sie würden von dieser zurückgehalten werden, dass diese sich an die alten Regeln halten würden und so. Die anderen führten nun einen Krieg in Belfast und sie sahen das als oberste Priorität an. Dafür brauchte die Struktur der Organisation eine Änderung. (…) Der Konvent war dann irgendwann im Oktober [1970] (…) und auf diesem Konvent wechselte die Führung nach Belfast mit Ausnahme von mir.[305]

Ein erstes Zeichen der Änderungen, die die neue Leitung einführte, war, dass nunmehr militärische Titel in Cumann na mBan verwendet wurden. Statt »Präsidentin« wurde die Vorsitzende der Frauenorganisation nun »Oberbefehlshaberin« genannt. Sibéal erklärt dies folgendermaßen:

> Ja, es war auch zu dieser Zeit. Ich bin nun nicht ganz sicher, welches Jahr es war. (…) Die Frauen hatten das Gefühl, dass es Zeit für einen Wandel war (…). Ich meine, sie fühlten, sie waren nun eine militärische Organisation und so wollten sie auch militärische Titel verwenden.[306]

In den Protokollen der nationalen Konvente werden die innerorganisatorischen Diskussionen zu der Umstrukturierung erkennbar. So wurde etwa am 21. November 1971 auf dem Konvent eine Resolution der Ortgruppe aus Belfast debattiert. Die Resolution lautete: »9. Aktivitäten. Cumann na mBan

---

305 Interview mit Sibéal.
306 Interview mit Sibéal.

im Süden soll militanter sein und mehr *Republican News* verkaufen.«[307] Dieser Resolution wurde eine Abänderung hinzugefügt, mit der sie wie folgt angenommen wurde:

> 9. Aktivitäten. Cumann na mBan im Süden soll militanter sein. Cumann na mBan soll eine disziplinertere Kraft werden und militärisches Training soll angeboten werden, wann immer es verlangt wird. Mehr *Republican News* sollen verkaufen werden.«[308] (Hervorhebung DR)

Während also die Organisation im Norden bereits aktiv an Kampfhandlungen teilnahm, verlangten die Frauen aus Belfast auch von ihren Genossinnen in der Republik, den bewaffneten Kampf aktiver zu unterstützen. Gleichzeitig wurde gefordert, dass mehr Ausgaben der *Republican News* verkauft werden müssten. Die *Republican News* war die republikanische Zeitung aus Belfast und die Erhöhung der Verkaufszahlen hatte zur Folge, dass einerseits mehr Leute von Konflikt in Belfast direkt erfuhren und andererseits durch Steigerung des Verkaufs, die die republikanische Bewegung über höhere Einnahmen aus dem Zeitungsverkauf verfügte.

Des Weiteren wurde folgende Resolution von den Aktivistinnen in Belfast eingebracht und debattiert, es liegen jedoch keine Aufzeichnungen vor, ob diese angenommen wurde. Die Resolution lautete: »Solange die ›Troubles‹ im Norden andauern, darf kein Mitglied von Cumann na mBan an Paraden oder Märschen in Uniform teilnehmen.«[309] Einige Interviewpartnerinnen aus Belfast berichten, dass sie aus Sicherheitsgründen nicht an Paraden teilgenommen hätten, gleichzeitig existieren Bilddokumente von Paraden mit Beteiligung von Cumann na mBan in den 1970er-Jahren aus Armagh City und Derry. Daher dürfte die Resolution von den Delegierten nicht angenommen worden sein, jedoch lokale Gruppen von Cumann na mBan dennoch ihre Aktivistinnen für Paraden und andere öffentliche Anlässe nicht abgestellt haben.

---

307 Resolutions of the Cumann na mBan Convention, 21. November 1971; privates Archiv, Kopie im Besitz des Autors (infolge: »Resolutions 1971«)
308 Ibid.
309 Ibid.

Der darauffolgende nationale Konvent wurde am 3. Dezember 1972 abgehalten. Der Vergleich der Resolutionen der beiden Konvente zeigt ein stetiges Wachstum der Organisation. Waren 1971 vier Organisatorinnen, jeweils zwei für Nordirland und die Republik vorgesehen worden, war diese Zahl ein Jahr später bereits zu gering. Eine Resolution der Gruppe in Dublin forderte »zumindest vier Organisatorinnen« alleine in der Republik. Innerhalb von zwei Jahren stieg somit die Zahl der Organisatorinnen von einer auf sechs. Erstmals scheinen in den Unterlagen dieses Konvents auch Gruppen in Strabane und Derry auf. Letztere brachte folgende Resolution ein: »14. Die Ansprache der Funktionärinnen soll in militärische Bezeichnungen geändert werden, d. h. O. C. anstelle von Captain etc.«[310] Aus Dublin kam eine ähnliche Resolution, die militärische Bezeichnungen forderte. Belfast forderte zugleich verpflichtende Uniformen in der Farbe schwarz. Diese Resolution wurde zur Entscheidung an die nationale Leitung weitergeleitet. Die anderen beiden Resolutionen wurden angenommen. Eithne meint dazu:

> Leitung und Präsidentin wurde es eigentlich genannt, genauso wie bei Sinn Féin, aber Cumann na mBan ist ja mehr eine militärische Organisation. Wir haben einen Krieg geführt. (…) Ich nannte es immer GHQ-Staff[311], aber ich bin auch militanter als die da unten im Freistaat[312].[313]

Die Unterschiede zwischen der Selbstzuschreibung der Frauen aus dem Norden und jener aus der Republik werden in ihren Erinnerungen auch 40 Jahre später deutlich. Die Frauen aus dem Norden strichen in den Gesprächen immer die militärische Seite von Cumann na mBan stärker heraus als die Aktivistinnen aus der Republik. Síle aus Limerick, die ein Mitglied der »alten« Führung ist, widerspricht daher der Behauptung, dass, wie Eithne meint, »immer« militärische Bezeichnungen im Norden verwendet wurden und erklärt:

---
310 Resolutions of the Cumann na mBan Convention, 3. Dezember 1972; privates Archiv, Kopie im Besitz des Autors (infolge: »Resolutions 1972«)
311 GHQ-Staff steht für »General Headquarter Staff«, auf Deutsch: Mitglied des Generalstabs.
312 Bezeichnung von Republikanern für die Republik Irland.
313 Interview mit Eithne.

> Nein, wir nannten sie niemals Oberbefehlshaberin, [wir bezeichneten sie immer] als die nationale Präsidentin von Cumann na mBan. Vielleicht war es etwas später, aber sicherlich nicht 1971. Denn wir versuchten immer, uns etwas fern von der militärischen Seite darzustellen. Dadurch konnten wir offener arbeiten. Wir wollten nicht, dass Cumann na mBan verboten wird[314].[315]

Auch ein ehemaliges Mitglied der Armeeführung der Provisional IRA widersprach den Behauptungen der Frauen aus Belfast:

> Die Namensänderung zu Oberbefehlshaberin fand nicht 1972 statt, sondern später, als die Leute in Belfast glaubten, sie müssten militanter werden. Ich glaube, es war 1977.[316]

Dem stimmt auch Síle zu und meint:

> Es kam definitiv aus Belfast und es war später. Sie hatten dort Poster gedruckt, Cumann-na-mBan-Poster. Wir stimmten dem nicht zu, denn sie zeigten Frauen mit Waffen. Schau, wir wollten nicht als militärisch angesehen werden, wir wollten nicht verboten werden. Es war das Plakat [mit der Aufschrift]: »Join the Women's Army« (Tritt der Frauenarmee bei). Wir haben es abgelehnt, dieses Poster aufzuhängen. Es gab eine Diskussion und mehrere Cumann-na-mBan-Gruppen wurden angewiesen dagegen zu stimmen. Das war ein Beschluss der Leitung.[317]

Laut Brian Hanley wurde das Plakat 1979 von Aktivistinnen in Nordirland hergestellt.[318] Obwohl Síle berichtet, dass Teile der Organisation in Limerick, aber auch in anderen Gegenden der Republik – etwa in Dublin – gegen die Verwendung dieses Plakats waren, das Frauen mit automatischen Gewehren

---

314 Tatsächlich wurde Cumann na mBan bereits in den 1930er-Jahren von der damaligen irischen Regierung verboten und wird bis heute von der britischen Regierung als »terroristische Vereinigung« geführt, in der Republik Irland ist die Organisation jedoch legal.
315 Interview mit Síle.
316 Interview mit einem ehemaligen Mitglied der Armeeführung der Provisional IRA, Limerick, 13. März 2009.
317 Interview mit Síle.
318 Hanley, The IRA, 191.

abbildete, wurde es im Norden verwendet. Es zeigt sich an den Resolutionen der Konvente und den Erinnerungen der Frauen, dass sich Cumann na mBan in den 1970er-Jahren im Wandel von einer republikanischen Frauenorganisation, die Gefangenensolidaritätsarbeit machte, Geld sammelte und die IRA damit indirekt unterstützte, zu einer aktiven Frauenarmee war. Dies war ein Umbruchprozess, der zu einem Auseinanderdriften zwischen jenen Aktivistinnen im Norden, die direkt im Kriegsgeschehen involviert waren und jenen Aktivistinnen in der Republik, die ihre politische und semi-legale Unterstützungsarbeit fortsetzten, führte. Ein ähnlicher Prozess war sowohl in Sinn Féin als auch in der IRA zu erkennen. Vielen Frauen vollzog sich dieser Prozess zu langsam und sie schlossen sich daher direkt der IRA an. Diese Frage des Verhältnisses von Cumann na mBan zur IRA wird im nächsten Kapitel beschrieben.

5. Frauen in der IRA und Cumann na mBan

Die interne Debatte über die Struktur von Cumann na mBan fiel in eine Zeit, als die IRA begann, Frauen als Mitglieder aufzunehmen. Als letzter Punkt auf dem Konvent im Dezember 1972 war von der Gruppe in Belfast folgende Resolution eingebracht worden: »Verschiedenes. 22. Dass die Position über ›Armeefrauen‹ (original: ›Army Girls‹, Anm. DR) geklärt werden muss.«[319] Die Resolution spiegelt Spannungen zwischen Cumann na mBan und der Provisional IRA wider. In der Literatur wird angegeben, dass Frauen ab Ende der 1960er-Jahre in die IRA aufgenommen werden konnten.[320] Die Position dieser Frauen in der IRA und vor allem, ob sie Hilfstätigkeiten durchführten oder eine gleichberechtigte Vollmitgliedschaft hatten, wird in diesen Publikationen nicht diskutiert. Ward behauptet, diese Frauen wurden zwar in die IRA aufgenommen und ausgebildet, erhielten aber keine Vollmitgliedschaft. Erst die Official IRA hätte nach der Spaltung weibliche Volunteers in ihren Reihen erlaubt.[321] Diese Sicht passt auch zu den Erinnerungen von Margaret. Margaret wurde Ende der 1960er-Jahre aktiv in der republikanischen Bewegung. Da sie aus der Grafschaft Kildare kam, in der es keine Struktur von Cumann na mBan gab, arbeitete sie über die Jahre hinweg nach eigenen Angaben für die IRA, wurde aber nie Vollmitglied. Sie selbst beschreibt das in dem Interview mit den Worten:

> Ich arbeitete für die IRA, aber ich war kein Mitglied. Frauen durften damals nicht Mitglied werden, aber hier in der Gegend gab es keine Cumann na mBan, also arbeitete ich für die IRA.[322]

Margaret gibt an, dass die republikanische Bewegung in Kildare aus der Not, keine lokale Cumann-na-mBan-Gruppe gehabt zu haben, eine Tugend machte und republikanische Frauen ohne Mitgliedschaft für Tätigkeiten heranzog. Im Fall von Margaret waren das vor allem Kurier- und Botendienste. Daneben ist aus der Literatur bekannt, dass ab Ende der 1960er-Jahre Mitglieder der

---

319 Resolutions 1972.
320 Hanley, *The IRA*, 191; Hanley/Millar, *The Lost Revolution*, 67f.
321 Ward, *Unmanageable Revolutionaries*, 258-60.
322 Interview mit Margaret, (ehemaliges) Mitglied von Cumann na mBan in Kildare und Dublin, 11. Jänner 2010, Athy.

späteren Official IRA begannen, Frauen in ihren Trainingslagern auszubilden. Dies passierte vorwiegend in Dublin, Belfast und Cork.[323] Dadurch sollte der Einfluss von Cumann na mBan auf republikanische Frauen geschmälert werden. Ein ehemaliges Mitglied der Armeeführung der IRA und später der Provisional IRA weiß auf die Frage der Mitgliedschaft von Frauen in der IRA Folgendes zu berichten:

> Das Treffen des Provisional Army Council fand am letzten Samstag im September 1970 statt. Es war das erste Treffen nach dem Sonderkonvent [wo die Spaltung beschlossen und das Provisional Army Council gewählt wurde]. Da wurde die Aufnahme von Frauen in die IRA beschlossen.[324]

Der Meinung, dass die Mitgliedschaft von Frauen im September 1970 durch die Provisional IRA beschlossen wurde, widerspricht Ruairí Ó Brádaigh. Ó Brádaigh war zur damaligen Zeit selbst Mitglied der Armeeführung der Provisional IRA und seit der Spaltung im Herbst 1969 auch Präsident der neu entstanden Provisional Sinn Féin. Er schildert die Situation wie folgt:

> Ich kann mich daran erinnern, weil ich [an den Treffen] teilgenommen habe. Bei dem General Army Convention im Herbst 1968 wurden die notwendigen Änderungen in der Verfassung beschlossen. Die Resolution wurde mit einer Zwei-Drittel-Mehrheit angenommen. Beim vorhergehenden Marsch in Bodenstown im Juni 1968 wurde die rote Fahne mitgeführt und Cumann na mBan hat dagegen protestiert. Das Ergebnis war, dass die Organisation daraufhin aus der republikanischen Bewegung ausgeschlossen wurde. [Cathal] Goulding meinte darüber, sie hätten sich mit dem »Gewissen der Bewegung angelegt«. So blieb die Situation dann bis in den Dezember 1969, in dem sich das General Army Council spaltete. Das Provisional Army Council hat dann Cumann na mBan wieder in die Bewegung aufgenommen, gleichzeitig aber die Entscheidung von 1968, Frauen zu Mitgliedern der Armee zu machen, nicht widerrufen.[325]

---
323 Hanley/Millar, *The Lost Revolution*, 67.
324 Interview mit ehemaligem Mitglied der Armeeführung der Provisional IRA.
325 Interview mit Ruairí Ó Brádaigh, Roscommon, 28. Oktober 2011.

Die unterschiedlichen Erinnerungen dürften mit einer Verwechslung zu tun haben, denn anscheinend hat die Armeeführung der Provisional IRA nicht die Aufnahme von Frauen Ende September 1970 beschlossen, sondern die Entscheidung der Armeeführung zur Aufnahme von Frauen im Herbst 1968 bestätigt. Die weiteren Aussagen über den Grund der Trennung von Cumann na mBan mit der republikanischen Bewegung aufgrund des Mittragens kommunistischer Fahnen in Bodenstown im Jahr 1968 sind identisch mit den Berichten der Aktivistinnen, die zu dieser Zeit Mitglieder von Cumann na mBan waren. Der Behauptung von Ó Brádaigh, dass die Frauenorganisation ausgeschlossen und später vom Provisional Army Council wiederaufgenommen wurde, wurde aber oberhalb bereits widersprochen. Wie in den zuvor zitierten Interviews ist die Darstellung der Frauen dergestalt, dass sie selbst den Schritt setzten, die republikanische Bewegung nach diesem Vorfall zu verlassen und nicht ausgeschlossen wurden. Gleiches gilt auch für den Schritt des (Wieder-)Eintritts in die republikanische Bewegung. In diesem Fall behaupten die Frauen, in gemeinsamen Treffen von Vertretern der nationalen Leitung von Cumann na mBan mit der Armeeführung wurde beschlossen, dass Cumann na mBan das Provisional Army Council unterstützt. Ó Brádaigh behauptet dagegen, dass Cumann na mBan von der männlichen Armeeführung »aufgenommen« wurde.

Anfangs wurden Frauen nur vereinzelt in die Provisional IRA aufgenommen. Anders war das bei der Official IRA, die zu dieser Zeit keinen Frauenflügel hatte und auch keinen aufbaute.[326] Doch ab 1971/72 schien der Zustrom zu Frauen in die Provisional IRA, vor allem in Nordirland, zu einem Problem für Cumann na mBan zu werden. Síle aus Limerick erzählt:

> Wir waren nicht glücklich darüber, [dass die IRA Frauen aufnahm,] vor allem nicht im Norden. Es gab Spannungen, insbesondere zu Zeiten der Internierungen – und viele Frauen in Cumann na mBan haben es den Frauen in der IRA übel genommen. Und die Armeefrauen glaubten, sie seien nun etwas Besseres als die Mitglieder von Cumann na mBan, besonders in Belfast war das so.[327]

---

326 Jaenicke, *Irische Frauen: Interviews*, 41-52, 69-80.
327 Interview mit Síle.

Ailis aus Dublin stimmt ihr zu, dass ab den frühen 1970er-Jahren Frauen direkt Mitglieder der IRA wurden und Cumann na mBan dieser Praxis der IRA nicht zustimmte:

> In den frühen 70ern gingen einige Frauen [in die IRA]. Das wurde nie angeordnet, niemals stimmte Cumann na mBan zu, dass der Armee [als Frau] beigetreten werden kann. Cumann na mBan arbeitete Seite an Seite mit der Armee, [aber] unter der Führung der Oberbefehlshaberin von Cumann na mBan. Die Probleme wurden von ihr mit dem Oberbefehlshaber der IRA gemeinsam besprochen.[328]

Ailis betont, dass die Entscheidungen über Operationen gemeinsam zwischen Cumann na mBan und IRA gefällt wurden, falls Mitglieder von Cumann na mBan an militärischen Operationen der IRA beteiligt waren. Somit hatte Cumann na mBan ein Mitspracherecht bei militärischen Entscheidungen der republikanischen Bewegung. Wenn nun Frauen direkt Mitglieder der IRA wurden und nicht mehr in Cumann na mBan, fiel dieses Mitspracherecht für Cumann na mBan weg.

Dementsprechend hatte Cumann na mBan Angst, gegenüber der IRA ihren Einfluss in der republikanischen Bewegung einzubüßen, sofern Frauen Einfluss in der IRA gewinnen würden. Doch wie sahen die Frauen in Cumann na mBan nun den Unterschied der Tätigkeiten ihrer Aktivistinnen zu den Tätigkeiten der Frauen in der IRA? Síle erklärt:

> Die IRA-Frauen konnten nicht so offen arbeiten wie wir. Ich glaube, in den sechs Grafschaften taten sie mehr oder weniger dasselbe wie die Volunteers [der IRA]. Ihre Rolle hier unten [in der Republik] war weniger militärisch, Geld, Arsenale und so. Aber ich weiß sehr wenig darüber. (…) Cathal Goulding drohte, dass wir verschwinden würden [wenn Frauen Mitglieder in der IRA werden konnten], aber in der Tat wurden wir danach (nach der Spaltung, Anm. DR) stärker, viel stärker.[329]

---
328 Interview mit Ailis.
329 Interview mit Síle.

Die Debatte über Frauen in der IRA fiel in die Zeit der Strukturänderung von Cumann na mBan, doch Eithne aus Belfast verneint, dass dies etwas damit zu tun hatte:

> Wir haben sehr eng mit der Armee gearbeitet. Wir haben Frauen für alle Dinge, Nachrichtendienste, Transport, etc. bereitgestellt. Für alle Sachen wurden sie (Aktivistinnen von Cumann na mBan, Anm. DR) an IRA-Einheiten verliehen.[330]

Eithne spricht hier den Aspekt des »Verleihens« von Cumann-na-mBan-Mitgliedern an die IRA an. Eine operative IRA-Einheit umfasste in der Regel vier bis sechs Mitglieder, doch waren durch Verhaftungen oder Umstrukturierungen nicht in allen Regionen genügend IRA-Mitglieder für bestimmte Operationen vorhanden. In einem derartigen Fall war es der IRA möglich, die lokale Cumann-na-mBan-Organisation zu bitten, Aktivistinnen entweder für eine konkrete Operation oder für einen bestimmten Zeitraum »auszuleihen«. Die Frauen, die dann überstellt wurden, blieben Mitglieder von Cumann na mBan, waren aber für die Zeit ihrer »Verleihung« an die Befehle der IRA gebunden. Sie wurden von dieser auch wie IRA-Mitglieder behandelt. Gleichzeitig durften sie mit niemanden aus Cumann na mBan über ihre Arbeit in der IRA während dieser Zeit reden. Erst nach Ende der Operation bzw. dem Ablauf der Zeit waren sie beordert, sich bei ihrer lokalen Cumann-na-mBan-Befehlshaberin zu melden und Bericht abzugeben. War es während jener Zeit, als sich die Aktivistin in der IRA befand, zu unangemessenem Verhalten gekommen oder war die Aktivistin unnötiger Gefahr ausgesetzt, berichtete sie das ihrer Oberbefehlshaberin, die das dann mit der IRA besprach und Konsequenzen setzte. Durch dieses Prozedere war somit ein Schutz der Frauen in der IRA geboten. Dies war jedoch ein Schutz, den nur Aktivistinnen von Cumann na mBan in der IRA genossen, Frauen, die Mitglieder der IRA waren, erhielten diesen Schutz durch Cumann na mBan nicht.

Eithne zählte zu jenen Aktivistinnen aus Belfast, die am vehementesten die Entscheidung, Frauen in die IRA aufzunehmen, ablehnten. Amüsiert erzählt sie von folgender Begebenheit:

---

330 Interview mit Eithne.

> Ich erinnere mich da an diese Episode, als zwei Männer bei Cumann na mBan mitarbeiten wollten. Und wir gaben ihnen Arbeit. Sie taten dies und das, Transport und so. Der Oberbefehlshaber [der IRA] von Belfast kam zu mir und sagte: »Du hast Männer in Cumann na mBan?«, und ich antwortete: »Wenn du Frauen in die Armee nehmen kannst, kann ich Männer bei Cumann na mBan aufnehmen.« (lacht) Aber wir haben sie schließlich doch weitergeleitet. Die Armee war der Ort, wo sie hingehörten.[331]

Aoife war ebenso gegen die Aufnahme von Frauen in die IRA und wirft den Frauen, die sich der IRA anschlossen, vor, sie wären nicht den politischen Motiven gefolgt:

> Ich glaube, für sie war es mehr eine glamouröse Entscheidung nun Armeemädchen zu werden. Ja, sie glaubten, das sei etwas Glamouröses.[332]

Selbst die abschätzige Bezeichnung als »Armeemädchen«, im englischen Original spricht sie von »Army Girls«, zeigt, dass vor allem die Aktivistinnen aus Cumann na mBan politisch und militärisch geringen Respekt und Wertschätzung vor bzw. gegenüber ihren Kameradinnen in der IRA hegten. In der Resolution der Cumann-na-mBan-Gruppe aus Belfast am Konvent von 1972 wurde diese Bezeichnung auch verwendet. Ciara pflichtet Aoife mit ihrer Sicht über die Frauen in der IRA bei:

> Ich weiß, es ist vielleicht falsch so etwas zu sagen, aber in der ersten Gruppe von »Army Girls« war eine große Menge an Promiskuität zu erkennen, was es in Cumann na mBan so nie gegeben hätte. (…) Ich möchte Menschen nicht bewerten, aber sie hatten nicht sehr viel Anstand. Ich glaube das Provisional Movement hatte Angst, da Cumann na mBan so starke Prinzipien hatte und ich glaube, sie hatten Angst, sie würden Cumann na mBan nicht kontrollieren können. Du weißt schon, sie konnten mit ihnen nicht einfach tun und lassen, was sie wollten.[333]

---
331 Ibid.
332 Interview mit Aoife.
333 Interview mit Ciara.

Ailis spricht ähnlich herablassend von den Frauen in der IRA und verleugnet politische Motive für ihre Entscheidung, der IRA anstelle von Cumann na mBan beizutreten:

> Nun, es gibt natürlich immer Frauen, die lieber bei Männern sind. Ach, manche von denen waren – sie hatten ihre festen Freunde dort und deshalb wollten sie auch dort sein. Deshalb traten sie der Armee und nicht Cumann na mBan bei. Nur deshalb verfügte die Armee auch über einige Frauen.[334]

In der Arbeitsweise von Frauen in der IRA und Cumann na mBan gab es nämlich aus Sicht von Ailis keine Unterschiede, außer, dass Frauen nicht dieselben Rechte in der IRA besaßen als sie in Cumann na mBan hatten:

> [Es gab] absolut keine Unterschiede, außer, dass sie ihre Befehle von den Männern erhielten und sie nie über den Rang eines [einfachen] Volunteers hinauskamen. Denn die Männer hätten niemals Befehle von den Frauen angenommen. In Cumann na mBan konntest du jedoch aufsteigen, [du konntest] vorwärtskommen, [denn] wenn du für einen höheren Rang geeignet warst, [dann] bekamst du ihn auch.[335]

Da es nach Ailis keine Unterschiede in der Arbeit von Aktivistinnen in der IRA und in Cumann na mBan gab, Frauen jedoch weniger Rechte und Entscheidungsmöglichkeiten in der männerdominierten Organisation als in der Frauenorganisation hatten, fragt sich Ailis, wieso die Struktur der republikanischen Bewegung überhaupt begonnen wurde zu ändern, wenn dies doch – ihrer Meinung nach – nur Verschlechterungen für die republikanischen Frauen mit sich brachte. Abschließend betont sie jedoch wieder die Gemeinsamkeiten der einzelnen Organisationen der republikanischen Bewegung:

> Keine der beiden Seiten konnte ohne die andere bestehen. Du konntest Dinge hier und dann Dinge dort machen, aber wir waren immer noch eine Bewegung. Wir machten, wozu wir am besten geeignet waren.[336]

---
334 Interview mit Ailis.
335 Ibid.
336 Ibid.

Weiter oben betonte ich bereits einen Vorfall im Jahr 1972, als Frauen verwendet wurden, nachts britische Soldaten in einen Hinterhalt lockten. Diese Praxis wurde als »Venusfalle« bezeichnet und nach der Erschießung dreier schottischer Soldaten in einem nächtlichen Hinterhalt in Belfast in den folgenden Jahren des Öfteren angewandt. Diese bewusste Verwendung der weiblichen Sexualität im Kampf gegen die britische Armee wird von den Aktivistinnen der Frauenorganisation scharf kritisiert.[337] Aoife erzählt darüber:

> Da war diese Zeit, als die ehemaligen britischen Soldaten in die [irisch-republikanische] Armee kamen. Diese schlugen vor, Mädchen zu verwenden. Ich weiß das, denn sie kamen zu mir, nicht wegen mir, aber ob ich vielleicht geeignete Mädchen kenne. (…) sie sagten nicht was sie wollten, aber du wusstest schon, was das bedeutete, (…) jemanden in eine Falle zu locken. (…) Und die, die das vorschlugen, waren ehemalige britische Soldaten. Ich meine, diese und andere [ehemalige britische Soldaten] waren im Kommen. Kurze Zeit später bin ich ausgestiegen. Ich bin ausgetreten, denn ein solches Verhalten konnte ich nicht dulden. Ich hätte mich schuldig gefühlt, irgendein Mädchen für eine solche Handlung zu verkaufen. Es war vielleicht dieses hohe moralische Verhalten. Ich wollte nicht, dass jemand auf diese Art verwendet wird. (…) Okay, wenn die diesen Weg gehen wollen, dann ist das ihre Entscheidung, aber ich will damit nichts zu tun haben.[338]

Aoife war in Belfast aktiv und die Taktik der Venusfalle wurde vor allem hier angewandt. Es war auch in dieser Stadt, dass Nationalisten, die nicht aus republikanischen Familien kamen, sich vermehrt der Bewegung nach Kriegsausbruch anschlossen. Verhaftungen, Ausgangssperren, Repressalien und Pogrome entfachten ein patriotisches Bewusstsein bei vielen jungen Leuten, die davor nicht politisch aktiv waren. Da Belfast in den 1950er- und 1960er-Jahren eine ökonomisch benachteiligte Stadt mit wenigen Arbeitsplätzen für junge Männer war, traten viele dieser späteren Republikaner in die

---

337 Für nähere Informationen zu der »Venusfalle« siehe: Quoirin, *Töchter des Terrors*, 161-173.
338 Interview mit Aoife.

britische Armee ein, um eine Ausbildung und ein sicheres Einkommen zu erhalten. Nachdem sie den Militärdienst verließen und zurück nach Belfast kamen, machten sie die Kriegsereignisse und die Spaltung der Gesellschaft zu Republikanern und sie schlossen sich der IRA an. Die militärische Erfahrung dieser ehemaligen britischen Soldaten war ein wichtiger Pfeiler für die wachsende Operationsfähigkeit der IRA in den 1970er-Jahren. Einer dieser jungen Männer, die sich der britischen Marine anschlossen, war der spätere IRA-Leutnant Brendan Hughes.[339] Ciara, die wie Aoife damals in Belfast in Cumann na mBan aktiv war, hat ähnliche Erinnerungen an die Vorurteile der Männer gegenüber republikanischen Frauen zu dieser Zeit. Sie erzählt darüber Folgendes:

> Es war, als ob sie (die IRA, Anm. DR) dachten: »Wir können die Frauen auf jede Art und Weise verwenden, wie wir wollen.« (…) Es tut mir leid, wenn ich das sage, [aber] viele Männer waren nicht sehr sittlich, wenn es um Frauen ging. (…) Sie dachten nicht an die Konsequenzen, wohin das die Mädchen führen könnte. Die Mädchen wurden in strikten katholischen Familien aufgezogen. (…) Hinauszugehen und deinen Körper zu verwenden, um britische Soldaten oder einen RUC-Mann in eine Falle zu locken, war nicht nur gegen Cumann na mBan, sondern auch gegen unsere eigenen katholischen Vorstellungen. Auch wenn du sie (die britischen Polizisten und Soldaten, Anm. DR) hasst, musst du hier eine Linie ziehen.[340]

Ciara spricht hier wie andere Frauen, die sich in den 1960er-Jahren Cumann na mBan anschlossen, die katholische Erziehung und das konservative Frauenbild im damaligen Irland an. Frauen hätten sich demnach sittsam, konservativ und ihrem sozialen Status entsprechend zu verhalten, das wäre sowohl in der Gesellschaft als auch der republikanischen Bewegung so gewesen. Gleichzeitig wird betont, Cumann na mBan hätte den Aktivistinnen Sicherheit gegeben, wenn sie sich in militärischen Einsätzen mit den Männern der IRA befanden. Wie bereits erwähnt, war dies etwas, das, laut den

---

339 Moloney, *Voices from the Grave*.
340 Interview mit Ciara.

Aussagen der Interviewpartnerinnen von Cumann na mBan, bei der IRA nicht vorhanden gewesen war. Eithne erzählt:

> Wenn ASUs[341] aufgestellt wurden und die Armee Volunteers benötigte, fragte sie (die IRA, Anm. DR) um Frauen bei Cumann na mBan an. Wenn nun eine Frau in einem ASU war, durfte sie mit niemandem über ihre Aktivitäten sprechen. Nur falls es Probleme gab, etwa bei einer Operation, wo es nur einen Weg hinein, aber keinen [Weg] hinaus gab – und das Mitglied [nun] Angst hatte, dabei erschossen zu werden. Dann konnte sie Cumann na mBan berichten und wir besprachen es dann mit der Armee.[342]

Sibéal berichtet von ähnlichen Erfahrungen wie Eithne. Sie sagt, es hätte in der Arbeitsweise der Frauen in der IRA und der Aktivistinnen von Cumann na mBan keine Unterschiede gegeben, außer »der Frage der Sicherheit«. Sie betont:

> Falls ein Volunteer [von Cumann na mBan] ausgewählt war, mit der Armee zu arbeiten, war es ihr nicht erlaubt [darüber] zu sprechen was sie dort tat, außer wenn etwas schief ging. Das war der einzige [Grund]. Nur wenn sie eine Beschwerde hatte. [Doch] falls sie keine Beschwerde zu machen hatte, tat sie ihre Arbeit und das war alles. Und diese Arbeit [die sie tat,] war die gleiche [wie die in der Armee].[343]

Louise erzählt weiter: »Nach einer Operation mit der IRA musstest du dich bei Cumann na mBan melden, dass du sicher wieder zurückgekommen bist.«[344] Cumann na mBan wollte sichergestellt haben, dass ihre Aktivistinnen nach Einsätzen wieder unbeschadet auftauchen. Außerdem sollte auf diese Weise ein möglichst guter Schutz für die jungen Frauen geboten werden. Denn, wie Róisín erwähnt: »Bewusst oder unbewusst, die Armee war eine

---

341 ASU bedeutet »Active Service Unit«, die Bezeichnung einer zumeist vier- bis fünfköpfigen militärischen Zelle der IRA, die gerade im Kampfeinsatz ist, um eine bestimmte Operation durchzuführen; daher »active service«, die Zelle ist also im »aktiven militärischen Einsatz«.
342 Interview mit Eithne.
343 Interview mit Sibéal.
344 Interview mit Louise.

Männerdomäne«. Sie ist daher der Meinung, dass alle Rechte, die Frauen in der republikanischen Bewegung genossen, nur aufgrund ihrer Zugehörigkeit zu Cumann na mBan gegeben waren:

> Cumann na mBan hatte eine Konzentration in Belfast und die waren dort furchtlos. Die hatten vor nichts Angst. Sie taten alles, was notwendig war. Sie hatten keine Angst, wenn sie Befehle von den Männern erhielten und gleichzeitig hatten sie ebenso keine Angst, diese zu hinterfragen, wenn sie der Meinung waren, dass sie falsch waren. Daran erkanntest du den Rückhalt durch Cumann na mBan. Du hattest die Unterstützung durch die Leitung. (…) Wenn ich mit irgendetwas ein Problem hatte, konnte ich zurückgehen und sagen: »Hört zu, ich habe ein Problem mit dieser Angelegenheit und ich muss das mit jemanden besprechen«, und es wurde dann diskutiert und dann entweder gelöst oder eben nicht. Das ist aber der Punkt, wo die Sicherheit mit ins Spiel kommt, diese Art des Schutzes.[345]

Ciara betont weiter zum Verhältnis zwischen Cumann na mBan und der IRA:

> Cumann na mBan war eine unabhängige Organisation. Wir arbeiteten mit der IRA zusammen, aber die IRA hatte keine Kontrolle über uns. (…) Ich glaube, die Aktivistinnen von Cumann na mBan haben viel mehr gemacht als die Armeefrauen, die weiblichen Volunteers in der Armee (…). Es gab Anfang der 70er-Jahre nicht wirklich viele weibliche Volunteers [in der Armee], denn Cumann na mBan war eine sehr starke Organisation und jede wusste, wenn sie in Cumann na mBan eintritt, dann wird auf sie aufgepasst. Aber in der männerdominierten IRA hattest du diesen Schutz nicht, wenn du verstehst was ich meine. Wie ich schon gesagt habe, die Volunteers von Cumann na mBan haben mehr als die weiblichen Volunteers der Armee getan – und das wahrscheinlich auch besser. (…) Die IRA brauchte Cumann na mBan mehr, als Cumann na mBan die IRA brauchte, so einfach ist das. Die IRA hätte ohne Cumann na mBan nicht funktioniert.[346]

---
345 Interview mit Róisín, (ehemaliges) Mitglied von Cumann na mBan in Dublin, 10. Februar 2010, Dublin.
346 Interview mit Ciara.

Ein weiterer Punkt, der von Aktivistinnen der Frauenorganisation immer wieder angesprochen wird, ist das Selbstvertrauen, das ihnen durch Cumann na mBan gegeben wurde. Ciara beschreibt dies folgendermaßen:

> Wenn du ein Volunteer von Cumann na mBan warst und du in einer Gruppe von Männern gesessen bist, wurdest du niemals beleidigt. Du wurdest nie in eine Position gebracht, in der du dich unwohl fühltest oder unter Druck gesetzt wurdest. Schau, du hattest das Selbstvertrauen, dich zu einer Gruppe von 20 Männern zu setzen und eine Portion Respekt zu bekommen. (…) Sie (Cumann na mBan, Anm. DR) haben auf dich aufgepasst und sichergestellt, dass du okay warst.[347]

Doch von vielen Frauen in Cumann na mBan wird die Situation nicht so positiv dargestellt wie von Ciara und Róisín. Laut Neala und Niamh gab es die freie, unabhängige Frauenorganisation, die ihre Aktivistinnen in einer männerdominierten Welt zu schützen versuchte, nicht. Niamh sagt nur knapp: »Wir waren an die IRA angehängt.«[348] Gleiches erzählt auch Neala, die meint: »Wir unterstanden der IRA.«[349] Diese Behauptungen, dass Cumann na mBan der IRA bzw. der Armeeführung der IRA unterstand, werden durch die Arbeiten von Moloney und Bell bestätigt, die beide meinen, dass »Cumann na mBan der siebenköpfigen, rein männlichen Armeeführung unterstellt war«.[350] Louise, die in ihrer Jugend Cumann na gCailíní in Lower Falls beitrat, erinnert sich an das Verhältnis von Cumann na mBan und der IRA folgendermaßen:

> Ich war in beiden Organisationen. Ich war Quartiermeisterin[351] in der Armee und weiterhin in Cumann na mBan. Das hat zu Spannungen bei Cumann na mBan geführt. Ich wurde nach Dublin geschickt und mir wurde vorgeworfen, ich hätte nicht um Erlaubnis gefragt. Ich wusste

---
347 Ibid.
348 Interview mit Niamh, (ehemaliges) Mitglied von Cumann na mBan in Belfast, 25. März 2010, Belfast.
349 Interview mit Neala.
350 Bell, *The IRA, 1968–2000*, 129f; Moloney, *A Secret History*, 55.
351 Quartermaster General, wie es in der republikanischen Bewegung genannt wurde, war der militärische Dienstgrad eines leitenden Quartiermeisters im Rang eines Generals, er war zuständig für die Bewaffnung und Ausrüstung der Volunteers.

nicht, dass ich das hätte tun müssen. Ich tat doch einfach meine Arbeit. (…) Wir haben ja alle für dieselbe Sache gekämpft.[352]

Ob sie dafür diszipliniert wurde oder ob sie aus einer der beiden Organisationen austreten musste, ist nicht bekannt. Zu erwähnen ist der Umstand, dass Louise sich in Dublin melden musste, obwohl die Führung von Cumann na mBan in den 1970er-Jahren in Belfast ansässig war. Gleichzeitig zeigt ihre Erzählung, dass es, im Gegensatz zu den Behauptungen der Aktivistinnen der Frauenorganisation, weiblichen Volunteers in der IRA sehr wohl möglich war, höhere Dienstgrade zu erreichen, denn der Grad des Quartiermeisters zählte zu den leitenden Positionen in einem Bataillon.[353]

Auch in anderen Fällen wird von IRA-Frauen ein anderes Bild gezeichnet, als von den Aktivistinnen der Frauenorganisation selbst. Dieses Bild ist oft genau jenem, das von den Cumann-na-mBan-Aktivistinnen gezeichnet wird, entgegengesetzt. So wird der Sicherheitsaspekt für Frauen, den Cumann na mBan vermitteln wollte und das regelmäßige Melden nach Operationen von Aktivistinnen der Frauenorganisation als etwas Positives geschildert, Louise, die sich später von Cumann na mBan trennte und Vollmitglied der IRA wurde, meinte dazu aber:

> In der Armee hattest du mehr Freiheiten. Du musstest dich nicht nach jeder Operation zurückmelden, wie bei Cumann na mBan. Dann gab es auch keine ständigen Treffen. Cumann na mBan hatte regelmäßige Treffen, manchmal wöchentlich und dort wurde nur gesprochen und diskutiert. Alle Frauen in deiner Einheit waren dort.[354]

Louise bemängelt, dass Cumann na mBan nicht alle Ressourcen für die militärische Arbeit einsetzte und im Gegensatz zur IRA wöchentliche Treffen durchführte, politische Diskussionen abhielt und republikanische Publikationen verkaufte. Ihre Aussage bekräftigt somit die Aussagen der Frauen von Cumann na mBan, dass jene Republikanerinnen, die sich der IRA

---

352 Interview mit Louise.
353 Zur Struktur der IRA in den 1970er-Jahren nach der Etablierung des Northern Command siehe: Moloney, *A Secret History*, 573.
354 Interview mit Louise.

anschlossen, weniger an Politik interessiert waren als die Aktivistinnen der Frauenorganisation. Genau das bestätigt auch Maebh aus Derry, die sich aufgrund »militärischer Inaktivität« der IRA anschloss, obwohl sie zuvor in Cumann na gCailíní war: »Ich wollte einen Krieg führen. Ich wollte aktiv daran teilnehmen, das Gleiche machen wie die Männer.«[355] Sowohl Louise als auch Maebh wollen aber nicht die Rolle von Cumann na mBan herunterspielen, Louise betont:

> Cumann na mBan war das Rückgrat der IRA. Eine starke Organisation, gut geführt und sehr, sehr strikt, moralisch sehr strikt. Du musstest dich ordentlich verhalten und dich selbst respektieren.[356]

So war für viele Frauen wie Louise gerade diese sittliche Strenge ebenfalls ein Anziehungspunkt:

> Du musstest dich sittlich gut verhalten. Ich erinnere mich, ein Mädchen wurde ausgeschlossen, da es außerehelich schwanger wurde. Es war sehr strikt, aber es war die schönste Zeit meines Lebens.[357]

Louise war in einem katholischen Elternhaus aufgewachsen und genoss die konservativen Werte von Cumann na mBan. Die Leichtigkeit und Progressivität der neuen Rekruten in den 1970er-Jahren beobachtete sie reserviert. Dennoch schloss sie sich der IRA an, denn schlussendlich war der militärische Sieg über die britische Armee wichtiger für sie als das Hochhalten konservativer Gesellschaftswerte, die sie unterstützte. Maebh aus Derry schloss sich ebenfalls der IRA an, ihre Beweggründe resultierten aus scharfer Kritik an Cumann na mBan. Sie erklärt:

> Meine Erfahrungen brachten mich zu dem Entschluss, dass die Struktur von Cumann na mBan – so wichtig wie sie auch war – also Cumann na mBan und die Armee haben nicht eine gleichberechtigte Rolle gespielt. Das kann jetzt nicht über alle ihrer Mitglieder gesagt werden, aber für

---
355 Interview mit Maebh.
356 Interview mit Louise.
357 Ibid.

einige ihrer Mitglieder, also sie hatten eine unterstützende Rolle. Und diese Rolle hätte eigentlich abgeworfen werden müssen, doch stattdessen waren sie nur dazu da, der Armeestruktur Stärke zu verleihen.[358]

Maebh unterstreicht, dass Cumann na mBan nur eine Nebenrolle spielte und nicht mehr als eine Hilfstruppe für die IRA war. Sie führt diese Kritik weiter aus:

> Ich glaubte damals – und das glaube ich auch noch heute – du kennst ja die Gesellschaft, aus der wir kommen, besonders die Gesellschaft, die wir aufgrund der Verfassung in den 26 Grafschaften haben. In dieser Verfassung ist ein Artikel, der der Frau klar eine Rolle im Haus zuweist.[359] Also waren die irischen Frauen zu Hause, sie kochten, putzten, passten auf die Kinder auf und stellten sicher, dass es ein gemütliches Heim gab. So gemütlich wie es nur sein konnte in den Häusern und der Not der irischen Gesellschaft, in der wir lebten. Es war nicht die Aufgabe der Frauen zu kämpfen und all diese Ignoranz hatte einen Einfluss auf die Organisationsstruktur, in der wir uns befanden.[360]

Als Maebh älter wurde, begann sie diese Situation zu hinterfragen und beschloss, da sie nun alt genug war, nicht von Cumann na gCailíní an Cumann na mBan überstellt zu werden, sondern sich der IRA in Derry anzuschließen. Das war kurz vor dem Beginn der ersten Hungerstreiks im Herbst 1980. Sie erinnert sich, dass auch andere Frauen zu dieser Zeit Cumann na mBan verließen und der IRA beitraten, da die führenden Mitglieder von Cumann na mBan nicht gewillt waren, den Arbeitsstil der Organisation zu ändern:

> Aber es gab da auch andere [Frauen], zumeist in der hierarchischen Führung von Cumann na mBan (...) sagen wir, sie wollten nicht [sehen

---

358 Interview mit Maebh.
359 Maebh spricht hier von Artikel 41 (2) 1 in der irischen Verfassung: »Der Staat anerkennt insbesondere, dass die Frau dem Staat durch ihr Leben in der häuslichen Gemeinschaft eine Stütze verleiht, ohne die das allgemeine Wohl nicht erlangt werden kann.« Zusätzlich heißt es auch in Artikel 45 der irischen Verfassung, dass niemand »aufgrund sozialer Schwierigkeiten einer Tätigkeit nachgehen soll, die seines/ihres Geschlechts unpassend ist«.
360 Interview mit Maebh.

wie Frauen] die Hierarchie angreifen (…) und dann die Organisation verlassen, um sich der Armee anzuschließen. Sie wollten die strukturelle Integrität von Cumann na mBan behalten. Sie wollten die Kontrolle behalten.[361]

Ihr Austritt folgte im Zuge einer langen internen Debatte innerhalb der Gruppe in Belfast. Maebh aus Derry war also nicht die einzige Aktivistin, die zu dieser Zeit von Cumann na mBan bzw. Cumann na gCailíní zur Provisional IRA übertrat, denn zu Übertritten kam es auch in anderen Gebieten Nordirlands. Maebh erzählt weiter:

Also, ich habe nicht nur einfach meine Entscheidung kundgetan. Es gab eine Diskussion und andere Frauen rackerten sich ab und versuchten [zwischen den Positionen] zu navigieren. Es war eine Debatte, ob sie in Cumann na mBan bleiben sollten oder ob sie gehen sollten. In der Debatte wurde sehr stark versucht, die Frauen zum Bleiben zu überreden, aber es gab auch Verständnis und Einsicht, dass du nicht die Möglichkeit bekommen hast, an der militärischen Kampagne teilzunehmen. Du warst in Cumann na mBan nun einmal aufgrund der Struktur nicht zu denselben Dingen in der Lage, wie du es in der Armee gewesen wärest. (…) Wir wollten am Krieg teilnehmen. Wir waren entschlossen, im Krieg zu kämpfen und wir wollten das Möglichste versuchen, die Gesellschaft und die Welt, in der wir lebten, zu verändern.[362]

Grainne aus Belfast wurde in ihrer Jugend Mitglied in Cumann na gCailíní, später in Cumann na mBan überstellt, trat aber aus der Organisation aus und schloss sich der IRA an. Ihre Kritik ist noch schärfer als jene von Maebh. Sie behauptet, dass Frauen die Möglichkeit hatten, gleichberechtigt mit den Männern in der IRA kämpfen können. Daher widerspreche der Fortbestand von Cumann na mBan den emanzipatorischen Zielen der Frauenbewegung. Das Weltbild von Cumann na mBan sei, so Grainne, nichts anderes als eine Weiterführung der patriarchalen Gesellschaftsordnung in der republika-

---
361 Ibid.
362 Ibid.

nischen Bewegung. Grainne betont daher, dass »die Frauen beim Kampf dabei sein und alles tun wollen, was Männer auch machen. Daher ist für mich Cumann na mBan heute überflüssig geworden.«[363] Quoirin zitiert in ihrem Buch ein ehemaliges Mitglied von Cumann na mBan, das dieselben Erfahrungen machte, mit folgenden Worten:

> Wissen Sie, erst ein paar Jahre später habe ich gemerkt, wie heuchlerisch das Verhalten von Cumann na mBan war. Da ist man in einer Organisation, die nicht nur gegen die britischen Besatzer kämpft, sondern auch für ein vereinigtes sozialistisches Irland und dann wird man wie eine Klosterschülerin gemaßregelt, und nicht einmal das wird akzeptiert, was selbst die Menschen im Ghetto als selbstverständlich ansehen, nämlich ledige Mütter.[364]

Ähnliche Aussagen von republikanischen Frauen zitieren Fairweather et al. in ihrer 1984 erschienenen Arbeit *Only the Rivers Run Free*.[365] Anhand der Lebensläufe der Interviewpartnerinnen wird ersichtlich, dass Frauen, die bereits vor 1969 der republikanischen Bewegung beitraten, trotz aller Kritikpunkte bei der Frauenorganisation blieben. Es waren eher die jungen Rekrutinnen aus den 1970er-Jahren, die den Schritt hin zur IRA setzten und so betont Louise: »Sehr wenige kamen von Cumann na mBan in die Armee, die meisten traten gleich direkt in die Armee ein.«[366]

In den 1970er-Jahren entwickelten sich Spannungen sowohl zwischen den älteren und jüngeren Rekrutinnen als auch zwischen den Aktivistinnen in der Republik und in Nordirland über die Ausrichtung und Arbeitsweise der Organisation. Diese Spannungen spiegeln sich in den Erinnerungen der Frauen wider. Dennoch wollen die wenigsten Frauen zugeben, dass diese »Reibereien«, wie es Sibéal ausdrückt, einen Einfluss auf die Arbeit der Organisation gehabt hätten. Selbst Eithne aus Belfast, die sonst sehr abschätzig von den Frauen in der IRA sprach, betont am Ende des Gesprächs: »Es gab keine Differenzen. Wir haben

---

363 Interview mit Grainne.
364 Quoirin, *Töchter des Terrors*, 152.
365 Fairweather et al., *Only the Rivers Run Free*, 237-243.
366 Interview mit Louise.

alle für dieselbe Sache gekämpft. Wir waren sehr aktiv.«[367] Trotz dieses Bekenntnisses zur Einheit der republikanischen Bewegung zeigen die Darstellungen der verschiedenen Lager bedeutende Unterschiede. Wie bereits erwähnt, sahen die Mitglieder von Cumann na mBan ihre Organisation als eine Gruppe von starken, selbstbewussten Frauen, die ihre Stimme in einer männerdominierten Bewegung durch eine eigene, unabhängige Organisation hörbar machten. Die Aktivistinnen betonen, Cumann na mBan sei eine standfeste, republikanische Organisation gewesen, welche die republikanischen Prinzipien hochhielt und so eine Konstante seit der Gründung der republikanischen Bewegung Anfang des 20. Jahrhunderts darstellte. Außerdem, so wird betont, hatte Cumann na mBan eine Schutzfunktion für republikanische Aktivistinnen innerhalb der männerdominierten Bewegung. Demgegenüber steht das Bild von Cumann na mBan, das von den Aktivistinnen der IRA bzw. jener, die von Cumann na mBan zur IRA übertraten, gegeben wird. Sie stellen Cumann na mBan als eine schwache Organisation dar, die eine konservative Weltanschauung vertrat. Damit ist gemeint, dass Cumann na mBan keinen politischen Einfluss und keine militärische Entscheidungsgewalt besaß und lediglich eine Unterstützerrolle für die IRA spielte. In anderen Worten, Frauen hätten nur als IRA-Mitglieder, nicht aber als Cumann-na-mBan-Mitglieder direkt am Krieg teilnehmen können.

Frauen der IRA warfen ihren Kameradinnen in Cumann na mBan ebenso vor, nicht für gleiche Rechte von Frauen in der republikanischen Bewegung, geschweige denn in der irischen Gesellschaft zu kämpfen. Dies ist ein Kritikpunkt, der von der Suffragettenbewegung Anfang des 20. Jahrhunderts Cumann na mBan ebenso vorgeworfen wurde. Damals behaupteten die Suffragetten, dass Cumann na mBan die irische Unabhängigkeit über die Befreiung der Frau in der Gesellschaft stelle und daher die Frauenfrage der nationalen Frage unterordnen würde, was schlussendlich nur die patriarchale Gesellschaftsordnung fortschreiben würde. Cumann na mBan erwiderte, dass weder die Befreiung der Frauen noch die der Arbeiterklasse errungen werden kann, solange Irland eine britische Kolonie sei. Die Organisation argumentierte, dass eine Gleichstellung der Frau innerhalb der kolonialen

---

367 Interview mit Eithne.

Gesellschaft keine Befreiung bedeuten würde, sondern nur die Unabhängigkeit der Insel den Grundstein für tatsächliche Emanzipation der Frauen und der Arbeiterklasse legen könnte. Diese Ansichten waren in der republikanischen Bewegung der 1970er-Jahre weiterhin verbreitet, doch machte der Feminismus auch vor den Republikanerinnen nicht halt. Maria Power erwähnt, dass »viele Frauen zum Feminismus durch den Republikanismus kamen«.[368] Dies wurde auch in den hier geführten Interviews beobachtet. Während einige Frauen feministische Kritik an Cumann na mBan entwickelten, gab keine dieser Gesprächspartnerinnen an, aufgrund feministischer Motive Mitglied der republikanischen Bewegung geworden zu sein. So stimme ich den Ansichten von Power und Talbot zu, die beide meinen, dass Frauen Mitglieder der Bewegung wurden, weil sie ein wiedervereinigtes Irland wünschten und nicht aufgrund feministischer Ideale.[369] Im Zuge des »Second-Wave-Feminism«, so argumentieren die Autorinnen, seien Frauen nicht mehr gewillt gewesen, weiterhin eine untergeordnete Rolle in der nationalen Befreiungsbewegung zu spielen, stattdessen wollten sie gleiche Rollen wie die Männer und traten der IRA bei, so Power.[370]

Tatsächlich änderte sich die Rolle in der republikanischen Bewegung im Laufe der 1970er-Jahre. Doch wird in den Interviews ersichtlich, dass dies keine ideologischen Gründe, sondern zunächst objektive Notwendigkeit hatte. Durch den Krieg kam es zu einem enormen Anstieg der Mitgliederzahlen von Cumann na mBan. Gleichzeitig wurde ein großer Teil der männlichen nationalistischen Aktivisten interniert. Die Frauen mussten den Platz der Männer einnehmen und zeigten sich als fähig, die männlichen Rollen in der Familie, im Beruf, in der Politik und in den paramilitärischen Organisationen auszufüllen. Dadurch aber erkannten republikanische Frauen ihre bisher sekundäre Rolle. An dieser Stelle trat schließlich der subjektive Faktor hinzu, denn wie McAuliffe und Hale schreiben, mussten Frauen ihr Geschlecht unterdrücken und wie Männer werden, um gleichberechtigt in der republikanischen Bewegung wahrgenommen zu werden. Dies änderte sich erst mit den Protesten im Frauengefängnis Armagh, wie die beiden Autorinnen argumentieren.

---

368 Power, »A Republican Who Wants to Further Women's Rights«, 154.
369 Ibid., 162; Talbot, »Female Combatants«, 137.
370 Power, »A Republican Who Wants to Further Women's Rights«, 167.

Denn im Zuge dieser Proteste setzten die Frauen Ende der 1970er-Jahre erstmals ihren weiblichen Körper als Waffe im Kampf gegen die britische Repression ein.[371] McAuliffe und Hale schreiben:

> Geboren mit einem biologischen Geschlecht, aber dazu gezwungen, ihr soziales Geschlecht zu verwenden, sind diese Frauen bis zu einem gewissen Grad aus dem Zwang der dominierenden hegemonialen und hierarchischen Sicht auf Frauen als einer sozial konstruierten Kategorie ausgebrochen.[372]

Genauso wie die Gründung von Inghínidhe na hÉireann Anfang des 20. Jahrhunderts, der Formierung von Cumann na mBan und die sich wandelnde Rolle von Frauen in der republikanischen Bewegung ab Ende der 1960er-Jahre, war auch die Aufnahme von Frauen als Vollmitglieder in die IRA nur ein »Etappensieg« auf dem Weg der Emanzipation der republikanischen Frauen, wie es Ward ausdrückte.[373] Diese Etappensiege konnten erst zur endgültigen Emanzipation der Frauen in der paramilitärischen Organisation führen, als Gefangene im Frauengefängnis Armagh aus den »sozial konstruierten Kategorien« ausbrachen. Doch dieser Ausbruch ist weder den Gefangenen von Cumann na mBan noch jenen der IRA alleine zuzuschreiben. Im Gefängnis arbeiteten alle Frauen unter der gemeinsamen republikanischen Struktur und die Leitungsebene wechselte sich zwischen beiden Organisationen ab. Es ist also gleich, welches Lager die Emanzipation der republikanischen Frauen für sich in Anspruch nimmt, weder die IRA-Frauen noch Cumann na mBan können sich diesen Prozess alleine auf ihre Fahnen heften, denn beide Organisationen hätten ohne Unterstützung und Arbeit der anderen, diese Emanzipation der republikanischen Frauen nicht erringen können.[374]

---

371   McAuliffe/Hale, »Blood on the Walls«, 175-183.
372   Ibid., 183.
373   Ward, *Unmanageable Revolutionaries*, 3.
374   Brady et al., *In the Footsteps of Anne*; Conlon, »Neither Men nor Completely Women«; Corcoran, *Out of Order*; Wahidin, *Ex-Combatants, Gender and Peace*.

6. Die Marginalisierung

Cumann na mBan hatte allen Grund besorgt zu sein, ob der Gewissheit einer stärker werdenden Frauenfraktion in der IRA. Im vorhergegangenen Kapitel beschrieb ich die Debatten innerhalb der republikanischen Aktivistinnen über die Frage, ob eine unabhängige Frauenorganisation in den 1970er-Jahren zeitgemäß war oder ob Frauen stattdessen in die IRA eintreten und innerhalb der männerdominierten Guerillaarmee für gleiche Rechte kämpfen sollten. Es gab daneben auch republikanische Männer, die Frauen lieber direkt in der IRA sehen wollten, da die Frauen so direkt der IRA unterstanden und die Frauen dadurch kontrollierbarer wurden als in einer eigenständigen Frauenorganisation. Die vermehrte Aufnahme von Frauen in die IRA resultierte also zugleich aus einer Entmachtung von Cumann na mBan durch die republikanischen Männer. Im folgenden Kapitel wird dieser Prozess, der Mitte der 1970er-Jahre einsetzte, beschrieben.

Die Aufnahme von Frauen in die IRA ist nicht alleine einem progressiveren politischen Bewusstsein nationalistischer Aktivistinnen in Irland im Zuge von Feminismus und 68er-Bewegung geschuldet. Im Zuge des Nordirlandkonflikts hatte die IRA eine neue Organisationsstruktur erhalten und ein einflussreiches Nordkommando wurde eingerichtet. Bald begannen dessen Kommandeure im Norden, Schritte hin zu einer politischen Neuorientierung der republikanischen Bewegung abseits vom Abstentionismus zu setzen. Gleichzeitig wurde auch eine neue militärische Strategie entwickelt, die als »Long War«, der lange Krieg, bekannt wurde. Die nördliche Führung wusste, dass Cumann na mBan prinzipienfest war und abermals, wie bereits 1969, die schärfsten Kritikerinnen dieses Wandels sein werden. Ende der 1960er-Jahre drohte die Goulding-Führung Cumann na mBan mit dem Ausschluss aus der republikanischen Bewegung und begann gleichzeitig Frauen in die IRA aufzunehmen. Ähnlich war es ab Mitte der 1970er-Jahre. Doch damals waren die Voraussetzungen für die nordirische IRA-Führung um Gerry Adams und Martin McGuinness ungleich besser, denn Frauen waren bereits in immer größerer Zahl in der IRA aktiv. Hanley schreibt, dass »mit 1979 Cumann na mBan eine mehrheitlich im Süden ansässige Organisation [war], da die meisten weiblichen Provisionals sich einfach der IRA anschlossen«.[375] Doch waren es weniger republikanische Aktivistinnen von Cumann na mBan, sondern die neuen, jungen Rekrutinnen, die sich der IRA anschlossen. Die älteren Aktivistinnen beharrten auf die Eigenständigkeit von Cumann na mBan, also versuchte die nördliche Fraktion in der Führung der republikanischen Bewegung, Cumann na mBan zu marginalisieren. Dass dieser Prozess Mitte der 1970er-Jahre bereits voll eingesetzt hatte, zeigt ein Dokument, das im Dezember 1977 bei Seamus Twomey entdeckt wurde. Twomey, ein Republikaner aus Belfast, war damals Oberbefehlshaber IRA. Bei der Hausdurchsuchung im Zuge seiner Verhaftung wurde ein Papier sichergestellt, das eine Restrukturierung der IRA basierend auf einem Zellensystem vorschlug. In demselben Dokument wurde auch empfohlen, Cumann na mBan aufzulösen und »die besten Teile in die IRA-Zellenstruktur aufzunehmen und den Rest und die zivile und militärische Verwaltung zu überführen«.[376] Das Dokument war betitelt mit »Staff Report« und anscheinend von der Armeeführung der nordirischen IRA verfasst worden. Die Auflösung der Frauenorganisation sollte demnach 1978 abgeschlossen sein.[377] Sibéal erwähnt ebenfalls das Dokument, das bei Twomey gefunden wurde und behauptet: »Sie wollten Cumann na mBan als Ganzes loswerden, denn sie wussten, Cumann na mBan ist ein Hindernis auf ihrem Weg.«[378] Der Weg, den Sibéal meint, war die Transformation der republikanischen Bewegung, die eine militärische Umstrukturierung, aber auch eine politische Erneuerung bedeutete. Im Zuge dieses Wandels wurde der Abstentionismus aufgegeben und das irische Parlament in Dublin als legitime Vertretung des irischen Volkes anerkannt. Der Transformationsprozess rief einen Fraktionskampf herbei, der schließlich in der Spaltung der Bewegung am Sinn Féin Ard-Fheis im Herbst 1986 gipfelte.[379]

---

375 Hanley, *The IRA*, 191.
376 Coogan, *The IRA*, 467; Agnès Maillot, *New Sinn Féin: Irish Republicanism in the Twenty-First Century* (London: Routledge, 2005), 108n4.
377 Talbot, »Female Combatants«, 136f.
378 Interview mit Sibéal.
379 Zur Debatte über den Abstentionismus siehe: Evans/Tonge, »From Abstentionism to Enthusiasm«; Brendan Lynn, »Tactic or Principle? The Evolution of Republican Thinking on Abstentionism in Ireland, 1970–1998«, *Irish Political Studies* 17, no. 2 (2002).

Um die Schwächung von Cumann na mBan auch auf politischer Ebene zu vertiefen, wurde Ende der 1970er-Jahre begonnen, eine Frauen-Abteilung in Sinn Féin aufzubauen. Auf dem Ard-Fheis 1980 wurde ein Dokument mit dem Titel *Women in Sinn Féin* angenommen.[380] Ein derartiges Department wird von einer politischen Partei natürlich nicht ausschließlich eingerichtet, um einen anderen Arm der Bewegung zu schwächen. Viel mehr war es Resultat der stärker werdenden feministischen Positionen in der Bewegung. Die nördliche Führung war nur allzu gewillt, diese Tendenzen für ihre eigene Sache auszunutzen. Power meint, dass durch feministische Rhetorik Sinn Féin und die IRA für Frauen interessanter werden wollten. Den Frauen sollte gezeigt werden, dass sie eine wichtige Rolle im nationalen Befreiungskampf führen, denn wie Power schreibt:

> Feminismus wurde der republikanischen Bewegung durch den Nordirlandkonflikt aufgedrängt und ordnungsgemäß wurden von ihr daraufhin auch Lippenbekenntnisse dazu abgegeben.[381]

Power erklärt weiter:

> Für die republikanische Bewegung erfüllte der Feminismus einen Zweck. Dessen Ideale wurden manipuliert, um dieses Ziel zu erreichen, doch der Raison d'Être der republikanischen Bewegung blieb die britische Herrschaft zu beenden.[382]

Der Feminismus und die Gleichstellung der Frauen waren also nach Powers Ansicht Lippenbekenntnisse der männlichen Führung. In Wahrheit war das Ziel weiterhin ausschließlich die Verdrängung der britischen Armee von der Insel. Außerdem wollten die Männer Frauen in die IRA holen, um sie direkt vonseiten der männlichen Armeeführung politisch und militärisch zu kontrollieren. Die Volunteers der IRA waren durch die Militärstruktur und Statuten zu völligem Gehorsam und Loyalität gezwungen. Frauen als

---

380 Sinn Féin Educational Department, »Women in Sinn Féin«, *Sinn Féin Educational Series*, Dublin 1980.
381 Power, »A Republican Who Wants to Further Women's Rights«, 167.
382 Ibid.

Volunteers konnten Entscheidungen der Männer nicht kritisieren, wie es ihnen als Mitglieder von Cumann na mBan möglich war. Diese Situation männlicher Dominanz über weibliche Volunteers konnte Eithne während ihrer Arbeit mit der IRA in Belfast beobachten:

> Die Armee wollte die Kontrolle über die republikanische Bewegung übernehmen und dazu alle Frauen in die Armee aufnehmen. (…) Sie wollten Cumann na mBan übernehmen, da sie keine Organisation wollten, die nicht mit ihnen übereinstimmt.[383]

Die Spaltung war wie jene Ende der 1960er-Jahre der Endpunkt eines längeren Prozesses. Sibéal erzählt, sie bemerkte erstmals das Vorhaben, die Bewegung in eine andere politische Richtung zu führen, als sie im Sommer 1981 als Vertreterin des Sinn Féin Ard Chomhairle, der nationalen Leitung, zu einem Treffen des Hungerstreikkomitees nach Belfast gesandt wurde. Bei dem Treffen waren Gerry Adams und sein »Küchenkabinett«, wie sie es nennt, anwesend, das aus Tom Hartley, Jim Gibney und anderen Republikanern bestand.

Sie meint, in den Diskussionen bemerkte sie, dass da etwas anderes vor sich ging, als behauptet wurde: »Es ging ihnen nicht um die Hungerstreikenden. Sie hatten etwas anderes im Sinn.«[384] Auch für Ciara waren die Ereignisse um die Hungerstreiks 1980/81 ein entscheidender Wendepunkt für die republikanische Bewegung, denn sie betont:

> Sie haben den Hungerstreik 1981 manipuliert. (…) Sie wollten eine politische Plattform, um gewählt zu werden. (…) Ich glaube, im Hintergrund hat Sinn Féin die Spaltung heraufbeschworen, denn es waren keine Hardliner gewünscht. (…) Ich habe dem damals nicht zugestimmt und ich stimme dem auch heute nicht zu, denn der ganze [Friedens-] Prozess hat für meine Familie absolut nichts geändert. Wir haben dafür gekämpft, England aus diesem Land raus zu bekommen und Selbstbestimmung zu erhalten und uns selbst zu regieren.[385]

---

383 Interview mit Eithne.
384 Interview mit Sibéal.
385 Interview mit Ciara.

Mit der Zeit wurde immer klarer, dass die nördliche Gruppe um Gerry Adams und Martin McGuinness einen Weg eingeschlagen hatte, der die Anerkennung der Republik Irland durch die republikanische Bewegung und somit die Aufgabe des Prinzips des Abstentionismus zum Ziel hatte. Die Geschichte schien sich, weniger als 20 Jahre nach der Spaltung zwischen Provisional und Official Republican Movement, zu wiederholen.[386] 1983 kam es zur ersten Auseinandersetzung um das politische Programm der Republikanischen Bewegung Éire Nua.[387] Eire Nua als Programm von Sinn Féin wurde fallen gelassen und Gerry Adams bezeichnete das Dokument als einen »Kniefall« vor dem Unionismus. Nach der Abstimmungsniederlage trat Ruairí Ó Brádaigh als Präsident von Sinn Féin zurück und wurde von Adams selbst abgelöst. In den folgenden Jahren verschärfte sich der Fraktionskampf zusehends. Dies ging so weit, dass es Cumann na mBan verunmöglicht wurde, auf den Ard-Fheiseanna von Sinn Féin zu sprechen. Eithne erzählt, dass traditionell bei allen Ard-Fheiseanna verschiedene Teilorganisationen der republikanischen Bewegung wie die Jugend-, die Gefangenenhilfs- oder Frauenorganisation Grußadressen vorbringen konnten. 1984 wurde Cumann na mBan von den Vorsitzenden des Ard-Fheis mitgeteilt, dass sie ihre Grußadresse vorlegen müssten, bevor sie diese verlesen konnten, doch Eithne erzählt:

> Wir haben ohne Augenzwinkern sofort abgelehnt, irgendwelche Reden vorzulegen, damit sie zensiert werden können. (…) Wir konnten daher nicht sprechen, aber wir machten unsere Stimme trotzdem hörbar in der republikanischen Bewegung. Das ging so für weitere zwei Jahre [auf den Ard-Fheiseanna von Sinn Féin 1985 und 1986].[388]

---

386 Ausführliche Darstellungen der Debatten, die zur Spaltung 1986 führten finden sich unter anderem in Frampton, *Legion of the Rearguard*; Morrison, *Origins and Rise*; Sanders, *Inside the IRA*; White, *Provisional Irish Republicans*.

387 *Eire Nua* war das 1973 von der Provisional Republican Movement veröffentlichte Programm, worin vorgeschlagen wurde, dass Irland auf Basis von vier Provinzen föderal und direkt-demokratisch regiert werden sollte. Die Hauptstadt dieses vereinten, föderalen Irlands sollte in Athlone, Grafschaft Westmeath liegen. Der unionistischen Bevölkerung im Norden wurden in Éire Nua weitgehende Minderheitenrechte zugesprochen. Das Programm enthielt zusätzlich die Forderungen nach einer neuen Verfassung, neue Regierungsstrukturen und soziale und wirtschaftliche Veränderungen durch regionale Entwicklungen der lokalen Vertretungen. Erstmals war der Name am 25. Oktober 1971 in einem Dokument von Ruairí Ó Brádaigh und Dáithí Ó Conaill verwendet worden.

388 Interview mit Eithne.

1986 kam es schließlich auf dem Ard-Fheis zur Spaltung von Sinn Féin. Nachdem in einer Abstimmung der Antrag auf Löschung des Abstentionismus aus dem Programm angenommen wurde und damit die Republik als legitime Vertretung der irischen Bevölkerung anerkannt wurde, marschierten die Traditionalisten, angeführt vom ehemaligen Präsidenten Ruairí Ó Brádaigh und dem zukünftigen Oberbefehlshaber der Continuity IRA, Dáithí Ó Connaill, aus dem Saal und konstituierten sich als Republican Sinn Féin neu. Róisín meint, die Spaltung sei »nicht abwendbar« gewesen, denn:

> Die Treffen waren überfüllt, die Statuten von Sinn Féin wurden dutzende Male gebrochen, die Armeemitglieder rannten herum und schüchterten Leute ein. Viele Aktivisten sind bereits zuvor gegangen. Sie wurden damit nicht fertig, was da passierte. (…) Und als es schließlich passierte, ich glaube, wir waren nicht aktiv genug, wir waren nicht laut genug.[389]

Für alle Aktivisten der republikanischen Bewegung war zuvor bereits klar, dass es auf dem Ard-Fheis zu einer Spaltung kommen würde. Um die Traditionalisten zu unterstützen, hatte das letzte noch lebende Mitglied des zweiten und letzten gesamt-irischen Dáils[390], IRA-General Tom Maguire, eine Stellungnahme gegen einen Eintritt in Leinster House, den Sitz des irischen Parlaments, veröffentlicht.[391] Maguire hatte denselben Schritt bereits während Spaltung 1969 in Unterstützung des Provisional Army Council gesetzt.[392] Die Geschichte hatte sich wiederholt, die republikanische Bewegung spaltete sich 1986 an denselben Fragen wie 1969 und General Tom Maguire und Cumann na mBan unterstützten die sich neu formierenden Traditionalisten um Ruairí Ó Brádaigh.[393] Cumann na mBan veröffentlichte im Zuge der Spaltung eine Stellungnahme, in der es hieß:

---

389 Interview mit Róisín.
390 Für jene Republikaner, die die Republik Irland und das irische Parlament nicht als legitime Vertretung des irischen Volkes anerkennen, liegt die faktische Regierungsgewalt in den Händen des zweiten Dáil von 1921. Er war das letzte gesamt-irische Parlament. Die legislative Gewalt wurde von den ehemaligen Regierungsmitgliedern dieses zweiten Dáil 1938 an die Armeeführung der IRA übertragen, die sie ausüben sollte, bis das irische Volk wieder in der Lage ist, frei und geeint ein neues gesamt-irisches Parlament zu wählen; siehe dazu: Hanley, *The IRA*; Ó Brádaigh, *Dílseacht*.
391 Ó Brádaigh, *Dílseacht*, 65.
392 Ibid., 64.
393 White, *Ruairí Ó Brádaigh*.

Wir glauben, dass die Einnahme von Sitzen in einer kolonialen oder neo-kolonialen Vertretung die Anerkennung des Rechts der Briten, über Irland zu herrschen bedeutet. Das steht unserer Meinung nach im Widerspruch zu den Prinzipien des Republikanismus und daher auch im Gegensatz zu den Statuten von Cumann na mBan. (…)
Unsere heutige Position ist nichts Neues in Cumann na mBan. Es muss nur auf die Debatten um den Vertrag von 1922 und unsere Rolle darin geblickt werden. Auch 1932, als Republikaner De Valera unterstützten, da er behauptete, die Gefängnisse zu schließen, stand Cumann na mBan zur Republik. Auch 1948 und 1968 blieben wir diesem fundamentalen Prinzip treu.
Die Statuten von Cumann na mBan lagern auf bestimmten fundamentalen Wahrheiten, auf denen Menschen ihre Positionen entwickelten, die wir nun hochhalten. Zentral in dieser Position ist unsere Unterstützung für den bewaffneten Kampf, den wir fortsetzen werden.[394]

Die Erklärung war gezeichnet von »der Leitung Cumann na mBan« und in einer Presseaussendung, datiert mit dem 28. Oktober 1986, veröffentlicht. Postanschrift war keine angegeben, lediglich eine Dubliner Telefonnummer und der Vermerk: Cumann na mBan Hauptquartier. In der Stellungnahme von Cumann na mBan wird auf ihre lange Tradition im Kampf für die Verteidigung republikanischer Prinzipien hingewiesen. Dies geschieht dadurch, indem unterstrichen wird, dass Cumann na mBan in den bisherigen Spaltungen der republikanischen Bewegung immer die traditionalistische Seite unterstützt habe. Damit wird suggeriert, dies auch jetzt, 1986, wieder zu tun. Gleichzeitig wird damit der anderen Seite vorgeworfen, dass sie wie die bisherigen Spaltungsprodukte des irischen Republikanismus früher oder später die Teilung der Insel anerkennen und den bewaffneten Kampf aufgeben werden.

Aus diesem Grund unterstreicht Cumann na mBan ihre prinzipielle Unterstützung für den bewaffneten Kampf in Irland auch abermals im letzten Satz. Die Fortsetzung des bewaffneten Kampfes wird dadurch zur Existenzberechtigung jener Republikaner, die den neuen politischen Weg

---

[394] Statement from the Executive of Cumann na mBan, *Republican Bulletin*, 1/1986, Dublin.

nicht unterstützen. Die inhaltlich identische Erklärung von Tom Maguire ist datiert mit dem 22. Oktober 1986. Sibéal erinnert sich an die Veröffentlichungen der beiden Stellungnahmen und erzählt:

> Ich glaube es war Montag oder Dienstag [als die Stellungnahmen veröffentlicht wurden], in der Woche [in der auch das Ard-Fheis stattfand]. Sie wurde gemeinsam mit der Stellungnahme von General Tom Maguire veröffentlicht. (…) Und sie erschien dann gemeinsam mit der Stellungnahme von Tom Maguire in der *Irish Times*[395] am Mittwoch.[396]

Das Veröffentlichen der Stellungnahme in der größten irischen Qualitätszeitung und nicht in einer republikanischen Zeitung unterstreicht die Bedeutung der Stellungnahmen für die Traditionalisten. Die Spaltung oder, wie die Traditionalisten meinten, der Wandel der Mehrheit der republikanischen Bewegung von einer revolutionären Kraft zur Befreiung Irlands vom britischen Kolonialismus, hin zu einer reformistischen Kraft, die die Teilung Irlands anerkenne, habe Auswirkungen auf die gesamte irische Bevölkerung. Daher sei es auch notwendig, die Stellungnahmen einer breiten Öffentlichkeit näher zu bringen, anstatt sie ausschließlich innerhalb der republikanischen Bewegung und ihrer Unterstützer zu diskutieren. Auf die Frage, was die Stellungnahme für Cumann na mBan bedeutete, meint Sibéal:

> Nun ja, sie bedeutet, dass wir uns selbst immer noch als Teil der republikanischen Bewegung sahen. Als sich die republikanische Bewegung reorganisierte, waren wir da als Teil der republikanischen Bewegung.[397]

Wie 1968 hätte also Cumann na mBan nicht die republikanische Bewegung verlassen, sondern die Mehrheit der Bewegung hätte die republikanischen Prinzipien fallen gelassen. Daher sah sich Cumann na mBan gezwungen, den gemeinsamen Weg zu verlassen, um sie die republikanischen Werte aufrecht halten zu können. Diese Interpretation der republikanischen

---

395 Landesweite, frühere unionistische, jetzt liberal-konservative Tageszeitung mit Erscheinungsort Dublin.
396 Interview mit Sibéal.
397 Ibid.

Geschichte wurde in den folgenden Jahren zur Existenzberechtigung und zum Geschichtsmythos von Cumann na mBan. In der Tat war die Stellungnahme vom Oktober 1986 eine symbolische Erklärung zur Information und Konsolidierung der eigenen Aktivistinnen. Róisín betont, dass die Stellungnahme nichts am Stimmverhalten der Delegierten des Ard-Fheis geändert hätte:

> Viele Frauen, besonders jene in Belfast, hatten eine Nord-Süd-Sicht. Sie dachten, wenn es gut für Gerry Adams ist, dann ist es auch gut für uns. Und schon folgten sie wieder einem Mann. Ich meine, die Leute, die den republikanischen Prinzipien treu blieben, waren erleichtert, dass Cumann na mBan diese Stellungnahme veröffentlichte. (…) Sie wussten, sie hatten ihre Unterstützung, wenn sie gebraucht wurde.[398]

Eithne war am Ard-Fheis 1986 Delegierte eines Sinn Féin Cumann aus Belfast und meint: »Wir zogen 1986 aus dem Mansion House[399] aus, doch wir marschierten aus dem Saal mit einer republikanischen Bewegung, die intakt war.«[400] Allerdings gesteht sie ein:

> Ein paar sind gegangen, das passiert immer. (…) Viele Leute sagten, sie (jene Republikanerinnen, die sich 1986 abspalteten, Anm. DR) haben ihr Leben für das Provisional Movement gegeben und jetzt können sie doch nicht einfach gehen.[401]

Auch Róisín erinnert sich, dass viele Frauen nach der Spaltung aus Cumann na mBan austraten und im Provisional Republican Movement blieben: »Ach, unsere Zahlen waren sehr dezimiert. Die Mehrheit ist mit Gerry Adams gegangen.«[402] Besonders in Belfast war die Struktur von Cumann na mBan sehr getroffen, da hier die ehemalige Führungspersönlichkeit der Frauenorganisation, Brigid Hannon, das Provisional Republican Movement unterstützte.

---

398 Interview mit Róisín.
399 Sitz des Bürgermeisters von Dublin und historischer Versammlungsort, in dem das Ard-Fheis von Sinn Féin 1986 abgehalten wurde. Hier tagte ebenso das Dáil, das irische Parlament, am 25. Jänner 1919 zum ersten Mal.
400 Interview mit Eithne.
401 Ibid.
402 Interview mit Róisín.

Róisín meint: »Ich gebe hier Belfast nur aus dem Grund an, weil wir dort eine so starke Konzentration [an Mitgliedern] hatten, wie nirgendwo sonst in den sechs Grafschaften.«[403] Der Verlust des Großteils der Aktivistinnen in Belfast war ein harter Schlag für die Organisation in Nordirland. Sibéal versucht, diese Austritte der Aktivistinnen mit persönlichen Motiven der Frauen zu erklären und meint:

> Du hattest die Situation in Belfast, wo einige Frauen mit Männern aus der IRA verheiratet waren. Die gingen mit Adams und seinen Leuten. Andere hatten Schwestern oder Verwandte [in der IRA].[404]

Sibéal meint, dass Frauen, die Familienmitglieder in der Provisional IRA hatten, sich aus diesem Grund den Provisionals anschlossen und Cumann na mBan in Belfast verließen. Sie unterstellt diesen Frauen also, nicht ihrer politischen Überzeugung, sondern Sippenhaftung gefolgt zu sein. Bereits nach der Spaltung 1969 wurde den Republikanerinnen, die sich der Official IRA anschlossen, von Aktivistinnen von Cumann na mBan vorgeworfen, sie würden dies aus persönlichen Gründen anstatt aus politischen Motiven machen. Auch als im Laufe der 1970er-Jahre junge Rekrutinnen in die IRA wechselten, wurde dies in den Interviews von Mitglieder von Cumann na mBan mit deren »Promiskuität« und nicht politischer Überzeugung erklärt. So überrascht es nicht, dass auch nach der Spaltung 1986 den Frauen, die nicht den Weg von Cumann na mBan einschlugen, fehlende politische Überzeugung vorgeworfen wurde. Stattdessen wurde betont, sie wären einfach ihren Liebhabern und Ehemännern gefolgt, anstatt weiter für die republikanische Sache zu kämpfen.

Doch nicht nur quantitativ war die Spaltung ein schwerer Schlag für die republikanische Frauenorganisation. Viele der Mitglieder, die in Cumann na mBan blieben, waren desillusioniert. Von jenen, die zwar 1986 die Entscheidung der Leitung unterstützten, wurde ein großer Teil, vor allem Frauen aus dem Norden, rasch inaktiv, da sie keine Perspektive mehr sahen. Ciara

---
403 Ibid.
404 Interview mit Sibéal.

war eine von denen, die zwar bei Cumann na mBan blieben, sich aber rasch aus der aktiven Arbeit zurückzogen. Sie erinnert sich an die Zeit nach der Spaltung und meint:

> Für mich war es das Ende von Cumann na mBan als eine Organisation, wie wir sie kannten. Denn Cumann na mBan war eine militärische Organisation und sie (die neue Führung des Provisional Republican Movement, Anm. DR) gingen zur Politik. Sie wollten da nicht jemanden wie Cumann na mBan bei sich haben, denn die wären nur eine Opposition gewesen.[405]

Die Spaltung hatte auch Auswirkungen auf die Arbeit der Organisation und so erzählt Sibéal:

> Im Großen und Ganzen vertraten wir die Ansicht, dass wir im Krieg waren. Nun ja, das war dann [nach der Spaltung] nicht mehr der Fall, weißt du. Alle unsere Mitglieder wurden [aus der IRA] abgezogen, alle Mitglieder, die mit den Provisionals arbeiteten, wurden abgezogen. Wir haben nicht mehr mit ihnen gearbeitet. Es war also viel schwieriger für uns, doch Cumann na mBan hat so gut wie nur möglich weitergemacht. Wir waren nicht mehr so stark wie davor. Niemand von uns war nachher jemals wieder so stark wie davor.[406]

Cumann na mBan schloss sich nach der Spaltung dem Continuity Army Council an. Dies war eine neu formierte Armeeführung, die an den republikanischen Prinzipien festzuhalten versuchte. Das Continuity Army Council begann, mithilfe von Cumann na mBan eine neue Guerillaarmee aufzubauen, die Continuity IRA. Als erster Oberbefehlshaber der Continuity IRA gilt Dáithí Ó Conaill. Politisch wurde das Continuity Army Council von der neu gegründeten Republican-Sinn-Féin-Partei unterstützt, deren Präsident Ruairí Ó Brádaigh war, selbst auch Präsident von Sinn Féin von 1970 bis 1983. Diese neue Bewegung war um vieles kleiner als

---

405 Interview mit Ciara.
406 Interview mit Sibéal.

die Hauptströmung der republikanischen Bewegung und spielte im folgenden Jahrzehnt des Nordirlandkonflikts nur eine Nebenrolle. Auf diesen Umstand nimmt Sibéal Bezug, wenn sie meint »niemand von uns war nachher wieder so stark wie davor«.

Cumann na mBan hatte – wie bereits 1968 – die republikanische Bewegung verlassen und begann sich neu zu organisieren. Doch diesmal hatte der Schritt nicht nur eine Lösung ihrer organisatorischen Bande mit der Hauptströmung der Bewegung bedeutet, sondern auch ein vorübergehendes Ende an der Teilnahme am aktiven Kampf. Die Frauenorganisation war sehr geschwächt, doch in ihrer Interpretation der Geschichte Irlands bedeutete dies nur eine vorübergehende Schwächephase. Solange Irland nicht gänzlich frei von britischer Herrschaft sei, würde es in jeder Generation einen Aufstand gegen die Briten in Irland geben, so die Sichtweise Cumann na mBans. Es war also alles nur eine Frage der Zeit, bis Cumann na mBan wieder an Stärke gewinnen würde. Bis dahin galt es, die republikanischen Prinzipien hochzuhalten und eine neue Generation an Republikanerinnen auszubilden.

Im Norden war die Organisationsstruktur überproportional schwer getroffen. Die Mehrheit der Frauen aus Belfast, Derry und anderen Gebieten verließen Cumann na mBan und blieben dem Provisional Republican Movement treu oder zogen sich in ihr Privatleben zurück. Eine dieser Frauen war Niamh, die zwar die Richtungsänderung der republikanischen Bewegung am Ard-Fheis 1986 nicht unterstützten, aber anstatt an der Reorganisierung und dem Wiederaufbau von Cumann na mBan teilzunehmen, dem aktiven Kampf den Rücken kehrte und eine Familie aufbaute. Dennoch blieben sie formell Mitglied von Cumann na mBan und daher habe sie »immer noch hie und da Sachen gemacht«.[407] Ciara schildert ihre Desillusion nach 1986 und ihre Schwierigkeiten, mit der neuen Situation umzugehen folgendermaßen:

> Ich fühlte mich 1986 als wäre jemand in meiner Familie gestorben. Du wusstest nicht, wohin du dich wenden solltest. Es war erschütternd, was passiert war. Und ich glaube, dass deshalb viele Volunteers damals gegangen sind. Sie wussten einfach nicht, woher sie kamen und wohin sie gingen. Du bist einfach am Höhepunkt stehen gelassen worden, verstehst

---

407   Interview mit Niamh.

du. Was sollen wir jetzt machen? (…) Schau dir doch meine Schwester an [die ebenfalls in Cumann na mBan war]. Es war der wichtigste Teil ihres Lebens und dann, als all das passierte, konnte sie damit nicht zurechtkommen. Sie wandte sich den Drinks zu und wurde Alkoholikerin. (…) Es hatte einen fürchterlichen Effekt auf ihr Leben und sie war nicht das einzige Cumann-na-mBan-Mitglied, der es so erging.[408]

Aoife erinnert sich ebenso an die Probleme und Desillusion innerhalb der Organisation zu dieser Zeit und erzählt:

Als dieses ganze politische Ding entstand, die einfachen Volunteers wie wir sie nannten, die einfachen Fußsoldaten wurden – sowohl in Cumann na mBan als auch in der Armee – sterbend zurückgelassen. Die waren alle 20 oder 30 Jahre in einer strukturierten Organisation. Und dann? Sie konnten damit nicht umgehen. Nichts trat an die Stelle [des Kampfes], um ihnen zu helfen. Sie mussten einfach allein ihren Weg gehen. Wenn du aber mit der Führung [der IRA] zusammengearbeitet hast, warst du weiterhin am Weg. Es war herzzerreißend das alles zu sehen. Sie haben so ein Erbe hinterlassen.[409]

Da die IRA im Norden bereits seit über einem Jahrzehnt auf Kosten von Cumann na mBan rekrutierte und gleichzeitig viele Aktivistinnen im Norden den Wandel von einer Kriegssituation hin zu politischen Aufgaben nicht verkrafteten, war nach 1986 Cumann na mBan tatsächlich auf die in der Republik ansässigen Ortsgruppen zurückgefallen.[410]

Der Stamm von Cumann na mBan nach 1986 setzte sich aus jenen Frauen zusammen, die bereits vor 1969 aktiv waren. Der Großteil der Rekrutinnen während des Nordirlandkonflikts war desillusioniert und zog sich aus der aktiven Arbeit zurück. Keine der Frauen, die ich interviewt habe, die bereits in den 1960er-Jahren in der Frauenorganisation aktiv waren, schlossen sich 1986 dem Provisional Republican Movement an. Dies ist in zweifacher Hinsicht zu erklären: Einerseits kamen die Frauen aus republikanischen Familien

---
408   Interview mit Ciara.
409   Interview mit Aoife.
410   Hanley, *The IRA*, 191.

und waren so von Kindheit an mit diesen Prinzipien aufgewachsen und haben gelernt, diese auch nicht aufzugeben. Andererseits konnten sie wohl besser mit der Umstellung auf eine Nicht-Kriegssituation umgehen, da sie bereits vor dem Ausbruch des Kriegs 1969 aktiv gewesen sind. Die Frauen, die während des Nordirlandkonflikts aktiv geworden sind, kannten dagegen nur die Arbeit in einer breiten Guerillaarmee und nicht die Arbeit in einer klandestinen Kleingruppe.

Ailis war bereits seit Ende der 1940er-Jahre in der republikanischen Bewegung in Dublin aktiv. Sie gibt in ihrer Erzählung eine ausführliche Darstellung über die republikanischen Frauen während der beiden Spaltungen der Bewegung in den Jahren 1969 und 1986. Darin versucht sie, das Handeln jener Republikaner als apolitisch darzustellen, die sich von der Gruppe, zu der sich Cumann na mBan zählte, trennten. Stattdessen meint Ailis – durchaus sehr tendenziös und die historischen Debatten verschweigend – alle, die in den Jahren nach den Spaltungen 1969 und 1986 gewählte republikanische Politiker wurden, seien von monetären Wünschen getrieben gewesen. Sie erklärt:

> 1969 war dasselbe wie 1986. Sie beschlossen, dass jemand den konstitutionellen Weg einschlagen sollte, also zu Dáil Éireann. Meiner Meinung nach war der einzige Grund wieso sie dorthin wollten, weil sie wussten, dass sie niemals Geld aus der Bewegung herausbekommen würden. Du gibst immer Geld an die Bewegung, aber du bekommst nie etwas zurück. (lacht) Und sie sahen es als eine Möglichkeit an. Wenn sie nur für eine Legislaturperiode drinnen sind, dann bekommen sie eine lebenslange Pension. Das war [es], was sie wollten. Alle diese Leute wie Tomás MacGiollla, die '69 gingen. Sie alle kamen dann rein [in das Parlament]. Aber gleichzeitig haben sie alles vergessen, wofür sie davor gekämpft haben. (…) Nun, was da Gerry Adams tat, also MacGiolla ging nicht so weit. Er (MacGiolla, Anm. DR) wollte nicht irgendetwas aus den Statuten entfernen. Er ging einfach in Dáil Éireann und vergaß die sechs Grafschaften. Danach hat er sogar die Republikaner kritisiert. Adams jedoch ging und beschloss sogar, eine Regierung dort [in Nordirland] zu etablieren, um die Arbeit zu machen, die die Unio-

nisten seit 1920 dort taten. Er hat sich den Unionisten angeschlossen, um die sechs Grafschaften für die britische Regierung [im Vereinten Königreich] zu halten.[411]

Ailis ist ein führendes Mitglied von Cumann na mBan. Sie wurde Teil der republikanischen Bewegung, als sie sich Ende der 1940er-Jahre Cumann na gCailíní anschloss. Bis heute ist sie Mitglied der Bewegung geblieben. In den 1960er-Jahren war sie unter anderem für die Ausbildung der neuen Rekrutinnen zuständig. Ihre Ausführungen geben einen Einblick in die Interpretation der Spaltungen von 1969 und 1986 aus der Sicht von Cumann na mBan. Zunächst stellt sie die Parallelen zwischen den beiden Spaltungen da. Sie erklärt, dass es in beiden Spaltungen darum gegangen sei, den revolutionären Weg aufzugeben und stattdessen einen konstitutionellen Weg einzuschlagen, indem Republikaner für Parlamentssitze in Dublin werben. Der Grund wieso dies Personen wie Tomás MacGiolla 1969 und Gerry Adams 1986 taten war, da sie etwas für sich selbst herausschlagen wollten. Dieser Wunsch nach persönlichem Gewinn aus der politischen Arbeit hätte, so Ailis, den Idealen von Cumann na mBan widersprochen. Ailis wird in ihren Ausführungen noch konkreter und behauptet, es gehe jenen Republikanern, die in Parlamenten arbeiten, nur darum, eine staatliche Pension zu erhalten und Regierungsposten, sei es in der Republik oder in Nordirland, einzunehmen. Ailis geht in ihren Ausführungen nicht auf die politischen Widersprüche zwischen den unterschiedlichen Lagern ein. Stattdessen spricht sie der anderen Seite jegliche politische Motivation ab. Gleiches tat auch Sibéal in ihren Ausführungen über jene Frauen, die 1986 nicht mit Cumann na mBan gegangen sind. Diesen Frauen wurde ebenso politisches Verständnis abgesprochen und ihre Motivation zum Verlassen von Cumann na mBan mit Sippenhaftung abgetan. In beiden Fällen, von Ailis und Sibéal, half dieses Absprechen politischer Motivation der anderen Seite, den personellen Niedergang von Cumann na mBan zu verarbeiten. Die von Ailis und Sibéal geschilderten Gründe halfen ihnen, die Spaltungen zu verarbeiten, da das eigene Handeln trotz des Verlustes einer großen Mitgliederzahl als politisch richtig dargestellt werden konnte.

---

411 Interview mit Ailis.

7. Gender und Erinnerung

Dieses abschließende Kapitel analysiert die Erinnerungen der Interviewpartnerinnen an ihre Zeit in Cumann na mBan. Dabei wird auf die Lebensläufe der Frauen zurückgegriffen. Diese Analyse hilft, die Erinnerungen der Frauen interpretieren zu können. Erinnerungen sind Konstrukte. Meine Interviewpartnerinnen haben mir in den Gesprächen ihre politischen und militärischen Aktivitäten erzählt, die oftmals ein, zwei, drei oder vier Jahrzehnte zurückliegen. Zwischen ihrer aktiven Zeit und den Interviews hat sich ihr Leben geändert, manche waren in Gefangenschaft, andere bauten Familien auf, einige sind immer noch aktiv und andere zogen sich in ihr Privatleben zurück. Wie das Leben der Aktivistinnen hat sich auch Irland grundlegend geändert. In den 1990er-Jahren kam es zu einem Friedensprozess, der in der Unterzeichnung des Karfreitagsabkommens 1998 gipfelte, das den Krieg ein Ende setzen sollte. Sinn Féin ist heute Teil der nordirischen Koalitionsregierung und eine einflussreiche politische Partei in der Republik. Die IRA hat 2005 ihre Waffen abgegeben und die meisten Gefängnisinsassen wurden bis zum Jahr 2000 entlassen. Dennoch ist die Arbeitslosigkeit heute enorm hoch, die soziale Ungleichheit steigt, genauso wie die Zahl jener, die die Insel auf der Suche nach Arbeit und sicherem Einkommen verlassen. Viele Beobachter argumentieren, dass sich für die irische Arbeiterklasse seit dem Friedensprozess wenig geändert hat, stattdessen entstand eine Kaste wohlhabender Politiker, zusammengesetzt aus ehemaligen Paramilitärs, die sich auf der komfortablen Unterstützung einer neu entstandenen katholischen Mittelklasse ausruhen können. Ganz egal wie diese Ereignisse von den Interviewpartnerinnen gesehen werden, ob sie den Friedensprozess unterstützen oder nicht, die Entwicklungen haben einen Einfluss auf ihre heutige Interpretation ihrer eigenen Arbeit in Cumann na mBan. Drei unterschiedliche Kategorien von Interviewpartnerinnen kristallisierten sich im Auswertungsprozess der Interviews heraus. In diesen Kategorien spiegeln sich die jeweiligen Sichtweisen auf die Vergangenheit in Cumann na mBan wider. Erkennbar ist, dass diese Sicht stark davon abhängt, welchen familiären und politischen Hintergrund die Frauen haben. Im Folgenden werde ich kurz diese drei Kategorien vorstellen.

In *Kategorie A* fallen Frauen, die Mitglieder von Cumann na mBan wurden und über die Jahre aktiver Teil der Frauenorganisation blieben. Diese Frauen sehen Cumann na mBan als eine republikanische Vorhut, die standhaft die republikanischen Prinzipien seit ihrer Gründung 1914 verteidigte, selbst wenn die Mehrheit der Bewegung – vor allem die Männer – ihrer Meinung nach im Unrecht war. Diese Sichtweise wird dadurch belegt, dass die Frauen der Organisation gegen das Anglo-irische-Abkommen vom Dezember 1921 stimmten und Cumann na mBan ebenso die Ersten waren, die sich gegen die politische Wende der republikanischen Führung in den 1960er-Jahren erhob. Sie argumentieren, dass Cumann na mBan die einzige republikanische Organisation ist, die sich niemals spaltete und immer »loyal zur [gesamt-irischen] Republik stand«, wie es etwa von den Ailis, Eithne oder Róisín in den Interviews ausgedrückt wurde.[412] Ciara erklärte dazu:

> In den frühen 1970er-Jahren gab es nur wenige weibliche Volunteers [in der IRA], denn wie ich [bereits] sagte, Cumann na mBan war eine sehr starke Organisation und jede [von uns] wusste, wenn wir Cumann na mBan beitreten, dann werde wir auch respektiert werden. Denn, falls wir in einer männerdominierten IRA gewesen wären, hätten wir nicht denselben Schutz genossen.[413]

Die in dieser Kategorie zusammengefassten Frauen argumentieren, dass eine unabhängige Frauenorganisation den weiblichen Mitgliedern mehr Schutz bieten konnte als es eine Mitgliedschaft in der IRA hätte bieten können. Frauen konnten die Entscheidungen untereinander treffen und sie waren auch in der Lage, führende Positionen in einer militärischen Organisation zu erlangen. Falls ein Mitglied von Cumann na mBan auf eine militärische Operation mit Mitgliedern der IRA geschickt wurde, und dieses sich dabei nicht nach den Regeln der republikanischen Bewegung behandelt gefühlt hat oder sie militärische bzw. sicherheitstechnische Bedenken hatte, konnte sie Meldung bei Cumann na mBan erstatten. In der Folge widmete sich die Organisation diesem Problem, gegebenenfalls auch zusammen mit der IRA.

---

412 Siehe dazu: Dieter Reinisch, »So how many Cumainn na mBan are actually out there?«, 23. September 2016, https://me.eui.eu/dieter-reinisch/blog/cnamb.
413 Interview mit Ciara.

Dagegen konnten weibliche IRA-Mitglieder ausschließlich bei ihren eigenen Vorgesetzten Beschwerde einlegen – und dies waren Männer. So wurde in den Interviews immer wieder betont, dass die Frauenorganisation Sicherheit bot und den Frauen die Möglichkeit gab, sich zu artikulieren. Sibéal erinnert sich:

> Ich weiß, dass es immer wieder Spannungen gab, denn Frauen in Cumann na mBan tendierten mehr dazu, Dinge zu hinterfragen, als Frauen in der IRA. Diese waren nicht in der Position dazu. (…) Und die Frauen [in der IRA] – diese waren offen, offen für Missbrauch ist wahrscheinlich das falsche Wort, aber es ist nicht ganz falsch. Du musst verstehen, Frauen wurden als die Artillerie angesehen, egal ob sie in der Armee oder in Cumann na mBan waren. Sie wurden verwendet, um Material zu transportieren und für alle weiteren derartigen Dinge. Es gab Situationen, in denen wir in Cumann na mBan der Ansicht waren, dass Aktivistinnen überbeansprucht wurden. Ich glaube das ist dafür das beste Wort. Manchmal wurden sie auch Gefahren ausgesetzt, wo es nicht notwendig gewesen wäre. In der Armee hatte es diese Möglichkeit des Protests nicht gegeben.[414]

Aus Sicht der Frauen in Kategorie A gab Cumann na mBan also ihren Mitgliedern eine Stimme, durch die sie sich Gehör verschaffen konnten. Durch sie wurden Frauen in führende militärische Positionen gebracht, wohingegen »die Frauen, die in der [Irisch-republikanischen] Armee waren, niemals die Ränge der Armee hinaufklettern konnten«, so Róisín.[415] In anderen Worten, laut den Frauen in Kategorie A wurde die Rolle von Frauen innerhalb der republikanischen Bewegung durch die Existenz und Arbeit von Cumann na mBan gestärkt.

Kategorie B fasst Frauen zusammen, die Familienangehörige in Cumann na mBan hatten und/oder selbst Mitglieder der Frauenorganisation waren, später sich aber der IRA anschlossen. Sie erklärten, dass sie selbst dieselben Tätigkeiten machen wollten wie die Männer in der republikanischen Bewegung. Das wäre aber in einer separaten Frauenorganisation

---

414 Interview mit Sibéal.
415 Interview mit Róisín.

nicht möglich gewesen und daher waren sie gezwungen, Mitglieder der IRA zu werden, um gleiche Möglichkeiten wie Männer zu bekommen. Diese Position wird sehr stark den Gesprächspartnerinnen Caoimhe, Fionnoula, Maebh und Nelly vertreten. Diese Gesprächspartnerinnen strichen heraus, dass es für IRA-Frauen möglich war, dasselbe zu machen und dasselbe zu erreichen wie IRA-Männer. In anderen Worten ausgedrückt bedeutet dies, dass Frauen gleichberechtigte Soldaten in der IRA werden könnten, während Cumann na mBan nur eine Hilfsorganisation für die IRA und keine eigenständige Armee als solches darstellte und Frauen daher aufgrund der alleinigen Existenz von Cumann na mBan in eine untergeordnete Rolle in der republikanischen Bewegung gedrängt wurden. Während die Frauen in Kategorie A also argumentieren, dass Cumann na mBan die Rolle von Frauen in der Bewegung stärkte, argumentieren die Frauen in Kategorie B genau dem entgegengesetzt, indem sie meinen, dass Cumann na mBan der Emanzipation von republikanischen Frauen im Weg stand. Frauen seien durch Cumann na mBan lange Zeit in die Rolle einer Hilfskraft innerhalb der republikanischen Bewegung gedrängt worden. Für sie waren die Aktivistinnen der Frauenorganisation nicht da, um einen Befreiungskrieg zu führen, sondern ausschließlich um Gelder zu sammeln, geheime Quartiere aufzutreiben oder selbst zur Verfügung zu stellen, Trainingslager zu organisieren, bei Paraden zu marschieren, Zeitungen zu verkaufen und Bomben, Waffen oder Munition für die Männer zu transportieren. Maebh ist aus Derry und wurde Mitglied der Jugendorganisation Cumann na gCailíní kurz nach dem Bloody Sunday, doch bevor es zum Ausbruch der Hungerstreiks 1980 kam, schloss sie sich der IRA an. Sie berichtete über ihre Erfahrungen mit Cumann na mBan und wieso sie sich der IRA anschloss:

> Meine Erfahrungen brachte mich zur Einsicht, dass aufgrund der Struktur Cumann na mBan – so wichtig die Organisation auch war – und die Armee nicht denselben Stellenwert hatten. Hin und wieder waren die Aktivitäten von Cumann na mBan – nicht von allen ihrer Mitglieder aber doch von einigen – nicht mehr als Unterstützung.[416]

---

416 Interview mit Maebh.

Maebh bemängelt, dass Cumann na mBan und die IRA keine gleichberechtigte Rolle spielten, sondern die Frauenorganisation nur eine untergeordnete Unterstützungsfunktion erfüllte. Sie selbst wollte aber aktiv am Krieg teilnehmen und schloss sich daher der IRA an.

In die letzte *Kategorie C* fallen Frauen, die gar keine Erfahrung mit Cumann na mBan hatten und sich deshalb direkt der IRA anschlossen. Diese Gesprächspartnerinnen folgen der generellen Argumentationslinie der Frauen in Kategorie B, doch sehen sie die Stellung von Frauen in der IRA kritischer als jene Frauen in Kategorie B, die aus Cumann na mBan bzw. Cumann na gCailíní in die IRA übertraten. Die Frauen in Kategorie C sehen Cumann na mBan als ein Relikt aus der Vergangenheit an. Sie sei eine Organisation gewesen, die nicht mehr vorhanden sei, da ihre Rolle von den weiblichen Mitgliedern der IRA usurpiert geworden wäre. Nelly erklärt diese Ansicht folgendermaßen:

> Cumann na mBan ist nicht mehr notwendig. (…) Frauen wollten dasselbe machen, wie Männer, also mussten sie sich der Armee anschließen.[417]

Nelly argumentiert, dass nur innerhalb einer Männerarmee Frauen eine gleichberechtigte Stellung im nationalen Befreiungskampf erringen können, von außerhalb sei es nicht möglich, diesen Wandel herbeizuführen. Dass es keine Gleichstellung der Geschlechter innerhalb der IRA gab, wird in den Interviews ersichtlich. Margaret aus der Provinz Leinster berichtet, dass sie für die IRA seit den frühen 1970er-Jahren arbeitete. Sie meint, dass sie mehr oder weniger dasselbe tat, das auch von den Frauen in Cumann na mBan getan wurde. Des Weiteren erklärt sie, dass sie weder gefragt noch beordert wurde, direkt an militärischen Aktionen teilzunehmen. Margaret erinnert sich:

> Ich wurde gefragt, Dinge für die Armee von einem Ende des Landes zu einem anderen zu bringen. Eine Spediteurin, das war es, was ich war – eine Spediteurin. Ich fuhr von A nach B.[418]

---

417 Interview mit Nelly, republikanische Aktivistin aus Belfast, 11. April 2010, Belfast.
418 Interview mit Margaret.

Margaret arbeitete für die IRA, da es keine Cumann-na-mBan-Gruppe in ihrem Gebiet gab. Sie transportierte zwar Waffen und Munition für die IRA und hätte dadurch jederzeit auffliegen, verhaftet und für mehrere Jahre im Gefängnis landen können, dennoch hatte sie keinen Rechte in der Armee. Sie betont, dass sie lediglich als Spediteurin verwendet wurde, aber von den männlichen Volunteers nicht gleichberechtigt behandelt wurde.

Die Interviews zeigen, dass die in der Gesellschaft bestehenden Geschlechterrollen auch innerhalb der republikanischen Bewegung weiter bestanden. Während viele Frauen die progressive und starke Stellung von Mitgliedern in Cumann und der republikanischen Bewegung herausstrichen, erwähnte sie oft gleichzeitig, dass sie inaktiv wurden oder die Organisation ganz verließen, sobald sie Kinder bekamen. Denn so sehr diese Frauen eine gleichberechtigte Stellung in der republikanischen Bewegung anstrebten, sobald es zu Arbeiten im Haushalt oder der Kindererziehung kam, waren es sie, die diese Arbeit über ihre politische Aktivität stellen mussten. Ciara beschreibt ihre Rolle während des Ard-Fheis von Sinn Féin 1986, als es zur Spaltung der Republikanischen Bewegung kam, folgendermaßen:

> Ich saß einfach nur draußen, weil ich wusste, was passieren wird. Ich habe mir nicht mehr viele Gedanken gemacht, denn ich hatte damals bereits ein Kind. Ich habe mich aus der ersten Reihe genommen. Ich war 1986 nicht mehr wirklich aktiv.[419]

Die meisten Gesprächspartnerinnen wurden Mitglieder von Cumann na mBan als sie noch sehr jung waren. Viele traten zunächst Cumann na gCailíní bei und als sie ihren 17. Geburtstag feierten wurden sie automatisch in die Frauenorganisation überstellt. Die jungen, ledigen Frauen ohne Kinder waren die aktivsten Mitglieder der Organisation. Dadurch waren auch viele der weiblichen Gefangenen noch Jugendliche. Als sie älter wurden, sich verlobten und Kinder bekamen, wurden sie politisch inaktiv. Dennoch wurde der Umstand, zugleich Ehefrau, Partnerin oder Mutter zu sein, von den republikanischen Frauen oft für ihre geheimen Aktivitäten benutzt. Parita Mukta beschreibt diesen »myth of innocence«, den »Mythos der Unschuld«,

---

419 Interview mit Ciara.

der es den Frauen erlaubte, ihre illegalen Tätigkeiten hinter einem Mantel der Unschuld zu verbergen.[420] Dieses Phänomen konnte auch in den hier vorgestellten Interviews erkannt werden. So berichtet Ailis etwa:

> Es war für besonders gefährliche Aktionen zu bestimmten Zeiten notwendig, eine besondere Verkleidung zu finden. [Das waren dann oftmals] Kinder – und meine beiden Söhne waren alt genug, um bei so etwas mit mir mitzukommen. Sie lernten rasch. Sie verstanden und sie wussten, was da vor sich ging. Sie sahen es selbst, sie sahen, dass etwa Leute zu uns kamen und in meinem Haus blieben und dort schliefen, manchmal für fünf oder sechs Wochen und dann zogen sie wieder weiter und wohnten wo anders. Sie kannten also die Routine, obwohl sie noch Kinder waren. Es hilft manchmal definitiv, wenn du ein paar andere Leute im Auto hast. Dann kannst du überall hingelangen. Wir fanden heraus, dass du zum Beispiel leichter durch eine [Armee- oder Polizei-] Sperre durchkommst, wenn sie (die Polizei oder die britischen Soldaten, Anm. DR) die Kinder sehen. Dann musst du nicht aussteigen, es werden keine Fragen gestellt und das Auto wird dann nicht durchsucht.[421]

Viele Frauen sehen rückblickend ihre Zeit in der militärischen Frauenorganisation als eine »romantische« Phase ihres Lebens, wie es etwa von den Gesprächspartnerinnen Eithne, Aoife und Ciara ausgedrückt wird. Andere Gesprächspartnerinnen meinen, es sei »die beste Zeit ihres Lebens« gewesen. Dieser Romantizismus beschränkt sich allerdings auf jene Frauen, die vor dem Beginn des Krieges 1969 Mitglieder in Cumann na mBan wurden und sich niemals der IRA anschlossen, somit lediglich auf Frauen aus der Kategorie A. Die meisten dieser Frauen haben später eine Familie gegründet. Durch diesen Umstand versuchen sie nun sich aus der Sicht einer Mutter in die Rolle ihrer eigenen Eltern während der 1960er- und 1970er-Jahre hineinzuversetzen. Ciara betont:

---

420 Parita Mukta, »Gender, Community, Nation: The Myth of Innocence,« in Susie Jacobs et al. (Hg.), *States of Conflict: Gender, Violence and Resistance* (Basingstoke: Palgrave Macmillan, 2000).
421 Interview mit Ailis.

> Wir dürfen all die Eltern der Volunteers in Cumann na mBan nicht vergessen, denn für sie muss es herzzerreißend gewesen sein. Wenn du jung bist, denkst du gar nicht daran. Erst wenn du älter wirst und selbst Kinder hast, bemerkst du es. Meine Schwester war gerade einmal 17 Jahre alt, als sie in Gefängnis kam. Meine jüngste Tochter ist nun 21 und wenn sie morgen früh ins Gefängnis kommen würde – ich würde zerfallen. Ich verwende meine Eltern nur als Beispiel, denn die meisten der Mädchen, die in den 1970er-Jahren gefangen genommen wurden, waren 17, 18 oder 19 Jahre alte Kinder. Ich weiß nicht, wie unsere Eltern da stark bleiben konnten und uns all die Unterstützung bieten konnten. Doch nicht nur das, die verheirateten Volunteers hatten Großeltern, die sich um die Kinder kümmerten. Es gab eine ganze Reihe von verheirateten Frauen im Gefängnis, die Kinder hatten und es waren immer deren Großeltern, die sich um die Kinder kümmerten.[422]

Interessant ist an dieser Aussage, genauso wie bei allen anderen Frauen, die ähnliche Themen angeschnitten haben, dass die Rolle ihrer Ehemänner völlig ausgeblendet wird. Nur wenn Aktivistinnen von Cumann na mBan über Frauen in der IRA sprechen, werden Männer erwähnt. Denn oft wird von ersteren behauptet, dass jene Frauen, die sich der IRA angeschlossen hätten, dies taten, weil ihre »Freunde« – auch hier ist wieder interessant, dass nicht von »Ehemännern« gesprochen wird, also von unverheirateten Frauen ausgegangen wird – in der IRA waren und sie ihnen einfach gefolgt wären. Eithne erwähnte ebenso ihre Eltern und nicht ihren damaligen Ehemann als Hauptgrund, wieso sie in Cumann na mBan aktiv sein konnte: »Ich hätte das, was ich gemacht habe, nicht ohne [der Unterstützung durch] meine Eltern machen können.«[423] Eithne hat heute Kinder und sprach während des gesamten Interviews nicht über ihren Ehemann.

---

422 Interview mit Ciara.
423 Interview mit Eithne.

Schlussbemerkungen

In der vorliegenden Studie wird der Weg der republikanischen Frauenorganisation Cumann na mBan basierend auf den Erinnerungen einiger ihrer früheren Aktivistinnen nachgezeichnet. Dieser Weg begann Mitte der 1960er-Jahre, als Cumann na mBan eine kleine, auf semi-legale Arbeit in der Republik fokussierende Gruppe war. In den 1960er-Jahren versuchte die republikanische Bewegung, sich nach der misslungenen Grenzkampagne wiederaufzubauen. Cumann na mBan und ihre Jugendorganisation waren dabei ein wichtiger Mosaikstein. Doch mit dem Wiederaufbau ging ein politischer Wandel Hand in Hand. Dies war ein Wandel, den viele traditionelle Republikaner ablehnten. Die Frauen von Cumann na mBan zählten in der Mehrzahl zu diesen Traditionalisten. Sie widersetzten sich als Erste öffentlich diesem Wandel. Die Rolle vom Cumann na mBan verdeutlicht den Subjektivierungsprozess der republikanischen Frauen in den 1960er-Jahren. In den Jahren der Fraktionskämpfe traten die Frauen erstmals nach Jahrzehnten als unabhängige Akteurinnen in der republikanischen Bewegung auf. Entschieden widersetzten sie sich dem Marginalisierungsprozess der männlichen Führung. Durch diese standhafte Haltung war es möglich, dass Frauen nach der Spaltung der Bewegung eine gestärkte Position im neu entstandenen Provisional Republican Movement einnehmen konnten. Die republikanischen Frauen waren von nun an keine Gehilfinnen einer männlichen Bewegung, sondern integraler Teil der Bewegung selbst. Verstärkt wurde diese neue Rolle der Frauen als Soldatinnen und Entscheidungsträgerinnen durch den Nordirlandkonflikt, die Internierung tausender Männer und der Notwendigkeit, dass Frauen den Kampf weiterführten, wenn Männer verhaftet wurden. Ein Zeichen der neuen, erstarkten Stellung von Frauen in der republikanischen Bewegung war die Wahl von Máire Drumm zur Vizepräsidentin von Sinn Féin. Doch ähnlich wie in den 1960er-Jahren, begann auch in den 1970er-Jahren eine Gruppe die republikanische Bewegung in eine neue politische Richtung zu drängen. Da dieser Gruppe bewusst war, dass Cumann na mBan diese politische Neuausrichtung ebenfalls ablehnen würde, wurde Cumann na mBan ab Mitte der 1970er-Jahre von der nordirischen IRA-Führung marginalisiert. Um direkten Einfluss auf republikanische Frauen zu bekommen, wurden

Frauen als Vollmitglieder in die IRA aufgenommen. Dadurch hatte diese Gruppe mehr Erfolg in der Marginalisierung der Frauen als ihre Vorgänger in den 1960er-Jahren. Dass sie nun der Männerorganisation der IRA beitreten konnten, betrachteten viele Frauen als Schritt in Richtung Emanzipation innerhalb der republikanischen Bewegung. Zwar war die Aufnahme von Frauen in die IRA in der Tat ein Etappensieg in der Gleichstellung von Frauen in der republikanischen Bewegung, dieser wurde aber von den Männern dazu benützt, die Frauenorganisation zu entmachten. Ein Schritt vorwärts für die IRA-Frauen bedeutete zugleich einen Schritt rückwärts für Cumann na mBan. Als es schlussendlich zur Spaltung im Jahr 1986 kam, war Cumann na mBan nach zehn Jahren aktiver Marginalisierung durch die IRA bereits so geschwächt, dass sie nicht mehr eine ähnlich einflussreiche Rolle wie noch in der Spaltung 17 Jahre zuvor spielen konnte. Dennoch wurde die neuerlich standhafte Rolle der Frauen auch von der neuen Bewegung honoriert und viele Frauen nahmen führende Positionen in der Bewegung von Republican Sinn Féin und dem Continuity Army Council ein.

Wie Cumann na mBan von den republikanischen Frauen heute erinnert wird, hängt von der Frage ab, ob die Interviewpartnerinnen vor ihrem Engagement einen republikanischen Familienhintergrund aufweisen konnten oder nicht. Außerdem, ob sie zu irgendeinem Zeitpunkt Mitglied der IRA waren und ob sie selbst als Mitglied der republikanischen Bewegung einen direkten Kontakt zu Cumann na mBan hatten. Denn Frauen, die aus einem republikanischen Umfeld kamen, hatten ein größeres Wissen über Cumann na mBan, deren Geschichte, Arbeitsweise und Motive. Doch war es kein Automatismus, dass Mädchen aus republikanischen Elternhäusern selbst auch Mitglieder von Cumann na mBan wurden und nicht ab Anfang der 1970er-Jahre stattdessen in die IRA eintraten. Es wurde außerdem beobachtet, dass Frauen, die kein republikanisches Umfeld aufweisen konnten und direkt in die IRA eintraten, dies als direkte Reaktion auf die Kriegsereignisse taten. Die Frauen erzählen, sie hätten mit dem Eintritt in die republikanische Bewegung »ihre« Leute gegen unionistische Übergriffe und Repressalien durch den britischen Staat zu verteidigen versucht. Diese Frauen hatten geringe politische Bildung und waren von Idealismus und revolutionären Gefühlen getrieben. Zugleich sind sie im Gegensatz zu den in sozialen Fragen oft konservativen Mitgliedern von

Cumann na mBan offener für Ideen, die dem irischen Republikanismus der 1950er- und 1960er-Jahre fremd waren, wie etwa Feminismus und Sozialismus. Dadurch entwickelten sich unter den Aktivistinnen kritische Sichtweisen zur Rolle von Frauen in der republikanischen Bewegung. Auf der einen Seite sahen Frauen, die über die Jahre Mitglieder von Cumann na mBan blieben, die Aktivistinnen der Organisation als starke, selbstsichere Personen, die ihre Argumente durch eine eigenständige, unabhängige Frauenorganisation in einer männerdominierten Bewegung hörbar machen konnten. Für sie war Cumann na mBan eine standhafte republikanische Organisation, welche die republikanischen Prinzipien und die republikanische Kontinuität seit der Gründung der modernen republikanischen Bewegung im frühen 20. Jahrhundert hochhielt. Zusätzlich bot die Organisationsstruktur von Cumann na mBan den Frauen in der republikanischen Bewegung Schutz vor maskulinem *misuse* (Missbrauch) und *overuse* (Überbeanspruchung), wie in den Interviews betont wird. Daneben sehen jene Frauen, die entweder über Cumann na mBan oder direkt Mitglieder der IRA wurden, die republikanische Frauenorganisation als politisch und organisatorisch schwach, konservativ und als Hilfstruppe für die IRA an. Ähnlich wie die Suffragetten Anfang des 20. Jahrhunderts beschuldigten diese Frauen Cumann na mBan, ihre Aktivistinnen würden nicht für gleiche Rechte innerhalb der republikanischen Bewegung kämpfen, sondern sich den Männern unterordnen.

Während den Spaltungen 1969 und 1986 wurde der Einfluss der Frauenorganisation innerhalb der republikanischen Bewegung sichtbar. Die Haltung, die von Cumann na mBan während beider Spaltungen vertreten wurde, war ein wichtiger moralischer Faktor für die Minderheit, die an den republikanischen Prinzipien festhielt. Dies manifestierte sich schließlich in der Wahl von Cumann-na-mBan-Mitglied Máire Drumm zur Vizepräsidentin von Sinn Féin im Jahr 1972. Als Ruairí Ó Brádaigh später kurzfristig verhaftet wurde, legte dieser seine Ämter in Sinn Féin ruhend und Drumm war für einige Wochen die erste weibliche Präsidentin von Sinn Féin seit Maighréad Uí Bhuachalla in den Jahren 1937–1950. Doch diese Episode spiegelt zugleich nur eine wichtige politische und organisatorische Rolle von Cumann na mBan wider, nicht aber eine gleichberechtigte militärische Rolle.

Der Wandel hin zu stärkerer militärischer Tätigkeit kam mit den Internierungen ab August 1971. Der Hauptgrund war ein objektiver: Männer waren interniert und so lag es an den Frauen, den Kampf weiterzuführen. Der zweite Grund war, dass durch die Repressionswellen und den sogenannten Bloody Sunday am 30. Jänner 1972 in Derry mehr und mehr Frauen direkt an bewaffneten Auseinandersetzungen teilnehmen wollten. Die Price-Schwestern, Dolores und Marian, gehörten zu den ersten Frauen, die Mitglieder der IRA wurden und bald folgten weitere junge Frauen aus den katholischen Ghettos. Cumann na mBan reagierte auf die Situation und gab der Organisation ein militanteres Auftreten sowie eine neue Struktur. Die Organisation in Nordirland übernahm die Führung und der Titel »Präsidentin« wurde in »Oberbefehlshaberin« geändert. Cumann na mBan war vor 1969 vorwiegend eine Hilfstruppe, die Gelder sammelte, Gefangene unterstützte und geheime Unterkünfte für IRA-Mitglieder organisierte. In der Republik sollte sich ihre Rolle in den Folgejahren kaum ändern und die langjährigen Aktivistinnen gingen auch in den 1970er-Jahren, nach Beginn des Krieges im Norden, weiterhin ihrer gewohnten Arbeit nach. Doch in Nordirland entwickelte sich Cumann na mBan zusehends zu einer aktiven Frauenarmee, die von jüngeren Rekrutinnen aus der Republik unterstützt wurde. Diese Frauen kamen hauptsächlich aus Teilen der Organisation um Dublin und waren vorwiegend in den sogenannten Grenzgrafschaften, den »Border Counties«, im Einsatz. Wie im Fall von Margaret aus der Provinz Leinster sichtbar wird, war die Reorganisierung der republikanischen Bewegung nach 1986 unter der Führung des Continuity Army Council ein Rückschritt. So war in den Jahren nach 1986 der Platz von Frauen wieder ausschließlich in Cumann na mBan und nicht in der (Continuity) IRA. Es war zwar für Frauen nicht verboten, Mitglieder der IRA zu werden, doch diese waren nun in mehreren Gebieten weniger aktiv als zuvor. Cumann na mBan bekam so ihre Stellung als alleinige Organisation für Frauen in der republikanischen Bewegung zwar zurück, gleichzeitig aber verlor sie dadurch wieder ihre militärische Rolle, die sie in den frühen 1970er-Jahren errungen hatte. Es kann somit festgestellt werden, dass die Situation nach 1986 zwar auf organisatorischer Ebene mit der Phase vor 1969 vergleichbar ist. Dennoch war diese Rückkehr zur ursprünglichen Rolle von Cumann na mBan eine Rückkehr auf eine andere, militärisch und organisatorisch höhere Ebene. Cumann na mBan gab ihre Position, die sie im Zuge der Internierungen Anfang der 1970er-Jahre errungen hatte, nicht wieder an eine männerdominierte IRA ab.

Die Frauenorganisation nach 1986 war eine Gruppe, die vor allem aus Frauen aus der Republik, die sich der republikanischen Bewegung vor der Spaltung 1969/70 angeschlossen hatten, gebildet wurde. Dies ist dasselbe Phänomen, das zuvor von Akademikern wie Robert White für Sinn Féin und die IRA bzw. Republican Sinn Féin und das Continuity Army Council beschrieben wurde.[424] White zeigt in seiner Untersuchung der republikanischen Bewegung, dass der Grundstock der Traditionalisten nach der Spaltung 1986 vor allem aus jenen Aktivisten gebildet wurde, die in einem republikanischen Umfeld aufgewachsen waren und bereits vor dem Ausbruch des Nordirlandkonflikts Mitglieder der Bewegung waren. Jene neuen Rekruten, die sich in den 1970er-Jahren der Bewegung anschlossen und zumeist aus nationalistischen Gebieten in Nordirland kamen, waren die, die 1986 den Fraktionskampf um die Neuausrichtung gewannen, wohingegen die Minderheit aus jenen südirischen Traditionalisten gebildet wurde, die 1969 bereits die Provisionals gegründet hatten. White zeigt dieses Phänomen für Sinn Féin und IRA, in der vorliegenden Studie werden dieselben Mechanismen auch innerhalb der Frauenorganisation ersichtlich.

Die zentrale Rolle von Cumann na mBan während der Spaltung von 1986 machte es möglich, dass viele Frauen in führende Positionen des politischen Arms der neuen Bewegung gewählt wurden. So ist heute die Vorsitzende der Gefangenenorganisation Cabhair, Peig King, ein Mitglied von Cumann na mBan. King ist auch Ehrenpräsidentin von Republican Sinn Féin. Über mehrere Jahre hinweg waren die Vizepräsidentinnen von Republican Sinn Féin Frauen, darunter Mary Ward aus Donegal, Geraldine Taylor aus Belfast und Cait Trainor aus Armagh. Die beiden erstgenannten sind ebenso Mitglieder von Cumann na mBan wie die beiden Generalsekretärinnen Lita Ní Chathmhaoil und Josephine Hayden aus Dublin. Doch während Frauen in den politischen Organisationen der republikanischen Bewegung heute eine gleichberechtigte Rolle spielen, ist ihre militärische Rolle weiterhin unter-

---

424 Vgl. unter anderem: White, *Provisional Irish Republicans*; White/Fraser, »Personal and Collective Identities«; White, *Ruairí Ó Brádaigh*.

geordnet, vor allem in der Republik. Dennoch muss zugestanden werden, dass nach 1986 im Bewusstsein der Männer und Frauen nur mehr wenig von dem konservativen Frauenbild vorhanden war, das in der republikanischen Bewegung noch vor 1969 vorherrschte. Gewollt oder nicht, Feminismus hatte auch in der konservativ und katholisch geprägten Bewegung einen positiven Einfluss hinterlassen. Das ist die große Ironie des Krieges in Nordirland, wie Melanie McFadyean bereits 1984 betonte:

> Die große Ironie ist, dass der Krieg der letzten 15 Jahre die Frauen stärker gemacht hat, unabhängiger, tapferer und selbstbestimmter. Der Krieg hat die Menschen politisiert; diese Jahre haben die Debatten zwischen Feminismus und Nationalismus intensiviert, die Frauen haben begonnen die Institutionen, die von Generationen vor ihnen noch als selbstverständlich angesehen wurden – Heirat, Kirche, Geburtenkontrolle, Recht – zu hinterfragen.[425]

Daran anknüpfend kann gesagt werden, dass es keine bewusst gesetzte Tat der republikanischen Bewegung war, die Position der republikanischen Frauen zu stärken, sondern es war das Verhalten während der republikanischen Spaltungen und während der Repressalien des britischen Staats gegen eine von Männern dominierte Bewegung, die implizit diese Änderungen herbeiführte. Begona Aretxaga schreibt, Frauen hätten ab Ende der 1960er-Jahre aktiv dafür gekämpft, in die IRA aufgenommen zu werden und darum, gleiche Rechte und Pflichten in der republikanischen Bewegung zu erlangen.[426] Ich argumentiere stattdessen, dass zunächst externe Faktoren den Weg dafür geebnet hätten. Nicht die Frauen hätten dafür gekämpft, sondern Frauen wurden von Männern in die IRA aufgenommen, um die Frauenorganisation zu schwächen. Die jüngeren Rekrutinnen hätten versucht, diese Situation für sich nutzbar zu machen und für die Emanzipation der Frauen in der IRA zu kämpfen. Diese Interpretation der Ereignisse der späten 1960er-Jahre und frühen 1970er-Jahre knüpft an die Beobachtungen von Margaret Ward an. Sie kommt zum Schluss, dass es die militärischen und politischen Krisenzeiten

---
425 Fairweather et al., *Only the Rivers*, xxx.
426 Aretxaga, *Shattering Silence*, 164.

waren, in denen Frauen eine wichtigere Rolle in der Bewegung und dem nationalen Befreiungskampf erhielten, also zu jener Zeit, als Männer entweder nicht vorhanden waren oder als sie zur Unterstützung des bewaffneten Kampfes benötigt wurden.[427] Die Ergebnisse von Ward untermauernd kommt die vorliegende Studie daher zum Schluss, dass, als die Männer verhaftet oder interniert waren, Frauen dadurch in die Position gebracht wurden, den nationalen Befreiungskampf energisch mitzuführen, in den Worten Aoifes: »Als es keine Männer mehr gab, lag es schließlich an uns – den republikanischen Frauen – die ganze Sache am Leben zu halten.«[428]

* * *

Jener Teil der republikanischen Bewegung, der beim Ard-Fheis 1986 das Provisional Republican Movement verließ, organisierte sich unter dem Namen Republican Sinn Féin. Wie erst Mitte der 1990er-Jahre öffentlich bekannt geworden ist, wurde damals auch eine neue Armeeführung, das Continuity Army Council gegründet, dem Cumann na mBan die Gefolgschaft zusicherte. Doch dieses Army Council war die Führung einer erst im Entstehen begriffenen Armee. So trat Margaret, die seit den frühen 1970er-Jahren für die IRA gearbeitet hatte, nun nach der Spaltung 1986 Cumann na mBan bei, da es in der Grafschaft Kildare, in der sie lebte »nun keine Armee mehr gab«, wie sie erzählt.[429] Die neue Bewegung veröffentlichte im November 1986 die erste Ausgabe des *Republican Bulletin*, auf dessen Seite drei eine Stellungnahme von Cumann na mBan zur Unterstützung der neuen Bewegung veröffentlicht wurde.[430] Ailis merkt dazu an:

> Als '86 kam, brachen die anderen wieder weg. Cumann na mBan blieb [zwar] allein, aber weiterhin am [republikanischen] Pfad. Gerry Adams ging da hin und Dáithí Ó Connaill und Ruairí Ó Brádaigh gingen dorthin. Und letzterer war (…) der Weg, den Cumann na mBan zu gehen hatte. Denn sie waren auf diesem Pfad seit 1916. Es war also keine Frage,

---

427 Ward, *Unmanageable Revolutionaries*, 2.
428 Interview mit Aoife.
429 Interview mit Margaret.
430 Cumann na mBan Statement, *Republican Bulletin: Iris Na Poblachta*, issue 1, November 1986.

wohin wir gingen. Mit Adams? Ich gebe die Namen nur an, damit du dich auskennst, um welche Bewegungen es sich handelt. Ich meine damit aber nicht: »Folge den Männern.« Nein, ich glaube niemals daran, dass einer bestimmten Person gefolgt werden soll.[431]

Cumann na mBan war zwar weiterhin am »republikanischen Pfad«, wie es von Ailis formuliert wurde, aber die Organisation hatte den Kampf aufgeben müssen und andere republikanische Paramilitärs wie die Provisional IRA oder die INLA, die Irische Nationale Befreiungsarmee, kämpften weiter. 1969 war die Organisation zwar in einer ähnlichen Situation, doch kam es wenige Monate später zum Ausbruch des Nordirlandkonflikts und damit zu einem großen Rekrutierungsschub. Doch 17 Jahre später hatte der Friedensprozess bereits seinen Samen gesät und größere, aktivere Armeen standen politisch in Opposition zu den republikanischen Frauen. Wie bereits in den 1940er- und 1950er-Jahren schien Cumann na mBan abermals in Vergessenheit zu geraten. Historiker, Medien und die Provisionals behaupteten, Cumann na mBan hätte aufgehört zu existieren. 1993 schrieb die *Irish Times* eine Reportage mit der Überschrift: »Die republikanischen Frauen, die alleine marschieren.« In der Reportage wird die damalige Generalsekretärin zitiert, wie sie berichtet, dass die Frauenorganisation zur damaligen Zeit »aktive Gruppen in Belfast, Dublin, Limerick, Cork, Galway und anderen Orten« hatte. Als Adresse wird der westliche Vorort von Dublin, Jobstown, angegeben. Am 21. April 1993 schrieb die in Belfast erscheinende *Irish News*: »›Republikanische Frauengruppe setzt Kampf gegen Briten fort‹«.[432] Der Artikel zitierte eine Stellungnahme von Cumann na mBan, die eine Reaktion auf einen Bericht in der Zeitung von Sinn Féin, *An Phoblacht/Republican News*, war. Darin wurde behauptet, die republikanische Frauenorganisation hätte »Mitte der 1980er-Jahre aufgehört zu existieren«. Die Richtigstellung war von Cumann na mBan an die *Irish News* weitergeleitet worden.[433] Die letzte bekannte öffentliche Stellungnahme von Cumann na mBan datiert auf den 1. September 1994. Die Erklärung der

---
431 Interview mit Ailis.
432 Brendan Anderson, Republican women's group »continues fight against Britain«, *Irish News*, 21. April 1993.
433 Mark O'Connell, The republican women who march alone, *The Irish Times*, 1993, privates Archiv, genaues Datum unbekannt.

Leitung von Cumann na mBan war betitelt mit: »Britischer Abzug einziger Weg vorwärts zu bleibendem Frieden«. Darin wird der Waffenstillstand der IRA kritisiert. Die Stellungnahme schließt mit den Sätzen ab:

> Wir wollen die Provisionals daran erinnern, dass sie ihr Recht, für Republikaner zu sprechen, 1986 abgegeben haben, als sie den Leinster-House-Staat, errichtet 1921 von den Briten, anerkannten. Solange die Briten eine militärische Präsenz in Irland haben, wird es immer irische Männer und Frauen geben, die gewillt sind, den Kampf gegen fremde Unterdrückung fortzusetzen.[434]

Wenig später wurde bekannt, dass es neben der Provisional IRA auch eine andere aktive, republikanische paramilitärische Organisation in Irland gab.[435] Die Continuity IRA hatte Mitte der 1990er-Jahre eine Bombenkampagne begonnen. Welche Rolle Cumann na mBan in den Vorbereitungen und der Durchführung dieser Kampagne spielte, ist unbekannt. 1995 wurde die heutige Generalsekretärin von Republican Sinn Féin, Josephine Hayden, in Tallaght, Dublin, in einem Auto aufgehalten, in dem sich eine Bombe befand. Sie wurde verurteilt und verbrachte ihre Strafe im Frauengefängnis von Limerick, aus dem sie im Jahr 2000 freigelassen wurde. Josephine Hayden ist heute ein bekanntes Mitglied von Cumann na mBan, ihre Tochter Róisín war über Jahre Mitglied der nationalen Leitung von Republican Sinn Féin. Im britischen Terrorismusgesetz von 2000 ist Cumann na mBan auch in der aktualisierten Liste von Dezember 2011 noch als »Terrororganisation« gelistet.

Wie Cumann na mBan sich als Organisation in den nächsten Jahren entwickeln wird, ist nicht vorherzusagen. Wie so oft in der irischen Geschichte wird dies von den objektiven Umständen abhängen, allen voran wie sich die Situation in Nordirland, vor allem nach dem Brexit, entwickeln wird. Wird der sogenannte Friedensprozess die Konflikte in der Gesellschaft weiter unter der Oberfläche halten können oder wird es ein Aufbrechen geben, ähnlich wie Mitte der 1960er-Jahre? Wenn die Mitgliederzahlen der Gruppe heute auch sinken und die Mitgliedschaft selbst älter und somit inaktiver wird, so

---

434 *Statement from the Executive of Cumann na mBan: British withdrawal only way forward for lasting peace*, 1. September 1994, Dublin, privates Archiv.
435 Ó Brádaigh, *Dílseacht*, 66.

betonten viele der Interviewpartnerinnen am Ende der Gespräche immer wieder, dass ganz gleich, was kommen wird, Cumann na mBan als kleine, aber lebendige Gruppe, weiterhin treu am »republikanischen Pfad« entlang marschieren wird.

Anhang

Kurzbiografien der Interviewpartnerinnen

Ailis, Gesprächspartnerin 1.6, Dublin: Mitglied in der republikanischen Bewegung seit Ende der 1940er-Jahre. Zunächst Mitglied in Cumann na gCailíní, später verantwortlich für Ausbildung der jungen Mitglieder, sie war vor allem in der Solidaritätsarbeit für republikanische Gefangene und ihre Familien aktiv. Nach 1986 blieb sie bei Cumann na mBan.

Aoife, Gesprächspartnerin 1.9, Dundalk/Belfast: Stammt aus Belfast, lebt aber seit langer Zeit in Dundalk. Sie wurde vor 1969 Mitglied in Cumann na gCailíní und später in Cumann na mBan überstellt, wo sie hauptsächlich in Nord- und Südbelfast aktiv war. Sie blieb Mitglied der Frauenorganisation, wurde im Laufe der Jahre jedoch inaktiver.

Cáit, Gesprächspartnerin 4.3, Dublin: Der Zeitpunkt ihres Beitrittes ist nicht bekannt, seit Anfang der 1970er-Jahre war sie Mitglied in Provisional Sinn Féin für die sie öffentlich arbeitete, daneben war sie auch Mitglied in der IRA.

Caoimhe, Gesprächspartnerin 3.2, Belfast/Dublin: Ihre Mutter war in Cumann na mBan, sie schloss sich aber Anfang der 1970er-Jahre der Provisional IRA an, war über mehrere Jahre verhaftet, bis sie aus gesundheitlichen Gründen Anfang der 1980er-Jahre entlassen wurde. Sie blieb 1986 beim Provisional Republican Movement, wurde aber vor allem aufgrund gesundheitlicher Gründe zusehends inaktiv.

Ciara, Gesprächspartnerin 1.10, Belfast: Sie wurde vor 1969 Mitglied von Cumann na gCailíní und nach ihrer Überstellung in Cumann na mBan war sie vor allem in Nordbelfast aktiv. Sie blieb über die Jahre in Cumann na mBan tätig, wurde aber zusehends inaktiver. 1986 nahm sie am Provisional Sinn Féin Ard-Fheis teil und unterstützte nicht den von Gerry Adams und Martin McGuinness angeführten politischen Wandel.

Deirdre, Gesprächspartnerin 1.5, Belfast: Republikanische Veteranin, die seit den 1940er-Jahren in Sinn Féin und Cumann na mBan aktiv war. Sie blieb über alle Jahre hinweg ein aktives Mitglied von Cumann na mBan.

Eithne, Gesprächspartnerin 1.2, Belfast: Mitglied seit Anfang 1970, während der letzten Jahrzehnte hatte sie mehrere führende Positionen in der Leitung von Cumann na mBan in Belfast und auf nationaler Ebene inne. Sie wurde 1985 Mitglied in Provisional Sinn Féin, blieb aber nach 1986 Mitglied der Frauenorganisation und später Mitglied von Republican Sinn Féin. Sie war in den 1970er-Jahren interniert.

Fionnula, Gesprächspartnerin 3.1, Belfast: Ihre Mutter war in Cumann na mBan, sie schloss sich Anfang der 1970er-Jahre aber der Provisional IRA an, war über mehrere Jahre verhaftet, bis sie aus gesundheitlichen Gründen Mitte der 1980er-Jahre entlassen wurde. Blieb 1986 beim Provisional Republican Movement, trennte sich von diesem aber im Zuge des Friedensprozesses Mitte der 1990er-Jahre.

Grainne, Gesprächspartnerin 1.7, Belfast: Ihre Mutter war in Cumann na mBan, sie wurde vor 1969 Mitglied bei Cumann na gCailíní, schloss sich aber später der Provisional IRA an.

Louise, Gesprächspartnerin 2.5, Belfast: Wurde Anfang der 1970er-Jahre Mitglied von Cumann na mBan und war hauptsächlich in Lower Falls in Belfast tätig. Im Laufe der Jahre wurde sie zusehends inaktiv.

Maebh, Gesprächspartnerin 2.3, Derry: Schloss sich Cumann na gCailíní Anfang der 1970er-Jahre an, danach wurde sie in Cumann na mBan überstellt, trat aus dieser Organisation aber noch vor den Hungerstreiks 1980 aus und wurde Mitglied in der Provisional IRA in Derry. Nach 1986 begann sie, in Provisional Sinn Féin aktiv zu werden und wurde später auch als nationalistische Abgeordnete in ihrem Wahlkreis gewählt.

Margaret, Gesprächspartnerin 4.4, Kildare: Arbeitete bereits vor 1969 für die IRA, da es in ihrer Gegend keine Struktur von Cumann na mBan gab. Sie war allerdings kein Vollmitglied der IRA und arbeitete als Transporteurin von IRA-Material aus der Republik in die Grenzgrafschaften. 1986 trennte sie sich von der Provisional IRA und wurde Mitglied von Cumann na mBan, da nunmehr keine Struktur der IRA in ihrer Gegend vorhanden war.

Neala, Gesprächspartnerin 1.11, Belfast: Wurde in den 1960er-Jahren Mitglied von Cumann na gCailíní, später in Cumann na mBan überstellt. Blieb nach 1986 zwar Mitglied von Cumann na mBan, war aber inaktiv und unterstützt heute politisch Provisional Sinn Féin.

Nelly, Gesprächspartnerin 1.8, Belfast: Ihre Eltern waren republikanische Veteranen aus den 1940er Jahren. Sie wurde in den 1960er-Jahren Mitglied in Cumann na gCailíní, später aber auch zusätzlich aktiv in der Bürgerrechtsbewegung und der Studentenorganisation People's Democracy. Nach 1969 schloss sie sich der Provisional IRA an.

Niamh, Gesprächspartnerin 1.12, Belfast: Mitglied von Cumann na gCailíní seit den 1960er-Jahren, nach 1969 Mitglied von Cumann na mBan, wurde im Laufe der Jahre inaktiver, trat aus der Organisation aber nie aus. Sie nimmt heute an den Veranstaltungen von Provisional Sinn Féin teil.

Róisín, Gesprächspartnerin 2.2, Waterford/Dublin: Wurde Mitglied in Cumann na mBan Anfang der 1970er-Jahre. Sie arbeitete zuvor in England und kam aufgrund der Kämpfe in Nordirland zurück, um in der republikanischen Bewegung aktiv zu werden. Sie war vor allem in den Grenzgrafschaften tätig, blieb nach 1986 bei Cumann na mBan und schloss sich ebenso Republican Sinn Féin an. Sie ist eine ehemalige politische Gefangene.

Saoirse, Gesprächspartnerin 2.6, Belfast: Wurde Anfang der 1970er-Jahre Mitglied von Cumann na mBan und war hauptsächlich in Lower Falls in Belfast tätig. Im Laufe der Jahre wurde sie zusehends inaktiv.

Sibéal, Gesprächspartnerin 2.4, Kerry/Dublin: Wurde Mitglied in Provisional Sinn Féin in den Monaten nach der Spaltung 1969 und wenig später auch Mitglied in Cumann na mBan. Sie war in den 1970er-Jahren einziges Mitglied der Leitung der Frauenorganisation aus der Republik, arbeitete für die republikanischen Zeitungen *An Phoblacht* und *Republican News* und war Mitglied des Ard Chomhairle von Provisional Sinn Féin. Sie trennte sich 1986 vom Provisional Republican Movement und blieb aktiv in Cumann an mBan und Republican Sinn Féin.

Síle, Gesprächspartnerin 1.1, Limerick: Mitglied seit Ende der 1950er-Jahre, nationale Sekretärin bis 1970, blieb 1986 bei Cumann na mBan und war später aktiv in Republican Sinn Féin. Sie verließ die Partei jedoch im Zuge einer Spaltung im Jahr 2010.

Interviewpartnerinnen, die in der Auswertung nicht namentlich zitiert werden

Gesprächspartnerin 1.4, Belfast: War seit Mitte der 1960er-Jahre im Umfeld der republikanischen Bewegung als organisierte Unterstützerin, trat jedoch erst nach 1969 der Official IRA bei.

Gesprächspartnerin 2.1, Belfast: Wurde nach 1969 Mitglied in Cumann na mBan und ein führendes Mitglied der Frauenorganisation in Belfast. Während ihrer Haft in Armagh wurde sie Anfang der 1980er Jahre Mitglied der Provisional IRA, die sie auch nach 1986 weiter unterstützte.

Gesprächspartnerin 3.7, London/Dublin: War Anfang der 1970er-Jahre aus London zurück zum Studieren in ihre Heimat Dublin gekommen und war in dieser Zeit für wenige Jahre in der Provisional IRA aktiv.

Gesprächspartnerin 4.1, Derry: Der Zeitpunkt ihres Eintritts in die republikanische Bewegung ist nicht gesichert, dürfte aber wohl nach 1969 gewesen sein. Sie war Mitglied der Provisional IRA.

Gesprächspartnerin 4.2, Belfast/Derry: Wurde in den 1960er-Jahren Mitglied in der republikanischen Bewegung und nach 1969 hauptsächlich in Provisional Sinn Féin in Derry und Belfast aktiv. Sie war mehrere Jahre in Haft, nachdem ihr vorgeworfen wurde, Mitglied der Provisional IRA zu sein.

Originaltext des Bodenstown-Manifests
CUMANN NA mBAN   June 1969

Many of you may wonder why we did not take part in this year's Wolfe Tone Commemoration. We feel you are entitled to an explanation:
Up to recently Communists were shunned by all branches of the Republican Movement.
In a joint statement, issued by Sinn Fein and the Irish Republican Army, on Communism, in January 1951, it stated »The leadership of the Republican Movement has no desire and certainly no intention to form any links or association with such organisations and will resist all efforts on the part of Communist agents and persons known to have communist sympathies, to identify themselves with the movement for the purpose of using if for their own ulterior motives. If it is feasible to win the freedom of Ireland with the backing of small groups of Irishmen allied to the cause of atheistic communism, it is equally feasible without their dubious assistance". In pursuance of this attitude and because of the one which now prevails, Cumann no mBan felt obliged at its 1967 Convention to pass a resolution that it would not participate in any parades in which communist flags were carried. Before Bodenstown last year the National Commemoration Committee were written to, informing them of our decision and asking for clarification as to whether the Connolly Association and Connolly Youth would be allowed to carry their flags that year. The reply we received was negative in the extreme, just baldly stating that permission had been given to those bodies but that the final say rested with the Chief Marshal. We had intended staying away from Bodenstown if we had received a definite answer, but with the chance that the Chief Marshal might refuse permission to those bodies we decided to attend.

On the field we were approached by a person in authority and told that the Connolly Association would not be carrying their flag because of our objection. On enquiring the position of the Connolly Youth we were told that they would do what the »Parent Body" did, i.e. Connolly Association. This satisfied Cumann no mBan and so we took our place in the parade. However, just before the parade moved off the Connolly Youth raised their banner. Rather than cause a scene on the field it was decided to carry on. As a result of this the executive of Cumann no mBan held a meeting and decided not to march back to the assembly field with the parade. A number of our members disobeyed this order and marched back. It was later revealed that some people had instructed the Dublin and Belfast members to vote in favour of marching with the Communists should such a vote be taken.

The usual procedure of suspension of those defaulters would have been the result of this and in time all would have been cleared-up.

Within a week an attempt was made to disband us. The President of Cumann na mBan was issued with an ultimatum threatening withdrawal of recognition of Cumann na mBan if we did not remove two articles from our Constitution – (1) which states that we recognise the

Army Council as the Governing Body of the Republic and accept all orders issued by it ›where same do not conflict with our Constitution‹ (latter part to be deleted) and (2) Refusal to participate in parades in which Communist flags are carried. Usually, when an ultimatum is issued a time limit is allowed for the carrying out or otherwise of the demand. In this case action had been taken before the ultimatum was issued – Branches in Belfast and Cork had been refused permission to use Republican Halls and our Executive had been refused the use of the Sinn Fein Headquarters for meetings – the reason given being that they had been informed that we were no longer considered to be an official Branch of the Republican Movement. Is this the ›democracy‹ advocated by Tone and Emett and the oft quoted James Connolly – we do not think so.

A report in the May issue of the »United Irishman« stated that a number of the »disbanded« Cumann na mBan marched in the Limerick Easter Commemoration. It is hardly necessary to point out that Cumann na mBan, being an autonomous body of the Republican Movement can only be disbanded by its own organisation at Convention level. This was not done at our recent convention which was attended by delegates from Belfast, Cork, Tralee, Kilkenny and Limerick.
Cumann na mBan will continue to uphold the ideals and traditions of true Republicans as it has done since its foundation. Should you be eligible for membership or know anyone who is interested in joining our organisation please contact any of the undersigned. The names of contacts in the occupied area are deliberately omitted, but girls who reside there may also write to any of the addresses given.

There is also a junior branch for girls under 16 years, Cumann na gCailini, in which the youth are trained to take an interest in our National Culture and Heritage.

Mrs. A. Jong,	12 High Road, Thomondgate, Limerick.
Miss K. O'Sullivan,	18 Keirns Park, Tralee, Co. Kerry.
Miss N. McCarthy,	13 Annmount, Friar's Walk, Cork.
Mrs. S. Mulcahy,	»Lisheen«, Dublin Road, Limerick.

»In matters of principle there can be no compromise« (McSweeney).
Issued by Cumann na mBan.

Cumann na mBan in Bildern

Abb. 1: Mitglieder Cumann na mBans formieren sich in der Ortschaft Sallins, Grafschaft Kildare, zu einem Gedenkmarsch zum Grab des irischen Republikaners Theobald Wolfe Tone im Juni 2001.

Abb. 2: Mitglieder Cumann na mBans bei einer Gedenkfeier am Grab des irischen Republikaners Theobald Wolfe Tone in Bodenstown, Grafschaft Kildare, im Juni 2000.

ANHANG 197

Abb. 3: Mitglieder von Cumann na mBan in Dún Laoghaire, Dublin, im Jahr 1972. Im Hintergrund befindet sich das ehemalige führende Provisional-IRA-Mitglied aus Limerick, Des Long.

Abb. 4: Ein Kontigent Cumann na mBans während eines republikanischen Gedenkmarsches zum Grab von Theobald Wolfe Tone in Bodenstown, Grafschaft Kildare, in den 1930er-Jahren.

ANHANG 199

Abb. 5: Eine Wandmalerei im irisch-nationalistischen Viertel Ballymurphy im katholischen Teil von Westbelfast, das eine republikanische Kämpferin mit Maschinengewehr zeigt. (Bild: CC BY-SA 2.0: neverending september)

Abb. 6: Wandgemälde in Westbelfast entlang der Falls Road. Es zeigt Aktivistinnen von Cumann na mBan in Erinnerung an die Teilnahme der Frauen während des Osteraufstandes 1916. (Bild: CC BY-SA 2.0: Jimmy Harris)

200 Die Frauen der IRA

Abb. 7: Wandgemälde in Westbelfast entlang der Falls Road, das oben republikanische Frauen zeigt. Im Zentrum ist Constance Markiewicz vor dem brennenden Hauptpostamt während des Osteraufstandes 1916. Die umliegenden Darstellungen zeigen Republikanerinnen während des Nordirlandkonflikts. Die vier Ecken des Wandegemäldes symbolisieren die Wappen der vier Provinzen Irlands, also den Wunsch nach einer Vereinigung der Insel (Bild: CC BY-SA 2.0: Nina Stoessinger)

Bibliografie

Alison, Miranda H. »Wartime Sexual Violence: Women's Human Rights and Questions of Masculinity.« *Review of International Studies* 33, no. 1 (2007), 75-90.

Alison, Miranda H. »›That's Equality for You‹, Dear: Gender, Small Arms and the Northern Ireland Conflict.« In Vanessa Farr et al. (Hg.). *Sexed Pistols: The Gendered Impacts of Small Arms and Light Weapons*. New York: United Nations University Press, 2009.

Alison, Miranda H. *Women and Political Violence: Female Combatants in Ethno-National Conflict*. London/New York: Routledge, 2009.

Allen, Kieran. *The Celtic Tiger: The Myth of Social Partnership in Ireland*. Manchester: Manchester University Press, 2000.

Allen, Kieran. *The Corporate Takeover of Ireland*. Dublin: Irish Academic Press, 2007.

Allen, Kieran. *Ireland's Economic Crash: A Radical Agenda for Change*. Dublin: Liffey Press, 2009.

Allen, Kieran/Brian O'Boyle. *Austerity Ireland: The Failure of Irish Capitalism*. London: Pluto Press, 2013.

Alonso, Rogelio. *The IRA and Armed Struggle*. London/New York: Routledge 2007.

Aretxaga, Begoña. *Shattering Silence: Women, Nationalism and Political Subjectivity in Northern Ireland*. Princeton: Princeton University Press, 1997.

Banerjee, Sikata. *Muscular Nationalism: Gender, Violence, and Empire in India and Ireland, 1914-2004*. New York: New York University Press, 2012.

Barry, Tom. *Guerilla Days in Ireland*. Dublin: Anvil Books, 1981.

Baumann, Marcel. *Zwischenwelten: Weder Krieg noch Frieden, Über den konstruktiven Umgang mit Gewaltphänomenen im Prozess der Konflikttransformation*. Wiesbaden: VS Verlag für Sozialwissenschaften, 2008.

Bean, Kevin/Mark Hayes. *Republican Voices: Stimmen aus der irisch-republikanischen Bewegung*. München: Unrast, 2002.

Beckett, James C./Karl H. Metz. *Geschichte Irlands*. Stuttgart: Kröner, 1997.

Bell, J Bowyer. *The Gun in Politics: An Analysis of Irish Political Conflict, 1916-1986*. New Brunswick, NJ: Transaction Publishers, 1987.

Bell, J Bowyer. *IRA Tactics and Targets*. Dublin: Poolbeg, 1990.

Bell, J Bowyer. *The IRA, 1968-2000: Analysis of a Secret Army*. London/New York: Routledge, 2000.

Bell, J Bowyer. *The Irish Troubles since 1916*. New York: Columbia University Press, 2002.

Bell, J Bowyer. *The Irish Troubles: A Generation of Violence, 1967–1992*. New York: St. Martin's Press, 1993.

Bell, J Bowyer. *The Secret Army. The IRA*. Dublin: Poolbeg, 1997.

Beresford, David. *Ten Men Dead: The Story of the 1981 Irish Hunger Strike*. London: Grafton, 1987.

Bishop, Patrick Joseph/Eamonn Mallie. *The Provisional IRA*. London: Corgi Books, 1994.

Bosi, Lorenzo. »Explaining Pathways to Armed Activism in the Provisional Irish Republican Army, 1969-1972.« *Social Science History* 36, no. 3 (2012), 347-390.

Bosi, Lorenzo. »Social Movements Interrelated Effects: The Process of Social Change in the Post-Movement Life of Provisional IRA Volunteers.« *Revista International de Sociología* 47, no. 4 (2016).

Bosi, Lorenzo/Herbert Reiter. »Historical Methodologies in Social Movement Research: Archival Research and Oral History.« In Donatella Della Porta (Hg.). *Methodological Practices in Social Movement Research*. Oxford: Oxford University Press, 2014, 117-143.

Bradley, Gerry/Brian Feeney. *Insider: Gerry Bradley's Life in the IRA*. Dublin: O'Brien Press, 2011.

Brady, Evelyn et al. (Hg.). *In the Footsteps of Anne: Stories of Republican Women Ex-Prisoners*. Belfast: Shanway Press, 2011.
Calamati, Silvia. »*The Trouble We've Seen…*«: *Women's Stories from the North of Ireland*. Belfast: Beyond the Pale, 2002.
Conlon, Katie L. »Neither Men nor Completely Women«: The 1980 Armagh Dirty Protest and Republican Resistance in Northern Irish Prisons. PhD, Ohio University, 2016.
Conlon, Lil. *Cumann na mBan and the Women of Ireland: 1913–25*. Kilkenny: Kilkenny People, 1969.
Connell, Jospeh. »Inghínidhe Na Héireann/Daughters of Ireland. Clan Na Ngaedheal/Girl Scouts of Ireland.« *History Ireland* 19, no. 5. September/Oktober 2011, 66.
Connolly, James. *Labour in Irish History*. Lulu, 1983.
Coogan, Tim Pat. *The IRA: A History*. Niwot, Colorado: Roberts Rinehart, 1993.
Coogan, Tim Pat. *On the Blanket: The inside Story of the IRA Prisoners' »Dirty« Protest*. New York: Palgrave MacMillan, 2002.
Corcoran, Mary S. *Out of Order: The Political Imprisonment of Women in Northern Ireland, 1972-98*. Devon: Willan, 2006.
Corcoran, Mary S. »›We Had to Be Stronger:‹ The Political Imprisonment of Women in Northern Ireland, 1972–1999.« In Louise Ryan/Margaret Ward (eds). *Irish Women and Nationalism: Soldiers, New Women and Wicked Hags*. Dublin/Portland: Irish Academic Press, 2004, 114-131.
Cullen, Mary. »Republicanism, Feminism and the Writing of History.« *The Republic* 1 (2000), 60-70.
Darragh, Síle. »*John Lennon's Dead*«: *Stories of Protest, Hunger Strikes and Resistance*. Belfast: Beyond the Pale, 2012.
Dees, Diane. »Bernadette Devlin's Maiden Speech: A Rhetoric of Sacrifice.« *Southern Journal of Communication* 38, no. 4 (1973), 326-339.
Della Porta, Donatella. *Clandestine Political Violence*. Cambridge: Cambridge University Press, 2013.
Earles, Jennifer. *Gender Trouble in Northern Ireland: An Examination of Gender and Bodies within the 1970s and 1980s Provisional Irish Republican Army in Northern Ireland*. MA, University of South Florida, 2009.
Ellis, Peter Berresford. *A History of the Irish Working Class*. New imprinted. London: Pluto Press, 1996.
Elvert, Jürgen. *Geschichte Irlands*. München: Deutscher Taschenbuch Verlag, 1993.
English, Richard. *Armed Struggle: The History of the IRA*. Oxford: Oxford University Press, 2003.
Evans, Jocelyn/Jonathan Tonge. »From Abstentionism to Enthusiasm: Sinn Féin, Nationalist Electors and Support for Devolved Power-Sharing in Northern Ireland.« *Irish Political Studies* 28, no. 1 (2013), 39-57.
Fáilte Cluain Eois (Hg.). *Their Prisons, Our Stories*. Monaghan: Fáilte Cluain Eois Books, 2015.
Fairweather, Eileen et al. (Hg.). *Only the Rivers Run Free: Northern Ireland-the Women's War*. London: Pluto Press, 1984.
Finnegan, John. *Anne Devlin: Patriot and Heroine*. Dublin: Elo Press, 1992.
Fitzsimons, Lily. *Liberty Is Strength: Thirty Years of Struggle*. Belfast: np, 1999.
Flynn, Barry. *Pawns in the Game: Irish Hunger Strikes 1912–1981*. Cork: Collins Press, 2011.
Frampton, Martyn. *Legion of the Rearguard: Dissident Irish Republicanism*. Dublin/Portland: Irish Academic Press, 2011.
Gilmartin, Niall. »Feminism, Nationalism and the Re-Ordering of Post-War Political Strategies: The Case of the Sinn Féin Women's Department.« *Irish Political Studies* (2016). DOI: 10.1080/07907184.2016.1146698.

Gilmartin, Niall. *Lost in Transition? Republican Women's Struggle after Armed Struggle*. National University of Ireland Maynooth, 2015.

Gilmartin, Niall. »›Negotiating New Roles‹: Irish Republican Women and the Politics of Conflict Transformation.« *International Feminist Journal of Politics* 17, no. 1 (2015), 58-76.

Hanley, Brian. *The IRA: A Documentary History 1916-2005*. Dublin: Gill & Macmillan, 2010.

Hanley, Brian/Scott Millar. *The Lost Revolution: The Story of the Official IRA and the Workers' Party*. Dublin: Penguin, 2010.

Harvey, Dan. *Soldiers of the Short Grass: A History of the Curragh Camp*. Dublin: Irish Academic Press, 2016.

Higgins, Tanya/Nancy Brown Diggs. *A Look at Life in Northern Ireland: How do Women live in a culture driven by Conflict?*. Lewistone, NY: Edwin Mellen Press, 2000.

Hill, Myrtle. *Women in Ireland: A Century of Change*. Belfast: Blackstaff, 2010.

Horgan, John, and Max Taylor. »Proceedings of the Irish Republican Army General Army Convention, December 1969.« *Terrorism & Political Violence* 9, no. 4 (1997), 151-158.

Jaenicke, Klaudia. *Irische Frauen: Interviews*. Berlin: Verlag Roter Stern, 1976.

Kandel, Johannes. *Der Nordirland-Konflikt: Von seinen historischen Wurzeln bis zur Gegenwart*. Berlin: Dietz, 2005.

Keenan-Thomson, Tara. *Irish Women and Street Politics 1956-1973*. Dublin/Portland: Irish Academic Press, 2010.

Keiley-Listermann, Margaret. *Sinn Féin Women: Footnoted Foot Soldiers and Women of No Importance*. Santa Barbara et al.: Praeger, 2010.

Kinealy, Christine. *Geschichte Irlands*. Essen: Magnus, 2004.

Lawlor, Damien. *Na Fianna Eireann and the Irish Revolution 1909 to 1923*. Dublin: Caoillte Books, 2009.

Lynn, Brendan. »Tactic or Principle? The Evolution of Republican Thinking on Abstentionism in Ireland, 1970-1998.« *Irish Political Studies* 17, no. 2 (2002), 74-94.

MacStíofáin, Sean. *Revolutionary in Ireland*. London: Gordon Cremonesi, 1975.

Maguire, John. *IRA Internments and the Irish Government: Subversives and the State, 1939-1962*. Dublin/Portland: Irish Academic Press, 2008.

Maillot, Agnès. *New Sinn Féin: Irish Republicanism in the Twenty-First Century*. London: Routledge, 2005.

Mairs Dyer, Jolene. »Unseen Women: Stories from Armagh Gaol: Exhibiting Contrasting Memories of a Contested Space.« In Jenny Kidd et al. (Hg.). *Challenging History in the Museum: International Perspectives*. Farnham/Burlington: Ashgate, 2014, 163-174.

Malthaner, Stefan. »Fieldwork in the Context of Violent Conflict and Authoritarian Regimes.« In Donatella Della Porta *Methodological Practices in Social Movement Research*. Oxford: Oxford University Press, 2014, 173-194.

Matthews, Ann. *Dissidents: Irish Republican Women, 1923-1941*. Cork: Mercier, 2012.

Matthews, Ann. *Renegades: Irish Republican Women, 1900-1922*. Cork: Mercier, 2010.

Maurer, Michael. *Kleine Geschichte Irlands*. Ditzingen: Reclam, 1998.

McAuliffe, Mary/Laura Hale. »›Blood on the Walls‹: Gender, History and Writing the Armagh Women.« In Gillian McIntosh/Diane Urquhart/Hg.). *Irish Women at War. The Twentieth Century*. Dublin/Portland: Irish Academic Press, 2010, 171-186.

McCallum, Christi Michelle. »›And They'll March with Their Brothers to Freedom‹: Cumann na mBan, Nationalism, and Women's Rights in Ireland, 1900-1923.« PhD, Florida State University, 2005.

McCarthy, Cal. *Cumann na mBn and the Irish Revolution*. Cork: Collins Press, 2007.

McCleery, Martin. *Operation Demetrius and Its Aftermath: A New History of the Use of Internment without Trial in Northern Ireland 1971-75*. Manchester: Manchester University Press, 2015.

McConville, Seán. *Irish Political Prisoners 1848-1922: Theatres of War*. London/New York: Routledge, 2003.
McConville, Seán. *Irish Political Prisoners, 1920-1962: Pilgrimage of Desolation*. Oxon/New York: Routledge, 2014.
McDonald, Henry/Jack Holland. *INLA: Deadly Divisions*. Dublin: Poolbeg, 2010.
McEvoy, Kieran. *Paramilitary Imprisonment in Northern Ireland: Resistance, Management, and Release*. Oxford/New York: Oxford University Press, 2001.
McGuffin, John. *Internment*. Tralee: Anvil Books, 1973.
McGuire, Maria. *To Take Arms: A Year in the Provisional IRA*. Basingstoke/London: MacMillan, 1973.
McKeown, Laurence. *Out of Time: Irish Republican Prisoners, Long Kesh, 1972-2000*. Belfast: Beyond the Pale, 2001.
Miller, Ian. *A History of Force Feeding: Hunger Strikes, Prisons and Medical Ethics, 1909-1974*. Basingstoke: Palgrave Macmillan, 2016. doi:10.1007/978-3-319-31113-5.
Moloney, Ed. *A Secret History of the IRA*. New York: W.W. Norton, 2002.
Moloney, Ed. *Voices from the Grave: Two Men's War in Ireland*. London: Faber & Faber, 2010.
Mooney Eichacker, Joanne. *Irish Republican Women in America: Lectures During Their United States Tours, 1916-1925*. Dublin: Irish Academic Press, 2002.
Morrison, John F. *Origins and Rise of Dissident Irish Republicanism: The Role and Impact of Organizational Splits*. New York et al.: Bloomsbury, 2013.
Mukta, Parita. »Gender, Community, Nation: The Myth of Innocence.« In Susie Jacobs (Hg.). *States of Conflict: Gender, Violence and Resistance*. Basingstoke: Palgrave Macmillan, 2000, 163-178.
Murphy, Kathleen. *Critical Consciousness, Community Resistance & Resilience: Narratives of Irish Republican Women Political Prisoners*. PhD, Chicago School of Professional Psychology, 2015.
Murphy, William. *Political Imprisonment & the Irish, 1912-1921*. Oxford: Oxford University Press, 2014.
Murray, Raymond. *Hard Time: Armagh Gaol, 1971-1986*. Cork: Mercier Press, 1998.
Na Fianna Éireann. *The Young Guard of Erin*. Dublin ³1964.
Nagle, Shane. »Socialist Intellectuals and National(ist) Historiography: The Cases of James Connolly and Franz Mehring.« *Labour History Review* 81, no. 2 (2016), 97-122.
Neumann, Peter. *Britain's Long War. British Government Strategy in Northern Ireland, 1969-98*. Basingstoke: Palgrave Macmillan, 2003.
Neumann, Peter. *IRA: Langer Weg Zum Frieden*. Hamburg: Europäische Verlagsanstalt, 2002.
Ní Chathmhaoil, Líta/Dieter Reinisch. *Cumann na mBan: 100 Years Defending the Republic*. Dublin: Cló Saoirse, 2014.
Ó Brádaigh, Ruairí. *Dílseacht: The Story of Comdt. Gen. Tom Maguire and the Second (All-Ireland) Dáil*. Dublin: Cló Saoirse, 1997.
O'Keefe, Theresa. *Feminist Identity Development and Activism in Revolutionary Movements*. New York: Palgrave Macmillan, 2013.
Ó Mahony, Seán. *Frongoch: University of Revolution*. Dublin: FDR Teoranta, 1987.
O'Malley, Ernie. *The Singing Flame*. Dublin: Anvil Books, 1978.
O'Hearn, Denis. *Nothing but an Unfinished Song: Bobby Sands, the Irish Hunger Striker Who Ignited a Generation*. New York: Nation Books, 2006.
Otto, Frank. *Der Nordirlandkonflikt: Ursprung, Verlauf, Perspektiven*. München: C.H. Beck, 2005.
Owens, Rosemary Cullen. *A Social History of Women in Ireland, 1870-1970*. Dublin: Gill & Macmillan, 2005.
Paseta, Senia. *Irish Nationalist Women, 1900-1918*. Cambridge: Cambridge University Press, 2014.
Patterson, Henry. *The Politics of Illusion: A Political History of the Ira*. Chicago/London: Serif, 1997.

Pickering, Sharon. *Women, Policing, and Resistance in Northern Ireland*. Belfast: Beyond the Pale, 2002.
Power, Maria. »›A Republican Who Wants to Further Women's Rights:‹ Women, Provisional Republicanism, Feminism and Conflict in Northern Ireland, 1972-98.« In Gillian McIntosh/Dianne Urquhart (Hg.), *Irish Women at War*. Dublin/Portland: Irish Academic Press, 2010, 153-170.
Quoirin, Marianne. *Töchter des Terrors: Die Frauen der IRA*. Berlin: Rotbuch, 2011.
Reinisch, Dieter. *Der Urkommunismus: Auf den Spuren der egalitären Gesellschaft*. Wien: Promedia, 2012.
Reinisch, Dieter. »Cumann na mBan and the Acceptance of Women in the Provisional IRA: An Oral History Study of Irish Republican Women in the Early 1970s.« *Socheolas* 5, no. 1 (2013), 115-134.
Reinisch, Dieter. »Cumann na mBan & Women in Irish Republican Paramilitary Organisations, 1969-1986.« *Estudios Irlandeses* 11 (2016), 149-162.
Reinisch, Dieter. »Political Prisoners and the Irish Language: A North-South Comparison.« *Studi irlanesi* 6 (2016), 239-258.
Reinisch, Dieter. »Partizipation Von Frauen in Sozialen Bewegungen: Cumann na mBan & die Spaltung der IRA, 1968-1970.« In Annemarie Profanter (Hg.). *Kulturen im Dialog IV - Culture in Dialogo IV - Cultures in Dialogue IV*. Interkultureller Dialog. Wien et al.: Peter Lang, 2016, 85-100.
Reinisch, Dieter. »Frauen in der irisch-republikanischen Bewegung nach 1969: Methodische Überlegungen zu Oral History, sensible Daten und dem Nordirlandkonflikt.« *BIOS* 28 (2015), no. 1/2 (2017), 231-249.
Reinisch, Dieter. »Plantation of Ulster.« In Mark Doyle (Hg.). *The British Empire. A Historical Encyclopedia*. Santa Barbara: ABC-Clio, erscheint 2018.
Rekawek, Kacper. *Irish Republican Terrorism and Politics: A Comparative Study of the Official and the Provisional IRA*. London/New York: Routledge, 2011.
Rekawek, Kacper. »›Their History Is a Bit Like Our History:‹ Comparative Assessment of the Official and the Provisional IRAs.« *Terrorism and Political Violence* 25, no. 5 (2013), 688-708.
Ross, F. Stuart. *Smashing H-Block: The Rise and Fall of the Popular Campaign against Criminalization, 1976-1982*. Liverpool: Liverpool University Press, 2011.
Rumpf, Erhard. *Nationalismus und Sozialismus in Irland: Historisch-Soziologischer Versuch über die irische Revolution seit 1918*. Meisenheim am Glan: Anton Hain, 1959.
Sanders, Andrew. *Inside the IRA: Dissident Republicans and the War for Legitimacy*. Edinburgh: Edinburgh University Press, 2011.
Schulze-Marmeling, Dietrich. *Die Irische Krise: Dritte Welt in Europa*. Wien: Promedia, 1988.
Schulze-Marmeling, Dietrich. *Republikanismus und Sozialismus in Nordirland: Theorie und Praxis in der nordirischen Krise*. Frankfurt am Main: ISP, 1986.
Smith, Michael Laurence Rowan. *Fighting for Ireland? The Military Strategy of the Irish Republican Movement*. London/New York: Routledge, 2002.
Swan, Sean. *Official Irish Republicanism, 1962 to 1972*. Lulu, 2007.
Talbot, Rhiannon. »Female Combatants, Paramilitary Prisoners, and the Development of Feminism in the Republican Movement.« In Louise Ryan/Margaret Ward (Hg.). *Irish Women and Nationalism: Soldiers, New Women, and Wicked Hags*. Dublin/Portland: Irish Academic Press, 2004, 132-144.
Taylor, Peter. *The Provos: The IRA and Sinn Fein*. London/New York: Bloomsbury, ²2014.
Wahidin, Azrini. *Ex-Combatants, Gender and Peace in Northern Ireland: Women, Political Protest and the Prison Experience*. London: Palgrave Macmillan, 2016.
Ward, Margaret (Hg.). *In Their Own Voice: Women and Irish Nationalism*. Dublin: Attic Press, 1995.

Ward, Margaret. »Times of Transition: Republican Women, Feminism and Political Representation.« In Louise Ryan/Margaret Ward (Hg.). *Irish Women and Nationalism: Soldiers, New Women and Wicked Hags*. Dublin/Portland: Irish Academic Press, 2004, 184-201.

Ward, Margaret. *Unmanageable Revolutionaries: Women and Irish Nationalism*. London: Pluto Press, 1983.

Warren, Kay. »Writing Gendered Memories of Repression in Northern Ireland Begoña Aretxaga at the Doors of the Prison.« *Anthropological Theory* 7, no. 1 (2007), 9-35.

Watts, John. *Na Fianna Eireann: A Case Study of a Political Youth Organisation*. PhD, University of Glasgow, 1981.

White, Robert W. »›I'm Not Too Sure What I Told You the Last Time:‹ Methological Notes on Accounts from High-Risk Activists in the Irish Republican Movement.« *Mobilization: An International Quarterly* 12, no. 3 (2007), 287-305.

White, Robert W. »Issues in the Study of Political Violence: Understanding the Motives of Participants in Small Group Political Violence.« *Terrorism and Political Violence* 12, no. 1 (2000), 95-108.

White, Robert W. *Provisional Irish Republicans: An Oral and Interpretive History*. Westport, Ct: Greenwood, 1993.

White, Robert W. *Ruairí Ó Brádaigh. The Life and Politics of an Irish Revolutionary*. Bloomington: Indiana University Press, 2006.

White, Robert W. »Structural Identity Theory and the Post-Recruitment Activism of Irish Republicans: Persistence, Disengagement, Splits, and Dissidents in Social Movement Organizations.« *Social Problems* 57, no. 3 (2010), 341-370.

White, Robert W/Michael Fraser. »Personal and Collective Identities and Long Term Movement Activism.« In Sheldon Stryker et al. (Hg.). *Self, Identity, and Social Movements*. Minneapolis: University of Minnesota Press, 2000, 324-346.

Whiting, Sophie A. *Spoiling the Peace? The Threat of Dissident Republicans to Peace in Northern Ireland*. Manchester: Manchester University Press, 2015.

Woggon, Helga. *Integrativer Sozialismus und nationale Befreiung: Politik und Wirkungsgeschichte James Connolys in Irland*. Goettingen: Vandenhoeck & Ruprecht, 1990.

Yuill, Chris. »The Body as Weapon: Bobby Sands and the Republican Hunger Strikes.« *Sociological Research Online* 12, no. 2 (2007).

Ingo Niebel

Das Baskenland

Geschichte und Gegenwart
eines politischen Konflikts

ISBN 978-3-85371-379-2, br.,
280 Seiten, 19,90 €

Petra Wild

Die Krise des Zionismus und die Ein-Staat-Lösung

Zur Zukunft eines demokratischen Palästinas

ISBN 978-3-85371-386-0, br.,
256 Seiten, 17,90 €
E-Book: ISBN 978-3-85371-828-5, 14,99 €